U0449627

智合研究院
Intelligeast Research Institute

智变2.0
法律科技的AI赋能与生态重构

洪祖运　刘启铭

孙麟飞　吴梦璐　邓　欢　宋　威——著

智合研究院出品

INTELLIGENT
TRANSFORMATION
2.0

AI Empowerment and Ecological Reconstruction
of Legal Technology

法律出版社
LAW PRESS·CHINA

北京

图书在版编目（CIP）数据

智变2.0:法律科技的AI赋能与生态重构/洪祖运等著. -- 北京：法律出版社，2025. -- ISBN 978-7-5244-0565-8

Ⅰ. D9

中国国家版本馆CIP数据核字第2025QP8701号

智变2.0:法律科技的AI赋能与生态重构	洪祖运 等 著	策划编辑 周 洁
ZHIBIAN 2.0:FALÜ KEJI DE AI FUNENG YU SHENGTAI CHONGGOU		责任编辑 周 洁
		装帧设计 李 瞻

出版发行	法律出版社	开本	710毫米×1000毫米 1/16
编辑统筹	司法实务出版分社	印张 18 字数 245千	
责任校对	杨锦华	版本	2025年8月第1版
责任印制	胡晓雅	印次	2025年8月第1次印刷
经　　销	新华书店	印刷	河北晔盛亚印刷有限公司

地址：北京市丰台区莲花池西里7号(100073)
网址：www.lawpress.com.cn　　　　　销售电话：010-83938349
投稿邮箱：info@lawpress.com.cn　　　客服电话：010-83938350
举报盗版邮箱：jbwq@lawpress.com.cn　咨询电话：010-63939796
版权所有·侵权必究

书号：ISBN 978-7-5244-0565-8　　　　定价：98.00元

凡购买本社图书，如有印装错误，我社负责退换。电话：010-83938349

作者简介

洪祖运，知名法律科技公司——智合的创始人、董事会主席、首席执行官。斯坦福大学法学硕士、华东政法大学法律硕士（知识产权方向）、上海交通大学经济学学士。2014年创立智合，全面负责公司的整体战略规划、定位和管理。社会职务主要包括中国中小企业协会副会长、中国中小企业国际合作协会常务理事、华东政法大学律师学院特聘教授、中国律所领导力与发展战略研究中心执行主任、上海外国语大学法学院硕士生导师。此外，还入选了2023年上海市"东方英才"计划拔尖、青年项目。

刘启铭，智合联合创始人、首席运营官，负责公司投融资和公共事务，拥有多年国际贸易、国际金融投资及企业中高级管理经验。上海交通大学安泰MBA、中欧国际工商学院EMBA、对外经济贸易大学经济学学士。现任上海法律科技协会副理事长。

孙麟飞，智合研究院研究员，专注于法律服务、法律科技市场研究与观察，曾就职于国内私募基金从事化工新材料领域研究工作，悉尼科技大学金融学硕士。

吴梦璐，智合旗下"智合AI"产品负责人，从事律师及法律科技行业逾10年，曾就职于北京市金杜律师事务所担任资深律师、蚂蚁科技集团股份有限公司担任资深法务。

邓欢，智合合伙人，智合AI事业群联席副总裁，具有多年法律科技行业产品经验。主讲"法律人如何用AI实现效率飞跃""法律人玩转AI"系列课程逾10万+人次观看。智拾网年度优秀讲师，多地律师协会法律AI分享嘉宾，多家律所特邀 AI 分享嘉宾。

宋威，智合研究院研究员，专注于法律服务、法律科技市场研究与观察，曾就职于国内咨询公司从事黑色金属领域研究工作，上海外国语大学金融学硕士。

序　言

本书的诞生，源于一个根本性的追问：当人工智能（Artificial Intelligence，AI）能够通过律师资格考试、生成法律意见书、完成合同审查时，法律人的核心竞争力将向何处迁移？

过去3年间，我们见证了AI快速从"工具"进化为"协作者"的历程。2022年，Transformer模型架构（一种深度学习模型）催生的GPT-3.5（一种AI大模型）让可对话的大语言模型成为全球焦点；2025年，DeepSeek-R1（一种AI大模型）以开源之姿将推理成本降至原来的1/30，深刻冲击了大模型应用格局，宣告AI普惠时代的真正来临。

技术迭代的速度远超预期，而法律行业——这个以知识密集与经验壁垒著称的领域——则成为AI落地的前沿试验场。在国外，国际律所普遍选择以自行开发或与第三方合作的形式推动法律AI的应用落地，带动了对技术融合的探索与对AI滥用的反思；在国内，从律师、律所，到律协、司法机关，都在通过各种手段挖掘AI的可用价值——降低门槛、便民利民，等等。曾经零星的行动正在汇成大势。

在对法律科技发展的长期观察、研究中，在和众多行内行外的专业人士交流过后，我逐渐形成了一个观点：法律科技在当前大势下的使命本质上来说应是推动公平正义和科技向善的实现。

一方面，我们应当通过科技来更好地实现法律的价值，也就是公平正义；另一方面，也应当反过来用法律赋予科技人文的价值，也就是科技向善。法律引导科技，科技赋能法律，在加快建设法治社会的大目标下，深度融入本轮技术革命的法律AI必定会成为法治社会建设和法治生态完善重要的推动者。

智变 2.0：法律科技的 AI 赋能与生态重构 >>>

  我们仍无法断言法律人的明天会怎样，但适应未来需要的法律人，一定得具备在正确场合和恰当时机熟练运用法律科技、法律 AI 的能力。我们使用法律科技，是为了追求公平正义和科技向善——这种知而为之的决断，才是任何工具都无法替代的，作为"人"的核心竞争力。

  本书是我与智合的同事推出的第二本系统性观察与诠释法律科技行业的图书。2024 年问世的《智变：法律科技的大模型时代》是第一本法律科技行业的全景谱图，我们系统梳理了这个行业的历史与发展情况。而今天，《智变 2.0：法律科技的 AI 赋能与生态重构》将目光投向更汹涌、更前沿的浪潮——大模型重构法律生态的"奇点时刻"。

  本书揭示探讨三重真相：

  其一，技术革命的不可逆性。大模型并非昙花一现的概念炒作，而是连接主义学派数十年研究厚积薄发的产物。从符号主义的专家系统到 GPT-4 的多模态能力，AI 已从"规则执行者"蜕变为"知识创造者"。当 OpenAI（美国一家人工智能研究公司）的模型在美国律师资格考试中跻身前 10%，当 DeepSeek-R1 的推理能力比肩人类博士，法律人必须直面一个事实：AI 不再仅是辅助工具，而是重塑行业生态的"新生产力基座"。这一进程中，算力民主化成为关键变量，《智变：法律科技的大模型时代》中预言的法律科技"长尾市场"正在成为现实。

  其二，行业变革的"双刃剑"效应。法律 AI 在 10 倍提升合同审查效率的同时，也让"幻觉风险"与"数据黑箱"如影随形；它既为中小律所提供了弯道超车的可能，也可能加剧资源分配的马太效应。全球各地律协的警示文件与数百家律所的抵制行动，折射出技术采纳中的伦理困境与制度滞后。本书通过硅谷明星公司 Harvey AI 的崛起、LegalZoom 的市值过山车、中国"无人律所"的基层实践等案例，全景呈现法律科技商业化中的希望与陷阱。

  其三，人机协同的进化路径。当 AI 能够处理千份文档、生成诉讼策略初稿，法律人的价值将向何处沉淀？答案或许藏匿于"慢思考"的不可替代性中——正如 OpenAI 的 o1 模型通过延长推理链条逼近人类逻辑，法律实践中对正义的权衡、对情理的洞察、对价值的判断，仍是 AI 难以企及的"智慧高地"。

  本书试图揭示一个关键趋势：未来的顶尖法律人，必是善用 AI 放大专业优势的"增强型智者"，而非与机器竞速的"体力劳动者"。人机边界从未消失，只是向更高维度迁移。

  谨以此书，献给所有在技术洪流中探索法律行业未来的同行者。当我们谈论 AI 时，本质上是在追问：如何在机器的效率与人类的温度间守护法律作为"技艺理性"的本质？答案或许不在某个技术节点，而在持续对话、校准与迭代的过程中——正如法律本身始终是一场关于正义的动态实践。

洪祖运

2025 年 5 月于上海

目 录 CONTENTS

·第一篇 技术篇·

第一章 初识大模型，当人工智能走进现实 …………………………… 003
 一、第四次工业革命 …………………………………………………… 003
 二、AI 发展的三次浪潮 ………………………………………………… 005
  （一）第一次 AI 浪潮：基于逻辑推理，符号主义的兴起 ………… 006
  （二）第二次 AI 浪潮之一：基于统计学习，专家系统的崛起 …… 007
  （三）第二次 AI 浪潮之二：神经网络的复兴 ……………………… 008
  （四）第三次 AI 浪潮：基于深度学习 ……………………………… 009
  （五）新一代技术：Transformer 架构 ……………………………… 011
 三、大模型的前生今世 ………………………………………………… 011
 四、大模型是传统 AI 的进化产物 ……………………………………… 014
 五、大模型时代的里程碑事件 ………………………………………… 016
  （一）2023 年关键词："百模大战" ………………………………… 016
  （二）2024 年关键词：推理模型 …………………………………… 017
  （三）2025 年关键词：DeepSeek …………………………………… 020

第二章 细研大模型，智能涌现与应用探索 …………………………… 024
 一、AI 普惠时代的奇点时刻 …………………………………………… 024
 二、大模型加速走入千行百业 ………………………………………… 026
 三、人人都要学会与 AI 相处 …………………………………………… 028
 四、我们仍处于 AI 的初期 ……………………………………………… 031

五、小结：大模型的星辰大海是 AGI ······ 032

第三章　洞察大模型，AI 对法律行业的变革 ······ 035
　　一、大模型对法律行业的影响 ······ 035
　　二、律协对生成式 AI 的态度 ······ 036
　　　　（一）密集发声，各律协接连发文提示 AI 风险 ······ 037
　　　　（二）风险警示事出有因："黑箱" ······ 038
　　　　（三）幻觉与偏见 ······ 039
　　　　（四）隐私保护 ······ 041
　　三、律所对生成式 AI 的态度 ······ 043
　　　　（一）部分律所选择直接抵制 ······ 043
　　　　（二）部分律所保持谨慎观望 ······ 044
　　　　（三）还有人看到机会 ······ 045
　　四、法官对生成式 AI 的态度 ······ 046
　　　　（一）美国联邦首席大法官年终报告发布 ······ 046
　　　　（二）法院系统将 AI 化，但人类法官仍不可或缺 ······ 048
　　五、小结：生成式 AI 应用的两面性 ······ 048

·第二篇　趋势篇·

第一章　简本溯源，旧时代的法律科技赛道 ······ 053
　　一、法律科技的定义 ······ 053
　　二、法律科技企业的认定标准是什么 ······ 055
　　三、如何对法律科技企业进行分类 ······ 058
　　　　（一）基于企业的定位 ······ 058
　　　　（二）基于产品的功能 ······ 059
　　　　（三）基于客户的类型 ······ 061
　　　　（四）行业归属国民经济分类 ······ 061
　　四、国内法律科技行业发展历程 ······ 062

（一）1979~1999 年：探索萌芽期 ····················· 063
　　（二）2000~2013 年：法律科技 1.0 时代 ················ 063
　　（三）2013~2022 年：法律科技 2.0 时代 ················ 065
　　（四）2023 年至今：法律科技 3.0 时代 ················· 068
　五、小结：一个不被看好的赛道 ······················ 068
　　（一）行业的基因桎梏 ························· 068
　　（二）创新的现实困境 ························· 068

第二章　奇点更近，法律科技的大模型时代 ················ 070
　一、大模型在法律行业的变革 ······················· 070
　　（一）带来效率变革 ·························· 070
　　（二）重塑能力边界 ·························· 071
　　（三）催生新型模式 ·························· 071
　　（四）随之而来的，是更高的要求 ··················· 072
　二、从通用大模型到法律大模型 ····················· 072
　　（一）什么是法律大模型 ······················· 072
　　（二）为何需要法律大模型 ······················ 073
　　（三）法律大模型的评估方法 ····················· 074
　三、不同法律职业，将被大模型如何影响 ················· 076
　　（一）法律职业的"加拉帕戈斯时刻" ················· 076
　　（二）法律人与大模型的"共生之道" ················· 077
　四、法律科技企业，将被大模型如何影响 ················· 078
　　（一）新进入者快速崛起 ······················· 078
　　（二）传统巨头争相跟进 ······················· 079
　　（三）大模型的竞争，本质是生态之争 ················· 080
　五、小结：法律科技迎来历史性发展机遇 ················· 081

第三章　区域观察，领先地区法律科技发展模式 ·············· 083
　一、海外是如何发展法律科技的 ····················· 083

（一）美国经验：庞大市场，活跃创投市场引领 ·················· 083
（二）英国经验：政策破冰，成熟市场自发演进 ·················· 084
（三）新加坡经验：政府主导，引领法律科技发展 ················ 086
二、我国是怎样发展法律科技的 ······································ 088
（一）司法科技先行，法院信息化建设稳步推进 ················ 088
（二）区域示范带动，政策加码助力 L 端应用升温 ············· 090
三、代表性区域分析：上海 ·· 091
（一）"领路子" ··· 091
（二）"搭台子" ··· 093
（三）"出点子" ··· 095
（四）"压担子" ··· 098
四、小结：法律科技正成为各地竞相布局的战略领域 ··············· 099
（一）资讯阶段 ··· 100
（二）参与阶段 ··· 100
（三）实施阶段 ··· 100

·第三篇　市场篇·

第一章　产业概况与市场容量 ·· 105
一、法律科技产业链结构 ·· 105
二、国内法律科技市场容量 ·· 106
（一）to G 潜在市场容量估算 ···································· 106
（二）to L 潜在市场容量估算 ···································· 107
（三）to B 潜在市场容量估算 ···································· 108
（四）to C 潜在市场容量估算 ···································· 109

第二章　法律科技的细分领域 ·· 111
一、法律大模型 ··· 111
（一）国外法律大模型现状 ······································ 111

（二）国内法律大模型现状 …………………………………… 114
　二、法律研究"从数据库到 AI 检索" ……………………………… 127
　三、律所中台"律所数字化" ………………………………………… 129
　四、司法科技（在线争议解决） …………………………………… 130
　五、合同全生命周期管理（CLM） ………………………………… 131
　六、市场平台 …………………………………………………………… 134

第三章　国内外法律科技投融资概况 …………………………………… 139
　一、海外法律科技投融资事件汇总 ………………………………… 139
　二、国内法律科技投融资事件汇总 ………………………………… 145

第四章　行业市场现状与领先企业梳理 ………………………………… 148
　一、全球法律科技行业现状 ………………………………………… 148
　二、全球法律科技领域上市企业 …………………………………… 149
　三、全球法律科技"独角兽" ………………………………………… 152
　四、国内领先法律 AI 公司一览 …………………………………… 160

第五章　海外代表性法律科技企业研究 ………………………………… 175
　一、Harvey AI ………………………………………………………… 175
　　（一）三年融资到 D 轮 ……………………………………………… 175
　　（二）逾百家律所为之付费 ………………………………………… 176
　　（三）"秀肌肉"还是"真有料"？ ………………………………… 178
　二、LegalZoom ………………………………………………………… 179
　　（一）一年之间，两次大裁员 ……………………………………… 179
　　（二）高层动荡，预期下调 ………………………………………… 179
　　（三）"屡败屡战"之间 …………………………………………… 179
　　（四）危险信号，还是主动求变 …………………………………… 182
　三、Hebbia ……………………………………………………………… 183
　　（一）改变世界的不是技术，而是产品 …………………………… 183
　　（二）明星团队 ……………………………………………………… 183

（三）全明星阵容的投资人 ················· 184
（四）最好的点子往往来自最了解业务的人 ········· 184
（五）聚焦所有分析师岗位 ················· 185
（六）聚焦功能还是聚焦行业 ················ 187

四、Steno ································ 188
（一）由法律科技公司投资的法律科技公司 ········· 189
（二）历史：早期的Steno并不是法律科技公司 ······· 189
（三）发展：涉猎法律金融产品，利润颇丰 ········· 190

五、Luminance ···························· 191
（一）"魔圈"所押注 ···················· 191
（二）Luminance公司什么来头 ·············· 192
（三）与司力达是老相识 ·················· 192
（四）7年长跑，司力达与Luminance的渊源 ······· 193
（五）2次转向，让Luminance比以往更重要 ······· 195

六、EvenUp ······························ 196
（一）法律AI"新王"加冕 ················· 196
（二）灵感来自亲身经历 ·················· 198
（三）专注一个工作流程 ·················· 199
（四）足够大的市场 ···················· 199
（五）更"垂直"的模型 ·················· 199
（六）抛去"工具"属性 ·················· 200
（七）价值不止"提效" ·················· 200
（八）只为成功的结果付费 ················· 201
（九）AI仅是产品的一部分 ················ 202
（十）法律科技爆发正当时 ················· 203

·第四篇 应用篇·

第一章 赋能潮起，法律与 AI 共谋新解 207
- 一、AI 在律师行业的落地从哪儿开始 207
  - （一）"旧"话题，新思路 207
  - （二）8 万名律师的心声 208
  - （三）法律研究被彻底改变 209
  - （四）不妨多想一步 210
  - （五）优秀律所都懂知识管理 211
  - （六）方式滞后是痛点 211
  - （七）知识共享将更可行 212
- 二、律师行业的 AI 竞赛，开始有人掉队了 214
  - （一）2023~2024 年的变化 214
  - （二）大所已抢占先手，中小所的阻碍是什么 218
  - （三）律所如何为 AI 做准备 222
- 三、第一批拥抱 AI 的律师，感觉怎么样 223
  - （一）最大的价值莫过于"腾出时间" 224
  - （二）工作模式的改变 229
- 四、法律 AI 产品那么贵，中小律所怎么办 231
  - （一）法律科技只为大律所服务？ 232
  - （二）法律 AI 并不是高不可攀 233
  - （三）律所和 AI 都需要进步 235
- 五、律协发文：如何向使用 AI 的律师支付费用 236
  - （一）关于第 512 号意见书 237
  - （二）结果才是关键 237
  - （三）被低估的价值 AI 238
  - （四）过时的"类比" 239
  - （五）重新定义"合理性" 239

第二章　他山之石，领先律所如何布局 241
一、高伟绅：引入的 AI 助手 241
（一）Copilot，老牌生产力厂商的 AI 时代初解 241
（二）高伟绅会怎么"使用"这件工具 243
（三）想不失优雅地跟风，可以怎么做 244
二、利特勒：专注，然后不断创新 245
（一）专注的精义：做出差异，然后做到极致 246
（二）有时，你得走在客户前边 248
（三）技术派，但关注人 249
三、佳利：收购法律科技公司 250
四、苏利文：开拓 AI 业务，需要正规军 252
（一）开拓 AI 业务，需要正规军 252
（二）不仅要正规军，还得是多兵种 254
五、小结：一场面向未来的战略布局 255

·第五篇　展望篇·

第一章　关于"深化律师行业应用" 261
一、律师行业宏观环境分析 261
（一）外部环境 261
（二）内部环境 262
二、大模型时代，律所如何领先一步 264

第二章　关于"法律科技行业发展" 267
一、法治建设需要科技赋能 267
二、行业发展驱动与制约因素 269
（一）行业驱动因素 269
（二）行业制约因素 273

第一篇
技 术 篇

涌现：内力之源，驱动世界

第一章

初识大模型，当人工智能走进现实

一、第四次工业革命[*]

人类历史上每一次工业革命都重塑了社会结构与生产力范式：第一次工业革命开始于18世纪60年代的英国，以蒸汽机的广泛应用为标志，人类由此进入"蒸汽时代"，推动了机械化生产的发展；第二次工业革命发生在19世纪下半叶至20世纪初，以电力的广泛应用为主要特征，人类进入"电气时代"，催生了大规模工业化生产和现代城市化进程；第三次工业革命发生在20世纪四五十年代，以原子能、电子计算机、空间技术和生物遗传工程的发明和应用为主要标志，涉及信息技术、新能源技术、新材料技术、生物遗传技术、空间技术和海洋技术等诸多领域，推动了信息控制技术的飞速发展，人类由此进入信息化时代。如果说前三次工业革命是对人类体力的解放，那么如今，生成式人工智能（Generative Artificial Intelligence，GenAI）以强大的内容生成能力、模型泛化能力和认知交互能力，为人类的脑力劳动解放提供了选择从而引发"第四次工业革命"。

2023年伊始，微软创始人比尔·盖茨（Bill Gates）在其个人博客Gates Notes上发表了一篇长达7页的深度文章《AI时代已经开启》（*the Age of AI has begun*）。他在文中强调："整个业界将围绕人工智能重新定位。企业能否

---

[*] 本部分内容节选自洪祖运先生2024年7月12日在文康律师事务所与智合联合举办的"人工智能与法律服务发展"主题论坛中的主旨演讲。

脱颖而出，取决于它们能否善用这项技术。"盖茨盛赞了大语言模型（Large Language Model，LLM），称其是继1980年现代图形用户界面（Windows系统）问世以来最具革命性的技术进步。

同年，在瑞士达沃斯世界经济论坛上，微软公司首席执行官萨提亚·纳德拉（Satya Nadella）表示："对于知识工作者来说，人工智能的革命性影响完全等同于工业革命。"谷歌首席执行官桑达尔·皮查伊（Pichai Sundararajan）也指出："人工智能将成为像电力一样无处不在的基础技术，重新定义所有行业。"

事实确实如此，生成式人工智能正在以前所未有的速度渗透到人们的日常生活中。从文本创作到图像生成，人工智能（Artificial Intelligence，AI）已跨越工具属性，改变人们的学习、工作和娱乐方式。截至2023年12月，由山姆·奥特曼（Sam Altman）、埃隆·马斯克（Elon Musk）等人创立的OpenAI公司，其旗下的ChatGPT系列模型已拥有约1.8亿用户，月均访问量稳定保持在10亿次以上。

从任何维度来看——无论是计算机专业中人工智能方向的学生人数、投资金额、新创企业数量，还是技术突破，AI都正在掀起一场深度和广度空前的革命。

与此同时，生成式AI还将推动新一轮的全球经济增长。2023年6月，全球咨询巨头麦肯锡（McKinsey & Company）发布报告——《生成式人工智能的经济潜力：下一波生产力浪潮》（the Economic Potential of Generative AI：the Next Productivity Frontier）。报告指出，生成式AI的广泛应用每年可为全球经济带来2.6万亿至4.4万亿美元的增量价值，相当于每年贡献一个英国的国内生产总值。

然而，我们也难免心生疑问：

此前，AI的发展进程中不乏像阿尔法围棋（AlphaGo）击败人类顶尖棋手这类标志性事件，但为何唯独这一次，全球各界能够达成广泛共识，认为生成式AI将掀起一场全新的技术革命？

要回答这个问题，我们不妨这样思考。

"引发了上一轮信息技术革命的，究竟是超级电脑还是个人电脑？"

超级电脑虽然强大，但只适合少数人使用。而只有当个人电脑进入了千家万户，走进了百行千业，才引发了真正的技术革命。之前的几次 AI 浪潮因为商业价值不足、应用场景分散，并没有带来根本性的变革。

我们常说，"我们记住的是技术的最后一个发明人"，其实不完全对，我们记住的是第一个把技术带到商用的人。就像瓦特的蒸汽机，没有什么颠覆性的技术，但他通过改进和优化，让蒸汽机真正进入了商用阶段，引发了工业革命。同样，马斯克的太空探索技术公司（SpaceX）也没有实现原创性的技术突破，而是通过性能调优实现了火箭的可回收和重复利用，将量变累积成质变，推动了民用航天产业的大发展。

纵观人类历史，生产力和生产效率的革命是人类发展的核心动力和主要目标。从 18 世纪的第一次工业革命开始，以蒸汽机为基础的机械化革命便开始将人类从繁重的体力劳动和低效的畜力生产效率中解脱出来。此后历次的工业革命，都诞生了新的技术来提高生产力和生产效率，同时推动人类社会组织架构的变革。

根据索洛增长模型（Solow Growth Model），经济增长由劳动力、资本和全要素生产率的增速共同决定。全要素生产率是否提升决定了经济增长放缓时能否出现新的增长点，而科技发展是决定全要素生产率增长的主要因素。因此，在经济进入长期停滞状态时，唯有技术突破才能提供新的增长动力。

当前的人工智能系统已经能够通过分析数据来学习知识、处理信息，理解并使用自然语言，甚至展现出创造性思维。生成式 AI 技术的广泛应用，将大幅提高全要素生产率，再次引领社会的生产变革，开启人类文明的新篇章。

二、AI 发展的三次浪潮[*]

人工智能本质上是计算机执行人类任务的能力。回看人工智能技术的发

---

[*] 本部分内容节选自洪祖运先生 2024 年 8 月 30 日在上海市女律师联谊会举办的"生如夏花"第一期女主任 / 女合伙人训练营中的主旨演讲。

展史，自1950年"图灵测试"提出以来，AI已经走过了75个年头。

在这70多年的发展历程中，基于不同的研究角度，对AI的研究逐渐形成了具有代表性的三大流派：连接主义学派（Brain）、符号主义学派（Mind）和行为主义学派（Action）。其中，行为主义学派研究属于"具身智能"（Embodied Intelligence），连接主义与符号主义均属于"非具身智能"。

随着这些学派的发展和阶段性突破，AI先后迎来了三次浪潮。

（一）第一次AI浪潮：基于逻辑推理，符号主义的兴起

第一次AI浪潮最早可以追溯到1950年，当时"人工智能之父"艾伦·图灵（Alan Turing）在《心灵》（Mind）杂志上发表了一篇非常重要的论文，叫作《计算机器与智能》（Computing Machinery and Intelligence）。

文章中图灵提出了一个灵魂之问："机器可以思考吗？"并提出了我们所熟知的"图灵测试"。简单来说，就是一个人在完全看不见对方的情况下，通过一系列的问答来判断对方是人还是计算机。如果这个人经过很长时间都分不清对方是人还是机器，那就可以认为这个计算机是智能的。

这篇论文在学术界引起了巨大反响，越来越多的学者开始被"机器智能"这个话题所吸引，并加入了研究行列。

1956年6月，一场名为达特茅斯会议的学术会议认可了"人工智能"（Artificial Intelligence）这个名字，并大致确定了这个领域的研究方向。这次会议标志人工智能作为一个研究领域的正式诞生，也被后人认为是现代人工智能的起点。

达特茅斯会议之后，人工智能研究进入了快速发展期，吸引了更多的研究者，同时也逐渐形成了几个主要的学术派别。

其中，符号主义是当时的主流学派之一。符号主义认为AI源于数理逻辑，注重知识表示和推理，旨在让机器像人一样理解和运用符号。

简单来说，符号主义是从信息处理的角度来研究人类的思维。假设我们能够发现并定义世间万物及其关系的规则，那么，通过逻辑推理，这些规则就可以被公式化，而这些公式就可以用符号来表示。

进入 20 世纪 60 年代，英、美两国政府都投入了大量资金来支持这个新兴领域的研究。人工智能也在很多领域取得了不错的成果，符号主义也进入了一个鼎盛时期。

1966 年麻省理工学院（MIT）发布的世界上第一台聊天机器人伊莉莎（Eliza）可以看作生成式人工智能早期的产品。Eliza 能够根据接收到的文本遵循简单的语法规则来模拟与人类用户的对话。与此同时，专家系统存在词汇量有限、缺乏上下文和过度依赖规则等缺点，生成创造性内容的能力非常有限。

随着时间的推移，学者们逐渐发现，基于推理规则的"智能"实际上非常有限。加上当时计算机的计算能力不足，这些系统根本达不到预期效果。很快，各国政府开始大幅削减甚至终止了对人工智能的投资。

其中，一个标志性事件是，1973 年，数学家莱特希尔（Lighthill）向英国政府提交《莱特希尔报告》，指出人工智能那些看上去很宏伟的目标根本无法实现，研究已经彻底失败。人工智能由此进入了第一个低谷期，也被称为"AI 之冬"（AI Winter）。

（二）第二次 AI 浪潮之一：基于统计学习，专家系统的崛起

第一次 AI 之冬其实持续的时间并不长，AI 的研究工作在企业资助下并没有完全停滞，最终在 20 世纪 80 年代初由专家系统（Expert System）掀起了第二次 AI 浪潮。这次的主角还是符号主义，我们可以把它看作符号主义逻辑推理的一个新阶段。

专家系统可以理解为面向专业领域的超级"知识库 + 推理库"，典型应用如国际商业机器公司（IBM）的 Waston。它的核心思路是，召集大量专家，把他们的专业知识和经验整理成海量规则，然后把这些规则导入系统。计算机通过这些规则进行逻辑推理，从而模拟和延伸人类专家的决策能力，帮助人类在特定领域作出判断和决策。

那时的专家系统成为大公司趋之若鹜的"神器"，因为它能够带来实实在在的经济效益，行业用户也愿意为之投资。这就是第二次 AI 浪潮的根本推动力。

可以这么说，第一次 AI 浪潮是由政府投资推动的，而第二次 AI 浪潮则是由企业投资推动的，标志着 AI 开始进入产业化阶段。

然而，好景不长，到了 80 年代后期，符号主义的局限性逐渐显现出来。符号主义是理想化的，它希望我们能够找到世界上最基本的规则并通过这些规则来构建世界的所有规律。

1997 年，IBM 的"深蓝"在国际象棋比赛中击败世界冠军加里·卡斯帕罗夫（Garry Kasparov），展示 AI 先进策略。"深蓝"由近 500 个定制芯片驱动，每秒可处理约 2 亿步棋。当时其被视为未来人工智能发展的曙光，但如今看来，它只是手工编程计算机智能的巅峰。

符号主义的问题在于，我们无法对所有的常识进行穷尽性列举，这就极大地限制了它的应用范围。不管划定了多么大的范围，也一定会有遗漏在框架之外的东西。此外，另一个局限性在于符号计算系统是基于知识规则建立的，专家系统严重依赖于手工生成的知识库或规则库。如果规则不再更新，那么系统就不会产生新的东西。

而我们的世界又在不断变化，一定有新东西不断输入，这使过去的专家系统无法求解新的问题。之前成功的专家系统也要面临更新迭代所带来的高昂的成本，市场和用户逐渐对专家系统失去了兴趣，第二次 AI 寒冬随之到来。

（三）第二次 AI 浪潮之二：神经网络的复兴

虽然专家系统掀起了第二次 AI 浪潮，符号主义在相当长的时间内占据人工智能的主流位置；但从"上帝视角"来看，真正对后来的 AI 发展产生深远影响的，其实不是符号主义，而是另外一个被遗忘了 20 多年的赛道——源于连接主义学派的"神经网络"。

连接主义学派也叫仿生学派，通过模仿人脑的工作方式，实现智能化。这个学派强调智能是由大量简单的单元通过复杂的相互连接后并行运行的结果。这个学派的侧重点在于研究如何通过学习算法复刻出人脑神经元之间的连接机制，从大量数据中学习并优化网络连接，通过神经元直接的连接和权重调整学习。

直到 20 世纪 80 年代，越来越多的科学家意识到，专家系统存在的局限性很大，符号主义这条路可能走不通。如果人工智能要实现真正的智能，它必须拥有自己的感知系统，能够自主学习。于是，倡导让机器"自动地从数据中学习，并通过训练得到更加精准的预测和决策能力"的研究思想开始逐渐活跃起来。

这就是前面提到过的机器学习。1980 年美国的卡耐基梅隆大学召开了第一届机器学习国际研讨会，标志着机器学习在全世界兴起。

机器学习包含多种方法和理论学派。源于连接主义学派的神经网络就在这一时期"复活"。基于 1957 年就开始的对感知机的探索经验，1986 年杰佛里·辛顿（Geoffrey Hinton）提出了反向传播算法，这是这一时期的重要理论突破之一。该算法使神经网络的训练成为可能。

1988 年，贝尔实验室的杨立昆（Yann LeCun）等人提出了卷积神经网络，这是一种专门用于处理图像数据的神经网络模型。同时，支持向量机（Support Vector Machine，SVM）在这一时期也得到了广泛应用，统计机器学习逐渐成为人工智能领域的主流。

虽然当时因为计算资源有限机器学习的应用还比较受限，但它真正开始从理论走向实践，同时具备了一定的实用价值。20 世纪 90 年代，神经网络开始商用于文字图像识别、语音识别、数据挖掘等领域。

（四）第三次 AI 浪潮：基于深度学习

进入 21 世纪后，随着计算能力的提升和对神经网络研究的深入，AI 迎来了第三次浪潮，这次的主角是"深度学习"。

以杰弗里·辛顿等为代表的连接学派，以学习能力自动化为目标，发明了深度学习。并在《自然》（Science）期刊上发表了一篇重要论文《用神经网络降低数据维数》（Reducing the Dimensionality of Data with Neural Networks），提出了深度信念网络（Deep Belief Networks，DBNs）。

深度学习是机器学习的一个重要分支，可以理解为"加强版"的神经网络。作为一种基于神经网络的机器学习方法，通过大规模的数据特征学习，对不同场景具备很强的自适应性，同时可以通过增加层数和节点数，实现对更复杂的问题的解决，提升了模型的准确性和真实性，并且基于分布式计算和图形处理器（Graphics Processing Unit，GPU）加速等技术，能够训练更大规模的数据和更大尺寸的模型。

深度学习大幅提升了模型统计归纳的能力，在模式识别等应用效果上取得了巨大突破，某些场景的识别精度甚至超越了人类。同时，只要数据足够多，就可以对各种大量的常识进行学习，通用性得到极大的提升。

一直到 2010 年深度神经网络兴起，连接主义才逐渐占上风，成为 AI 主流路线。

一个经典案例是 2012 年 ImageNet（用于视觉对象识别软件研究的大型可视化数据库）举办的人工智能图像识别算法挑战赛。杰弗里·辛顿和他的学生伊利亚·苏茨克沃（Ilya Sutskever）——也就是后来 ChatGPT 的创始技术主力，以及亚历克斯·克里切夫斯基（Alex Krizhevsky）参加了这个比赛。

伊利亚·苏茨克沃和亚历克斯·克里切夫斯基设计的深度神经网络模型 AlexNet 在当时最大的图像数据集之一 ImageNet 上训练，包含超过 1400 万张图像，仅使用两块 GPU。AlexNet 大幅提升了图像标注精度，以压倒性优势获得第一名（将 Top-5 错误率降到了 15.3%，比第二名低 10.8%），引起了业界轰动，甚至一度被怀疑是作弊。在比赛后，"深度神经网络 +GPU" 的优势显露无遗。很多人和很多公司的命运从此改变了。

2014 年，伊恩·古德费洛（Ian Goodfellow）提出的生成对抗网络（Generative Adversarial Network，GAN）成为早期最为著名的生成模型。GAN 使用合作的零和博弈框架来学习，被广泛用于生成图像、视频、语音和三维物体模型。

2016 年 AlphaGo 横空出世，融合了深度学习和强化学习的算法思想，成功战胜了围棋世界冠军李世石，又一次展示了 AI 在复杂领域中超越人类的能力。

（五）新一代技术：Transformer 架构

时间来到 2017 年，谷歌公司（Google）发表了一篇名为《你所需要的，就是注意力》(Attention is All You Need)的里程碑式论文，论文提出基于自注意力机制（Self Attention）的神经网络模型 Transformer 架构。

Transformer 的结构采用的是自注意力机制来对输入序列进行编码和表示学习，这意味着模型训练的过程可以摆脱语言顺序限制，并在全局序列中同时捕捉上下文依赖关系。因此，Transformer 结构不仅展现出更强的全局建模和收敛能力，而且基于自注意力机制的训练更适用于并行分布式计算，大幅缩短模型训练周期，在处理长序列和大规模数据时具有明显的优势，[①]可用于自然语言处理（Neuro-Linguistic Programming，NLP）、计算机视觉（Computer Vision，CV）领域应用。

可以说，Transformer 架构的出现，彻底改变了深度学习的发展方向，奠定了大模型预训练算法架构的基础，也就此拉开大模型时代的帷幕。后来出现的全球主流大模型，如 2018 年以来的 GPT 系列、LLaMA 系列、BERT 系列、Claude 系列等预训练模型都是基于 Transformer 架构建立的。

三、大模型的前生今世[*]

大语言模型作为深度学习的集大成者，具有能够理解和生成自然语言的能力。其中，最被人熟知的是由 OpenAI 开发的 GPT 系列模型。

模型的设计初衷是通过在大规模文本语料库上进行无监督的预训练，来学习自然语言的语法、语义和语用等知识。这种预训练方式使 GPT 模型能够生成连贯、自然的语言文本，并适应各种不同的自然语言处理任务。通过微调，GPT 模型可以针对特定任务进行优化，从而在文本生成、机器翻译、语音识别和对话系统等领域展现出强大的应用能力。

[①] 赛迪智库 CCID：《未来产业研究：人工智能大模型国内外最新进展、趋势研判及有关建议》，载《未来产业研究》2023 年第 3 期。
[*] 本部分内容节选自洪祖运先生 2025 年 3 月 7 日在北京市西城区律师协会律所主任培训会中的分享。

以 GPT 模型为例，其训练过程分为两个阶段：预训练和微调。

在预训练阶段，模型使用大规模的无标签文本数据进行训练，以学习语言的统计规律和语义表示。通过预训练，模型能够学习到丰富的语言知识，提升语义理解能力。

在微调阶段，模型使用特定任务的有标签数据进一步进行训练，这些任务可以是文本分类、命名实体识别、问答等。通过微调，模型能够将通用的语言能力应用到具体的任务中，提高模型在特定任务上的性能。

作为大模型革命的引领者，2015 年，OpenAI 在"努力在安全的前提下创建通用人工智能（Artificial General Intelligence，AGI）并让全人类共同受益"的主旨下正式成立。

2017 年，随着 Google 颠覆性地提出 Transformer 架构，早期 AI 模型参数规模天花板被打破，预训练大模型成为自然语言处理领域的主流。

2018 年，OpenAI 和 Google 分别发布了 GPT-1 与 BERT 大模型。同期，OpenAI 发表了论文《通过生成式预训练改进语言理解》（*Improving Language Understanding by Generative Pre-training*）。之后，BERT 系列进展相对缓慢，而 GPT 系列模型不断发展，参数规模持续扩大，所实现的性能也越来越通用。GPT 模型演进历程见表 1-1-1。

表 1-1-1　GPT 模型演进历程

年份	概述
2015	OpenAI 宣布成立，公司定位为非营利组织，主旨是努力在安全的前提下创建通用人工智能（AGI）并让全人类共同受益
2018	GPT-1：GPT 系列的第一个版本。GPT-1 具有 1.17 亿个参数，使用 Transformer 的 decoder 结构作为基础，并采用了预训练的语言模型。它在多项自然语言处理任务上取得了很好的表现，如文本生成、机器翻译和阅读理解。尽管在某些任务上表现出色，但 GPT-1 生成的文本质量和连贯性相对较差

续表

年份	概述
2019	GPT-2：GPT系列的第二个版本。相比GPT-1，GPT-2在模型规模和预训练数据上都有了显著的提升。GPT-2具有更大的模型规模，参数数量从GPT-1的1.17亿增加到了15亿，并使用了更多的预训练数据。这些改进使GPT-2在生成任务上表现出了更强的创造力和语言理解能力，能够生成更长、更连贯的文本
2020	GPT-3：GPT系列的第三个版本，具有惊人的1750亿个参数。这一巨大的模型规模使GPT-3能够处理更加复杂和多样的自然语言处理任务，包括文本生成、翻译、问答和文本分类等。GPT-3在预训练过程中使用了大量的互联网文本数据，进一步提升了其性能和泛化能力
2022	OpenAI于3月发布了GPT-3的新版本GPT-3.5（训练数据截至2021年6月）。11月，发布基于GPT-3.5的聊天机器人模型ChatGPT，ChatGPT通过模型微调，能够与人类进行多轮连续的各种对话，给出较为合理的回答，引发全球关注

资料来源：公开资料，智合研究院整理。

从参数规模上看，大模型先后经历了预训练模型、大规模预训练模型、超大规模预训练模型三个阶段，参数量实现了从亿级到百万亿级的突破。

大模型的"涌现"，是指在模型训练参数和数量超过一定数值之后，模型突然出现了意想不到的能力。谷歌、DeepMind（谷歌旗下人工智能公司）、斯坦福大学的16位专家合作的论文《大语言模型的涌现能力》（*Emergent Abilities of Large Language Models*）指出，大语言模型在突破10的22次方量级后，智慧能力出现了质的飞跃。

2020年，OpenAI基于Transformer训练了1750亿参数的GPT-3模型发布，GPT-3引入3000亿单词的训练语料，相当于互联网上所有英语文字的总和，在文本生成和语言理解方面展现了极强的表达能力和泛化能力。

而大模型真正曝光于公众面前始于2022年11月30日，OpenAI基于GPT-3.5大模型推出ChatGPT聊天服务。

OpenAI公司的首席执行官山姆·奥特曼在推特上轻描淡写地说了句"试试ChatGPT吧"。当人们打开ChatGPT最初的界面时，会发现仅有一个简单的"打开新聊天"功能。但当人们向它提问"你是谁""你能干嘛"等基础问题时，它所给出的回答却让人眼前一亮。

以往 Siri（苹果智能语言助手）、小爱等语音助手，其回答都是预设好的、比较刻板的，而 ChatGPT 却像是真正理解了语言的含义，能够根据问题进行较为灵活和智能的回应，这无疑代表一种全新的 AI 可能性和范式被成功跑通。

ChatGPT 第一天就吸引了 10 万人注册，5 天后这个数字飙升到 100 万人，仅仅两个月用户就突破了 1 亿人，远远超过了 TikTok（抖音集团旗下的短视频社交平台）用 9 个月、微信用 433 天达到 1 亿用户的速度，彻底打破了当时全球互联网产品的增长纪录，迅速成为全球瞩目的焦点。

归功于 ChatGPT 的发布，之后的 2023 年也被人们称为生成式人工智能的元年。

四、大模型是传统 AI 的进化产物[*]

与区块链和元宇宙等大热但后劲不足的技术不同，大模型有深厚的理论基础，是 AI 发展几十年的成果。

从规则性人工智能（Rule-based AI）到判别式人工智能（Discriminative AI），最终演变到生成式人工智能（Generative AI），这些阶段代表了人工智能在算法、学习方法和应用领域上的不断演进和创新（见表 1-1-2）。

表 1-1-2　人工智能的发展阶段

类型	概述
规则性人工智能（Rule-based AI）	20 世纪 60 年代到 80 年代，AI 发展处于初始阶段，这一时期的 AI 主要基于事先定义的规则和逻辑，通过逐步推理和匹配规则来解决问题。使用这种方法的代表是专家系统。然而，这些规则型系统的局限性在于其缺乏通用性和灵活性，无法适应复杂的现实问题

---

[*] 本部分内容节选自洪祖运先生 2025 年 3 月 7 日在北京市西城区律师协会律所主任培训会的分享。

续表

类型	概述
判别式人工智能（Discriminative AI）	进入20世纪90年代，AI技术开始关注从输入数据中学习特定模式和规律，以进行分类、识别和预测。深度学习先后突破了图像识别、语音识别、自然语言处理的"瓶颈"，取得了突破性成果，但在这一发展阶段，人工智能仍缺乏生成新数据的能力
生成式人工智能（Generative AI）	时间来到2017年。随着谷歌提出Transformer架构，2020年OpenAI基于论文推出了1750亿参数的GPT模型，随后GPT系列模型迭代，引起了全球范围内的广泛关注。大模型基于海量文本数据训练，能够生成近乎完美的自然语言，理解上下文、推理逻辑，甚至参与复杂的对话，使AI能够以更具创造性的方式执行任务

资料来源：智合研究院整理。

如果让我们站在更高的视角来评价一下ChatGPT。

首先需要明确的是，ChatGPT并不具备颠覆性的创新。当我们说"颠覆性"时，通常指的是那些从根本上改变技术发展路径的创新，比如，从传统机器学习转向深度学习，或者发明反向传播算法，这些才是真正意义上的颠覆。而ChatGPT并没有带来这样的颠覆性变化。它的基础依然是深度学习和Transformer架构，遵循已有的技术路线。

原理已经存在，所以不是突破。

这也是为什么我们讲到AI发展历程时，没有称大模型为"第四次浪潮"，而是称之为"新一代技术"。夸张一点儿说，OpenAI推出的ChatGPT没有一项技术原理是它们自己提出的，但它们将一系列研究整合到一起，最终让每个人都能很方便地用上AI大模型技术。

但是，尽管没有颠覆性，ChatGPT在AI领域却有深远的意义。它是目前人类所见到的最接近AGI的一种途径。虽然ChatGPT还远未达到AGI的标准，但它的能力表明，我们正在朝这个方向前进。

ChatGPT虽然不是技术上的革命，但它却引爆了一场"使用AI的革命"，让各行各业都在思考如何利用AI来提升生产力，这就是它的最大价值。

五、大模型时代的里程碑事件

（一）2023年关键词："百模大战"

ChatGPT的火箭式蹿升，点燃了大模型"军备竞赛"的导火索。

时间来到2023年3月，OpenAI推出了GPT-4。这一模型不仅成功通过了美国律师资格模拟考试，在美国高考中成绩也能跻身前10%，更令人惊叹的是，它还具备了"多模态"能力，能够看懂图片。就在GPT-4登场的同时，国内科技巨头百度也宣布文心一言开启内测，国内"百模大战"鸣枪。

4月14日，杭州深度求索人工智能基础技术研究有限公司（DeepSeek）前身幻方量化在公众号发布文章《幻方新征程》，宣布将以研究组织的形式投入AGI征程，文章声称"务必要疯狂地拥抱雄心，同时要疯狂地真诚"；同月阿里巴巴在云峰大会上发布了通义千问；5月，科大讯飞发布星火大模型并立下"10月超越ChatGPT"的豪言；6月，腾讯也加入竞争行列。截至6月底，国内已发布了79个参数超过10亿的大模型。

进入下半年，大模型的发展逐渐变得更加务实。在技术研发方面，各家都在努力提升两个关键方面：一是上下文长度，也就是模型的记忆力，这对于处理复杂任务和长文本对话至关重要。如ChatGPT的劲敌Claud带来了10万词元（token）的上下文窗口，相比当时GPT-4的32千兆参数上下文有了巨大飞跃，这意味着大模型可以一次性读完一本书，能够处理更复杂的任务，如长篇小说的分析、多轮复杂对话的理解。二是多模态的生成，这使大模型能够更好地理解和处理多种类型的数据。

这一年，技术迭代的速度令人炫目。

一方面，是各类生成式人工智能的项目数量激增。根据《北京市人工智能行业大模型创新应用白皮书（2023年）》，截至2023年10月，我国10亿参数规模以上的大模型厂商及高校院所共计254家①。

---

① 北京市科学技术委员会、中关村科技园区管理委员会：《北京市人工智能行业大模型创新应用白皮书（2023年）》，2023年11月发布。

另一方面，B 端应用处在商业化的前夜。微软发布了基于 GPT-4 的 AI 办公助手 Office Copilot，包括企业服务、营销、低代码、安全、教育、医疗、金融、法律等领域的 AI 应用开始陆续发布。

硅谷流传这样一个段子来形容 2023 年的大模型热潮："2023 年的 AI 像极了 2010 年的智能手机——所有人都在做手机，但真正的苹果手机还没出现。"

这个比喻精准地捕捉到了当时的行业状态：不是没有进步，而是颠覆尚未发生。

（二）2024 年关键词：推理模型

2024 年，大模型推理理解能力跃升，并开始探索垂类领域应用落地。

2024 年 9 月，OpenAI 正式发布了全新的 AI 大模型 OpenAI-o1。这次它们改变了策略，不再单纯追求参数的堆叠，而是引入强化学习，增加推理时长，大大提高了模型的推理和数学能力。

新模型的特点被概括为："变强了，也变慢了。"新模型上限显著提升，从高中生水平跃升至博士生水平。可以实现复杂逻辑推理，擅长解决复杂问题。甚至具备了奥数金牌能力：在国际数学奥林匹克资格考试（AIME）的基准测试中，o1 模型的正确率高达 83%，成功跻身美国前 500 名学生行列，而其前身 GPT-4o 的正确率仅为 13%。

根据官方资料，o1 模型主要聚焦于复杂任务推理，并在竞赛级别的编程和数学领域表现尤为出色。在其擅长的物理、生物、化学等基准测试（GPQA）中，o1 模型的表现和该领域的博士生水平不相上下。目前来看，OpenAI-o1 更像一个理工科的"偏科生"。例如，在数据分析、编程和数学等需要强推理能力的领域，o1 模型的表现明显优于 GPT-4o。但在处理自然语言任务时，o1 模型的效果还不如 GPT-4o（见图 1-1-1）。

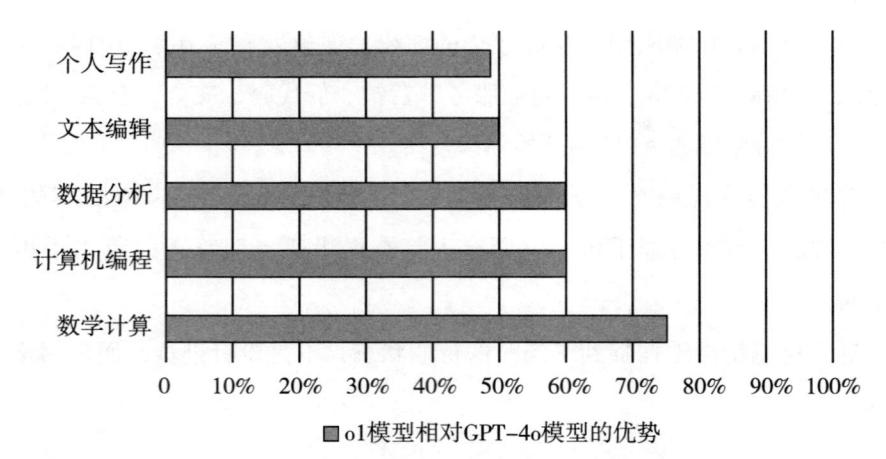

领域	o1模型相对GPT-4o模型的优势
个人写作	~50%
文本编辑	~50%
数据分析	~60%
计算机编程	~60%
数学计算	~75%

图 1-1-1　o1 模型与 GPT-4o 各领域表现对比

资料来源：OpenAI，智合研究院整理。

o1 模型的定位，从技术产品名称来说，不是 GPT5，所以它并不是 GPT 系列的下一代产品，而是推理系列里的首发队员，并且目前还只是一个预览版——"o1-preview"。作为该系列的第一款模型，o1 模型在复杂推理方面的表现已提升到一个全新水平。

《思考，快与慢》的作者丹尼尔·卡尼曼认为，我们的大脑有"快"与"慢"两种决定问题的方式：第一种依赖情感、记忆和经验迅速作出判断，它使我们能够迅速对眼前的情况作出反应，但会有错觉；第二种通过调动注意力来分析解决问题并作出决定，这比较慢，但不容易出错。

"慢思考"是此次 OpenAI 发布新模型的一个重要特征。与以往的大模型不同，o1 模型不是立即给出答案，而是在回答问题之前像人类一样"深思熟虑"，通常用时 10~20 秒。

在回答之前，o1 模型内部会产生一个非常长的思维链（Chain of Thought，CoT）。这是一种帮助 AI 模型进行推理的技术，让模型在回答复杂问题时逐步解释每一步的推理过程，而不是直接给出答案。这也是 o1 模型在逻辑推理能力上更为突出的原因。

o1 模型会反复地思考、拆解、理解、推理，然后给出最终答案。就像人类在解题时那样，先思考每一步的逻辑，再逐步推导出最终的结果。在这个过程中，o1 模型还会完善思维过程，尝试不同策略，并自主识别错误。当一种方法无效时，它会尝试另一种方法。这个过程极大地提高了模型的推理能力，从而可以解决复杂的任务。o1 推理模型与传统生成模型响应时间对比见图 1-1-2。

模型	预训练	后训练	推理
传统生成模型	67%	31%	2%
o1 推理模型	48%	24%	28%

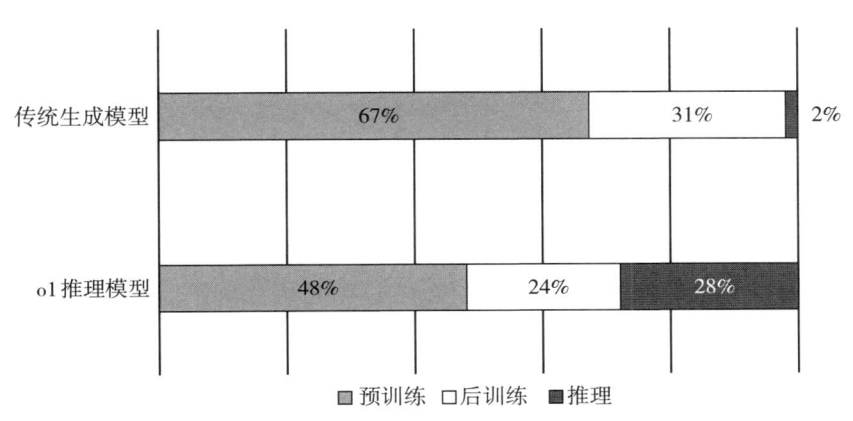

图 1-1-2　o1 推理模型与传统生成模型响应时间对比

资料来源：公开资料，智合研究院整理。

举一个不完全贴切的例子，就像高考数学的最后一道大题，需要多花点时间解题。通常大语言模型在训练、对齐和推理三个阶段的耗时比例是 7∶2.5∶0.5，而在 o1 模型中，o1 的推理耗时会更长。大量计算从预训练/后训练转移到推理服务。

在简单的提示词（prompt）下，用户可能不会注意到太大的差异，但如果问一些棘手的数学或者代码问题，区别就开始明显了。更重要的是，未来技术的方向已经开始显现。在过去有一种观点是，大模型只能解决相关性问题，解决不了因果性问题。像 ChatGPT 等模型虽能根据训练数据生成看似合理的回答，但其实更像"随机鹦鹉"（stochastic parroting），它们往往无法真正理解背后的复杂逻辑或执行高级推理任务。

从 OpenAI 技术日志中的附录来看，目前发布的"o1-preview"只是一个功能相对有限的"初级版"。也如 OpenAI 创始人奥特曼的发帖中所说，它不完美，但在工作机理上却足够颠覆。全新的 o1 系列在复杂推理上的性能又提升到了一个全新级别。

在 2024 年这一年里，虽然 AI 的基础模型没有出现突破性的瞬间进步，但技术迭代一直在稳步推进，逐渐走向成熟。o1 模型的诞生让大模型能够解决以前无法解决的问题，并将对于复杂逻辑的推理能力直接提升到优秀水平。AI 应用将正式进入商业化落地阶段。

（三）2025 年关键词：DeepSeek

如果说 2023 年是"大模型元年"，那么 2024~2025 年就是"AI 商业化的开元"。

2025 年 1 月 20 日，国产大模型公司杭州深度求索发布了具备推理功能的最新大模型 DeepSeek-R1。仅仅 4 天后（1 月 24 日），该模型在海外大模型排名平台 Chatbot Arena 中跃升至全类别第三，其中在风格控制类模型（StyleCtrl）分类中与 OpenAI o1 并列第一。1 月 27 日，Deepseek 应用登顶苹果中国和美国应用商店免费 App 下载排行榜，在美国下载榜上超越了 ChatGPT。

华尔街顶级风投 A16Z 创始人马克·安德森（Marc Andreessen）在社交媒体发言称，DeepSeek-R1 是其见过的最令人惊叹、最令人印象深刻的突破之一。

具体而言，它颠覆了什么？

与国内许多依托互联网"大厂"的 AI 公司不同，深度求索的母公司是一家名为幻方量化的量化基金公司。

早在 2016 年，幻方量化就推出了基于深度学习的 AI 模型。通常认为，1 万张英伟达 A100 芯片是进行自研大模型训练的算力门槛，而这家量化基金公司在 2019 年便已储备 1000 张图形处理器（GPU）芯片，2021 年达到 1 万张，是当时国内除几家头部"大厂"外少数拥有超万张芯片的企业之一。DeepSeek 成立前发展历程见表 1-1-3。

表 1-1-3　DeepSeek 成立前发展历程

年份	概述
2015	30 岁的梁文锋与朋友共同创办杭州幻方科技有限公司，立志成为世界顶级量化对冲基金
2016	10 月，幻方量化推出第一个 AI 模型，第一份由深度学习生成的交易仓位上线执行
2017	幻方量化几乎所有的量化策略均采用 AI 模型计算
2019	幻方量化成立 AI 公司，其自研深度学习训练平台"萤火一号"总投资近 2 亿元，搭载 1100 张 GPU
2021	幻方量化成立 6 年，管理规模突破千亿元，被誉为"量化四大天王"之一。"萤火二号"投入增加至 10 亿元，搭载约 1 万张英伟达 A100 显卡。当时国内拥有超 1 万张 GPU 的企业不超过 5 家

资料来源：公开资料，智合研究院整理。

2023 年 5 月，梁文锋宣布进军通用人工智能。7 月，DeepSeek 注册成立，全称为杭州深度求索人工智能基础技术研究有限公司。

2024 年 5 月，DeepSeek-V2 作为全球顶尖的开源 MoE（混合专家）模型问世，凭借创新的 MLA（多头潜在注意力）结构和稀疏 DeepSeek-MoE，在大模型竞技场（LMSYS）夺得开源模型冠军。同年 12 月，DeepSeek-V3 发布，其性能超越其他开源模型，并能与国外顶尖闭源模型如 GPT-4o 相媲美。DeepSeek 模型发布时间见表 1-1-4。

表 1-1-4　DeepSeek 模型发布时间

时间	事件	概述
2024 年 5 月	DeepSeek-V2 发布，成为全球最强开源通用 MoE 模型	凭借独创的 Attention 结构 MLA 和稀疏结构 DeepSeek-MoE，在大模型竞技场（LMSYS）排名全球开源模型第一，并通过创新结构将推理成本降低至近百分之一

续表

时间	事件	概述
2024年12月	DeepSeek-V3发布，性能对齐海外顶级闭源模型	在多项评测集上超越了阿里Qwen2.5-72B、Meta Llama-3.1-405B等开源模型，并逼近GPT-4o、Claude-3.5-Sonnet等顶尖闭源模型。据官方技术论文披露，V3模型训练总成本仅为557.6万美元
2025年1月	DeepSeek-R1发布，性能对标OpenAI o1正式版	在后训练阶段大规模应用强化学习技术，即使仅使用极少标注数据，也极大地提升了模型推理能力。在数学、代码、自然语言推理等任务上，性能比肩OpenAI o1正式版。同时，DeepSeek开源R1推理模型允许所有开发者在MIT License协议下蒸馏R1以训练其他模型

资料来源：公开资料，智合研究院整理。

2025年1月，DeepSeek-R1发布。就推理能力而言，其性能直逼OpenAI-o1、Meta Llama-3等一流模型，并能够在回答问题前给出推理过程和思考链路。

然而，DeepSeek真正引发行业关注的原因在于，其算力成本投入与表现出的性能远超行业认知。DeepSeek技术报告显示，DeepSeek-V3的训练成本仅为557.6万美元，训练使用的是算力受限的英伟达H800 GPU（针对中国市场的低配版GPU）集群。

相比之下，Meta的Llama-3.1训练成本超过6000万美元，而OpenAI的GPT-4o训练成本高达1亿美元，并采用更先进的英伟达H100 GPU集群。

同时，DeepSeek的API定价大约是OpenAI o1的1/30。

这在很大程度上改变了大模型市场的根本逻辑。

在模型训练上，过去以为非常烧钱的，现在发现未必需要。DeepSeek 团队证明，它们能够在没有世界顶级的英伟达高性能 AI GPU 提供强大算力的情况下，以极低成本训练出推理能力一流的开源 AI 大模型，这也意味着未来大模型训练/推理比拼的不再是动辄千万亿美元的 AI GPU 算力，一定程度上也削弱了大模型训练对高性能显卡的依赖。

在模型应用上，过去大模型服务是标准的"一分钱一分货"，想要用上更优性能的产品必须支付更高昂的费用，以覆盖整个模型训练过程中的算力成本支出。DeepSeek 的出现打破了"越强越贵"的成本诅咒，使创业公司、个人将可以用很低的成本实现应用大模型技术。

在团队配置上，截至 R1 发布时，DeepSeek 团队只有 139 名研发人员，相比 OpenAI 拥有 1200 名研究人员，团队规模近乎 OpenAI 的 1/9。

DeepSeek 的强势崛起也向我们揭示，在大模型发展的征程中，我们依旧置身于充满不确定性的创新探索周期。AI 时代一日一变，一切皆有可能。

第二章

细研大模型，智能涌现与应用探索

一、AI 普惠时代的奇点时刻

模型容量、数据量、训练成本共同构成大模型训练的"不可能三角"，见图 1-2-1）。大模型训练的目标是最大化模型性能，模型训练成本（GPU 的数量和训练时间等）是受限的，因此一般通过增加数据集大小和增加模型中的参数量两种途径来提升模型性能。

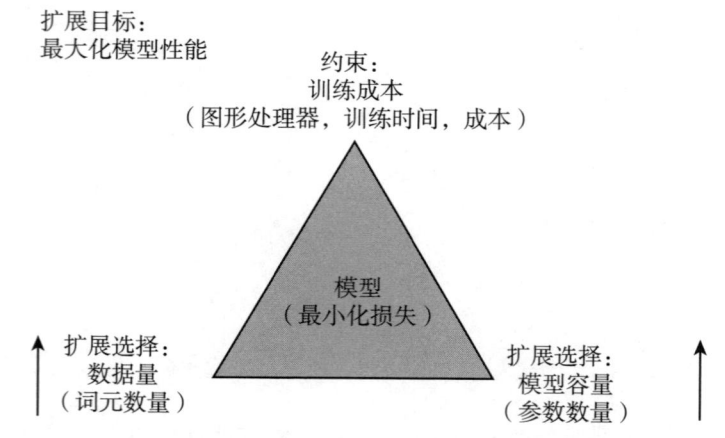

图 1-2-1 扩大模型的三个选项：模型容量、数据量、训练成本

资料来源：神州问学公众号，智合研究院整理。

ChatGPT 横空出世后 700 多天里，全球 AI 巨头不约而同走上了一条"大力出奇迹"的"暴力美学"路线，为了追求更好的模型性能，模型参数规模越"炼"越大,给算力、数据、能耗带来了极大压力。很长一段时间,参数几乎成为大模型厂商比拼的最大焦点。

而另辟蹊径的 DeepSeek 撕开了大模型应用层效果、性能、成本的不可能三角:并不盲目追求参数之大,而是选择了一条通过探索更高效训练方法以实现性能提升的"小而精"路线,打破了"参数膨胀"的惯性。例如,DeepSeek-R1(4B 参数)在数学推理、代码生成等任务上具有比肩 70B 参数模型(如 Llama-2)的能力,通过算法优化、数据质量提升,小参数模型一样能实现高性能,甚至能够"四两拨千斤"。

更重要的是,它选择了开源。

在美国,除了 Meta 的 Llama,大部分顶级 AI 大模型都是闭源的。OpenAI 从 GPT-3 开始就变成了彻头彻尾的"Closed AI",而 DeepSeek 不仅开源了自己最大的 671B R1 模型,而且选择了最宽松的 MIT License 协议,允许任何人免费使用、修改、分发,包括用于商业用途。开发者可以根据自己的需求对模型进行定制和优化,甚至可以将其部署到自己的服务器上,完全掌控数据隐私。

2023 年 5 月,梁文峰在接受采访时表示,"我们希望更多人,哪怕一个小 App 都可以低成本去用上大模型,而不是技术只掌握在一部分人和公司手中,形成垄断"。一项技术能不能大规模应用,得看"能力上限"和"应用成本"。此前垂直领域的 AI 应用受困于高壁垒与高成本,DeepSeek-R1 这样低成本+强能力模型的出现,将解锁更多应用场景。

大部分传统企业可能还没有意识到,DeepSeek 带来的大模型普惠直接的后果就是各行各业专有知识数据的价值飙升,接下来企业的数据采集、标注、训练将会是生产经营的刚需。换言之,企业在物理世界所做的所有动作,都将在数字世界重做一遍,所有企业的核心竞争力最后都会落在其专有的数据积累之上。

2025 年 2 月 10 日,为期两天的法国巴黎 AI 行动峰会(AI Action Summit)开幕,ImageNet 创始人、斯坦福大学李飞飞教授在演讲中断言,"毫无疑问,历史学家今后一定会把这段时间称作'真正的第一个 AI 时代'"。

"DeepSeek 时刻"，可能正是开启 AI 普惠时代的奇点时刻。在这个时代，每个人都将成为技术红利的受益人，而不仅是见证者。

二、大模型加速走入千行百业

随着全球掀起大模型应用探索热潮，大模型凭借更强大的分析、预测和交互能力，以及对场景任务的适应性，将有望带动工业技术产业实现创新性变革。

短期看，大模型将重点赋能通用性较强或具备充足数据的场景，以提升执行效率为主。长期看，随着大模型不断对研发、生产管控等核心环节深度赋能，将显现变革效应，影响底层逻辑、产品形态甚至整个产业体系。

当前大模型按应用领域可分为工具型应用、通用软件、行业软件、智能硬件四大类，产品形态上将沿着 AIGC（内容生成）、Copilot（智能助手）、Insight（知识洞察）、Agent（数字代理）四个重要方向演进，见表 1-2-1。

表 1-2-1　大模型按应用领域分类

应用领域	概述
工具型应用	工具型应用是当前人工智能大模型应用的一个主要领域，这类应用面向 C 端（个人用户端）用户，同质化现象较为严重。其典型应用包括聊天机器人、搜索引擎等，以及文本、图像、视频、代码、3D 模型生成等内容生成应用。这类应用高度依赖底层模型的能力，特别是 GPT-4 等大模型。产品的受欢迎程度很大程度上由模型本身的算法能力所决定。该领域已进入第一个竞争洗牌期，重要的竞争优势在于产品定位的差异化，以及持续优化训练底层模型的能力。当前工具型应用领域正处于快速演进过程中，继续完善底层模型能力是产品取得竞争力的关键
通用软件	通用软件是人工智能大模型应用的另一个重要领域，包括办公软件、企业服务软件等。各个子领域的头部企业都已经推出了具有标杆地位的产品，最典型的产品形态是 AI 智能助手，如 Office 365 Copilot、Salesforce Einstein。当前各子领域的竞争格局变化不大，龙头企业仍然最先从生成式 AI 中受益，获得新的产品功能。未来竞争的关键在于深度融合 AI 和特定工作场景、业务流程。头部厂商预计将在近期进入商业化应用的关键阶段，通用软件领域大模型应用正处于从实验到落地的重要转折点

续表

应用领域	概述
行业软件	行业软件是大模型应用的第三大领域，涉及金融、医疗、教育等多个垂直领域。在游戏、法律、教育等C端场景，生成式AI已经有了较多落地应用，而在医疗、金融等B端（商业客户端）领域，生成式AI的应用还不够成熟。AI智能助手在各行业也得到了广泛应用，在金融、医疗等领域，数据分析和知识挖掘工具会成为最具前景的应用方向。同时，各行业的头部企业也开始自建针对行业的定制化大模型，包括彭博社的金融大模型Bloomberg，以及Meta蛋白质大模型ESMFold，这类定制模型在其专业领域的表现已优于通用预训练模型。行业软件领域是大模型应用的蓝海，未来潜力巨大
智能硬件	智能硬件是大模型应用的第四大领域，包括智能汽车、机器人等。目前生成式AI与智能硬件的结合主要有两类：一类是语音助手，这类应用的门槛较低，已用于各类智能终端中，相较过去的语音交互，大模型提升了语音助手的理解和生成能力。另一类是智能体，具有更广阔的应用空间，如自动驾驶、智能机器人。目前智能体在感知和决策能力上还有"瓶颈"，未来突破点在计算机视觉、具身智能等底层技术的进步。智能硬件是大模型技术深度应用领域，也是技术突破的重要方向

资料来源：公开资料，智合研究院整理。

回到商业的本质，AI本质上是要赋能行业，本轮的大模型浪潮相比上一轮深度学习更具有通用性，是下一个生产力的基座，能够赋能更多的应用场景，拥有更大规模、更具想象力的潜在市场。

对于AI行业而言，AI进入创业黄金时代，大模型创业已成为显学，无论是在线软件服务（Soft as a Service，SaaS）、教育、医疗，还是内容创作、游戏，都在快速AI化。当前，大模型商业化定价有多种模式，包括通过文本最小语义单元使用量计费、订阅制会员费、模型微调服务和开发者应用程序接口（API）调用服务费、模型定制化服务和赋能用户业务收费等。过去AI创业受限于高昂的训练成本，现在成本下降，创业门槛极大降低。API价格下降95%，独立开发者也能负担得起AI训练费用。

对于企业而言，AI 将进入工业、医疗、教育等核心行业，提高效率，重塑职业分工。模型通过进一步提供智能对话、文本创作、图像生成和视频生成等通用能力，拓展赋能经济发展、民生服务、科学发现等各领域的深度和广度，将对全球经济社会发展和人类文明进步产生深远影响。企业希望通过布局大模型对传统的业务流程、组织架构和经营模式进行全面升级和改造，以提升运营效率、降低成本、增强市场竞争力，并更好地满足客户需求。

总体而言，当前大模型技术条件下，落地应用并非适用所有场景。目前大模型适用的场景侧重于对话交互、创意生成、知识管理类，而对于可解释要求高、确定性要求高、实时性要求高、场景动态性高、样本数据不易获取的场景，大模型如何有效应用还需要进一步探索。

三、人人都要学会与 AI 相处

对于个人而言，从文本创作到日常办公，大模型正以更加精准和高效的服务方式赋能各种场景，如百度上可以文生图、图生文，微信公众号上文字可以转语音听书。

中央政治局第十四次集体学习中强调，促进高质量充分就业，适应新一轮科技革命和产业变革[①]。可见，大模型的发展对就业的影响已是一个现实的社会课题。

2023 年 7 月，北京大学国家发展研究院与智联招聘联合发布的《AI 大模型对我国劳动力市场潜在影响研究》显示，大语言模型技术对白领岗位影响较大，而对蓝领岗位影响较小。报告基于智联招聘平台大数据，构建了不同职业的"大语言模型影响指数"，以反映其受大模型技术影响的程度。

随着国产开源大语言模型 DeepSeek 的爆火，其低廉的使用成本与优异的性能，成为 AI 行业中的重要成本锚，有效地降低了整个行业的技术门槛。新一代人工智能技术的部署成本快速下降，加速了其在社会各层面的渗透。

---

① 《习近平在中共中央政治局第十四次集体学习时强调：促进高质量充分就业 不断增强广大劳动者的获得感幸福感安全感》，载中国政府网，2024 年 5 月 28 日，https://www.gov.cn/yaowen/liebiao/202405/content_6954068.htm。

2024年，课题组继续发布《AI大模型对我国劳动力市场潜在影响研究：2024》。报告显示，编辑/翻译、人事/行政/财务/法务的"大语言模型影响指数"分别为0.89、0.68，比2022年分别上升0.09、0.04，说明这些职业内部易受大模型影响的工作内容有所增加，见图1-2-2。

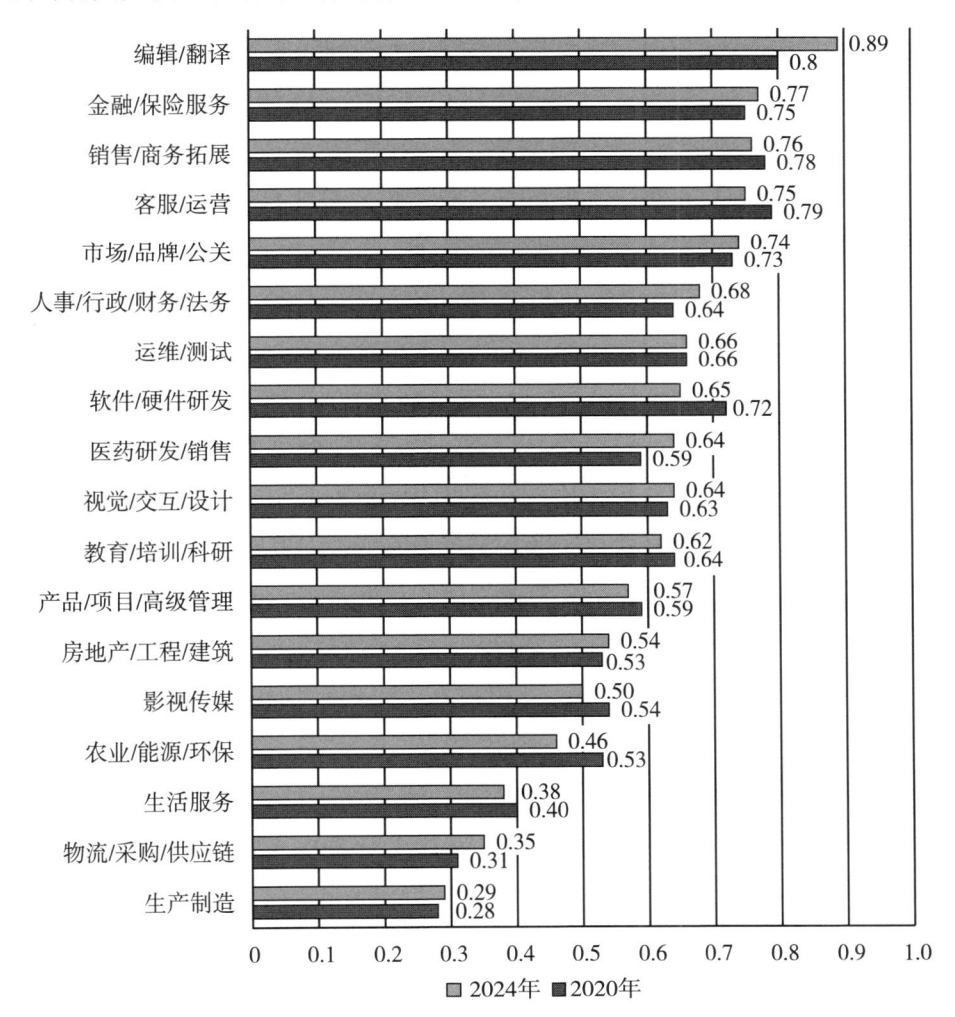

职业	2024年	2020年
编辑/翻译	0.89	0.8
金融/保险服务	0.77	0.75
销售/商务拓展	0.76	0.78
客服/运营	0.75	0.79
市场/品牌/公关	0.74	0.73
人事/行政/财务/法务	0.68	0.64
运维/测试	0.66	0.66
软件/硬件研发	0.65	0.72
医药研发/销售	0.64	0.59
视觉/交互/设计	0.64	0.63
教育/培训/科研	0.62	0.64
产品/项目/高级管理	0.57	0.59
房地产/工程/建筑	0.54	0.53
影视传媒	0.50	0.54
农业/能源/环保	0.46	0.53
生活服务	0.38	0.40
物流/采购/供应链	0.35	0.31
生产制造	0.29	0.28

图1-2-2　各职业大类"大语言模型影响指数"变化

资料来源：《AI大模型对我国劳动力市场潜在影响研究：2024》，智合研究院整理。

整体来看，大模型的发展和应用将对就业带来三个层面的影响：

一是基础层面，大模型带动相关岗位招聘薪资上涨。报告显示，2024年上半年自然语言处理岗位薪资同比增长11%。

二是中间层面，基础大模型与行业垂直模型在细分行业中推动岗位升级、人才结构重塑，并在行业和区域之间形成新的竞争格局。报告发现，各职业招聘学历要求变化与"大语言模型影响指数"呈正相关关系。

也就是说，"大语言模型影响指数"越高的职业，其2022~2024年学历要求提高得越多，就业极化现象可能加剧。例如，编辑/翻译、客服/运营、销售/商务拓展、市场/品牌/公关、软件/硬件研发等指数较高的职业，2024年上半年要求本科以上学历的职位比例较2022年提高1~4个百分点。

随着大模型加速渗透各行各业，高技能劳动者凭借对AI工具的熟练运用和创新能力获得更高生产率与收入，而低技能劳动者则因缺乏必要的技术培训和转型机会而面临失业或收入下降的风险。

三是个体层面，大模型进一步拉动个体创业与灵活就业，加速传统岗位的解构与创新岗位的涌现。在基础大模型和行业垂直模型的赋能下，越来越多的超级个体崛起，成为由AI赋能的"一人军团"。在技术与市场的双重驱动下，超级个体正突破传统组织边界，成为劳动力市场的新物种。借助AI工具，个体可完成原本需要团队协作的任务。

正如《如何兜住产业升级中被挤出的劳动者》[①]一文中所提到的，"部分劳动者被挤出不可避免"。在新一代人工智能冲击下，部分行业的基础岗位会加速消亡。

美国劳工统计局曾对500余个雇佣人数超过100万的职业进行分析并得出结论，近百年来出现的唯一大量雇佣的新工作是软件开发。换句话说，工作岗位的消失是一百年来市场经济的常态，更不用说在第四次工业革命起飞

---

① 张成刚：《如何兜住产业升级中被挤出的劳动者》，载《中国社会保障》2024年第11期。

的时间段。

无论是企业还是个人，都需要认识到技术进步带来的积极影响，准备好应对由此引发的各项变化。技术不会止步，未来的赢家将是那些善于与 AI 共舞的人。

四、我们仍处于 AI 的初期

尽管大模型赋予了 AI 技术核心改变，但我们仍处于 AI 发展的初期。

OpenAI 前首席科学家伊尔亚·苏茨克维曾说："数字神经网络与人类大脑的生物神经网络在数学原理上是一样的。"人类与 AI 的协作模式分为三个阶段：Embedding 阶段、Copilot 阶段、Agent 阶段。可以概括为：辅助人、替代人、成为"人"（见图 1-2-3）。

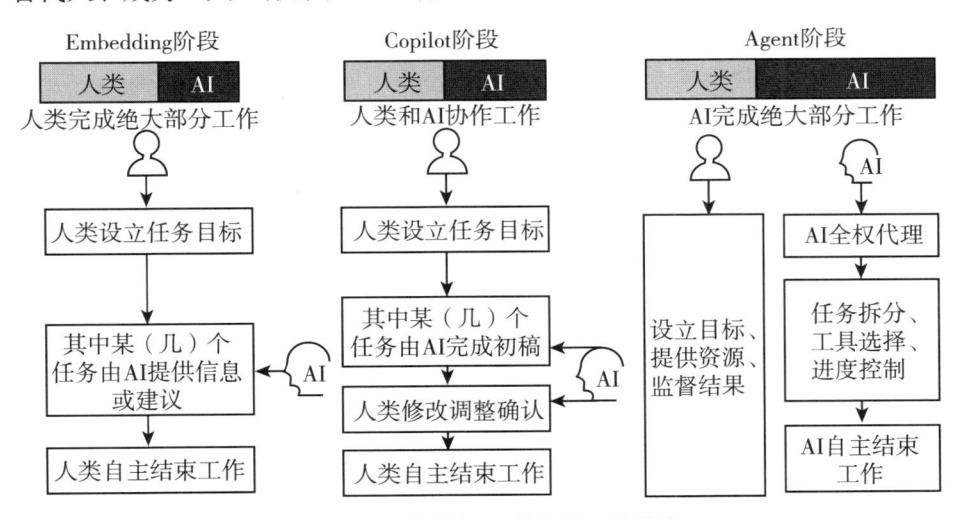

Embedding阶段
人类 AI
人类完成绝大部分工作
→ 人类设立任务目标
→ 其中某（几）个任务由AI提供信息或建议 ← AI
→ 人类自主结束工作

Copilot阶段
人类 AI
人类和AI协作工作
→ 人类设立任务目标
→ 其中某（几）个任务由AI完成初稿 ← AI
→ 人类修改调整确认
→ 人类自主结束工作

Agent阶段
人类 AI
AI完成绝大部分工作
→ 设立目标、提供资源、监督结果
AI → AI全权代理
→ 任务拆分、工具选择、进度控制
→ AI自主结束工作

图 1-2-3　人类与 AI 协作的三种模式

资料来源：头豹研究院，智合研究院整理。

Embedding 阶段，大多数工作仍由人完成，AI 仅提供辅助。Copilot 阶段，人与 AI 协作，共同完成任务。Agent 阶段，AI 在人的指导和监督下，可独立完成大多数工作，实现更高效的自动化。然而，就当下而言，我们仅仅是正在朝着 Agent 阶段迈进。

以 OpenAI 此前划分的等级来看，类比自动驾驶，当前 AI 正处于阶段 2 向阶段 3 的演进过程（面向过程—面向目标），见表 1-2-2。

表 1-2-2　OpenAI 构想的人工智能未来

人工智能阶段	描述
阶段 1	聊天机器人，具有对话语言能力的人工智能
阶段 2	推理者，具有人类水平问题解决能力的人工智能
阶段 3	代理者，能够采取行动的人工智能
阶段 4	创新者，能够帮助发明的人工智能
阶段 5	组织，能够完成组织工作的人工智能

资料来源：Bloomberg Reporting，智合研究院整理。

从用户角度感知 AI 能力，华泰证券将其总结为：具备连续、复杂、多步骤、多任务的执行能力。我们或将看到大模型能力有望逐步实现：

（1）单一简单任务执行；

（2）单一复杂任务执行；

（3）多步骤简单任务执行；

（4）多步骤复杂任务执行；

（5）连续多步骤复杂任务执行。

五、小结：大模型的星辰大海是 AGI

通用人工智能也可称为"强人工智能"（strong AI），指的是具备与人类同等智慧或超越人类智慧，可以执行复杂任务的人工智能，能够完全模仿人类智能的行为。

相较而言，我们现在和过去的所有人工智能都还属于"弱人工智能"或"窄人工智能"（如语音识别、图像分类等单一任务 AI），而 AGI 能够像人类一样灵活学习、适应多种任务，并在未知环境中自主解决问题。

2023 年 11 月，DeepMind 联合创始人兼首席 AGI 科学家谢恩·莱格

（Shane Legg）在访谈中表示，2028 年，人类有 50% 的概率开发出第一个 AGI，并且其带领的 DeepMind 研究团队上发布了一篇名为《AGI 的水平：实现 AGI 道路上的操作进展》的论文，具体阐述了 AGI 的路线图和时间表（见表 1-2-3）。

表 1-2-3 DeepMind 人工智能的五个级别

性能	狭义（明确范围的任务或任务集）	广义（广泛的非体力任务，包括元认知能力，如学习新技能）
1 级：Emerging（入门级）*equal to or somewhat better than an unskilled human*（等于或略优于人类）	Emerging Narrow AI（狭义入门级）*GOFAI; simple rule-based systems*（老式人工智能；简单规则系统）	Emerging AGI（广义入门级）如 *ChatGPT、Bard、Llama 2*
2 级：Competent（普通级）*at least 50th percentile of skilled adults*（超过 50% 的人类）	Competent Narrow AI（狭义普通级）*toxicity detectors such as Jigsaw; Smart Speakers such as Siri, Alexa, or Google Assistant; VQA systems such as PaLl, Watson; SOTA LLMs for a subset of tasks.*（毒性检测器，如 Jigsaw；智能语音助手，如 Siri、Alexa 或 Google Assistant；视觉问答系统，如 PaLl、Watson；针对部分任务的最先进大语言模型。）	Competent AGI（广义普通级）*not yet achieved*（尚未实现）
3 级：Expert（专家级）*at least 90th percentile of skilled adults*（超过 90% 的人类）	Expert Narrow AI（狭义专家级）*Spelling & grammar checkers such as Grammarly; generative image models such as Imagen or DALL-E 2*（拼写和语法检查器，如 Grammarly；生成式图像模型，如 Imagen 或 DALL-E 2）	Expert AGI（广义专家级）*not yet achieved*（尚未实现）

续表

性能	狭义（明确范围的任务或任务集）	广义（广泛的非体力任务，包括元认知能力，如学习新技能）
4级：Virtuoso（大师级） *at least 99th percentile of skilled adults*（超过99%的人类）	Virtuoso Narrow AI（狭义大师级） 如 *Deep Blue*、*AlphaGo*	Virtuoso AGI（广义大师级） *not yet achieved*（尚未实现）
5级：Superhuman（超人类级） *outperforms 100% of humans*（超过100%的人类）	Superhuman Narrow AI（狭义超人类级） 如 *AlphaFold*、*AlphaZero*、*StockFish*	Artificial SuperIntelligence AGI（广义超人类级） *not yet achieved*（尚未实现）

资料来源：DeepMind, *Levels of AGI Operatonalizing Progress on the Path to AGI*，智合研究院整理。

DeepMind 提出了一个衡量"性能"和"通用性"的矩阵，涵盖从入门级人工智能到超人类 AGI（一个在所有任务上都优于所有人的通用人工智能系统）的五个级别。性能是指人工智能系统的能力与人类相比如何，而通用性表示人工智能系统能力的广度或其达到矩阵中指定性能水平的任务范围。

当前，全球对实现 AGI 的预测时间存在争议，范围从 2025 年到 2061 年不等。例如，2023 年 11 月，英伟达首席执行官黄仁勋表示，如果把 AGI 定义为能以"相当有竞争力"的方式完成人类智能测试的计算机，那么在未来 5 年内，我们将看到 AGI。

第三章

洞察大模型，AI 对法律行业的变革

一、大模型对法律行业的影响

技术变革通常会带来两种影响，一种是渐进式的，另一种是颠覆式的。

渐进式变革是对现有产品、服务或流程进行细微改进和优化，以提高性能、降低成本或提升用户体验。这种变革往往是持续性的、较小的改变，不会对市场或行业产生巨大的影响。

颠覆式变革则是通常以大幅降低的成本和大幅提升的便利性，改变原有产品的市场定位和商业模式；或者利用新产品满足原本无法满足的需求，从而为消费者带来新的价值，获得新的市场。颠覆式变革会对行业产生深远的影响，甚至完全改变既有的竞争格局。

大模型对法律行业的影响正是颠覆式的。

为何如此断言呢？

首先，法律行业与大模型有高度契合性。法律工作本质上是知识的输入和输出，这正是当前语言模型擅长的领域。

其次，大模型的商业价值源于为用户创造价值，即为用户降本增效和提供个性化服务。法律专业人士的时间和精力极其宝贵，而法律相关的合同、文书又具有很高的价值。借助大模型的能力，AI 应用不仅能节省时间，极大地解放法律专业人士的生产力，还能使其有更多的精力处理高价值工作，为律所和企业带来直接的经济价值。

以律师行业为例，2023年年初，国内律所管理层对大模型的讨论还停留在大模型是什么，是不是概念炒作。短短半年，大模型已经从饭后谈资变成落地应用。大型律所管理层关于大模型的对话变得比之前复杂很多，它们希望了解到大模型能为律所发展带来哪些变革，大模型的应用路径是什么，以及应该为拥抱大模型做哪些准备。

而且，大模型吸引的人群也越发广泛，不仅吸引了青年律师、合伙人等行业"新鲜血液"的关注，律所主任、管理合伙人等律所管理者同样期待大模型在业务中发挥价值。

这些转变表明，大模型的变革之力正日益得到产业界的认可。从律师行业到法院、检察院，从规模大所到中小律所，诸多机构开始论证或试点应用大模型。

生成式AI进入第二阶段，应用和商业化成为发展重点。而在商业化方面，法律AI走得既快又好。大模型将对法律行业带来颠覆式变革，已成为全球法律行业从业者的共识。

二、律协对生成式AI的态度 [*]

法律专业被认为是一个只有人类才能够驾驭的行业，自动化机器无法参与其中。然而，新科技和工具的发展，已经展示出它们对法律服务提供者的关联性和用途正不断加大。正如香港律师会近日发布的立场文件所述，大模型在法律行业的用途愈加深入而广泛。

2023年3月，OpenAI在推出大型的多模态模型GPT-4时称，GPT-4参加了多种基准考试测试，包括美国律师资格考试（Uniform Bar Exam）、法学院入学考试（LSAT）、"美国高考"（SAT）数学部分和证据性阅读与写作部分的考试，在这些测试中，它的得分高于88%的应试者。

---

[*] 原文《事态紧急？各地律协连发6文提醒律师长点心》2024年3月5日发布于微信公众号"智合"，本书引用时对内容有调整。

（一）密集发声，各律协接连发文提示 AI 风险

就在生成式 AI 引起律师生产方式与律所运营方式变革的火热时期，包括欧盟、美国、美国加利福尼亚州、美国佛罗里达州、英国、中国香港地区在内的 6 家律师行业协会接连公开发布文件（见表 1-3-1）。

表 1-3-1　部分律协对于生成式人工智能相关立场文件

时间	机构	文件
2022 年	欧洲律师协会（Council of Bars and Law Societies of Europe）	《欧盟律师和律师事务所使用人工智能工具指南》（Guide on the Use of Artificial Intelligence-based Tools by Lawyers and Law Firms in the EU）
2023 年 2 月	美国律师协会众议院（The ABA House of Delegates）	《美国律师协会网络安全法律工作组、反垄断部、侵权审判和保险实践部、科技法部、法律与国家安全常设委员会向众议院的报告》（2023 年美国律师协会年中会议第 604 号决议）
2023 年 11 月	加利福尼亚州律师协会（the State Bar of California）	《生成式人工智能在法律实践中的实用指南》（Practical Guidance For the Use of Generative Artificial Intelligence in the Practice of Law）
2024 年 1 月	香港律师会（the Law Society of Hong Kong）	《人工智能对法律专业的影响》
2024 年 1 月	英国大律师公会（the General Council of the Bar）	《使用 ChatGPT 和基于大型语言模型的生成式 AI 软件时的注意事项》（Considerations when using ChatGPT Opinion and Generative Artificial Intelligence Software Based on Large Language Models）
2024 年 1 月	佛罗里达州律师协会（Florida Bar）	《佛罗里达州律师职业道德意见书 24-1》（Opinion 24-1 Florida Bar Ethics）
2024 年 7 月	美国律师协会（ABA）	第 512 号正式意见书《关于生成式人工智能工具》（Formal Opinion 512 Generative Artificial Intelligence Tools）

资料来源：公开资料，智合研究院整理。

尽管这些文件形式各不相同，但毫无例外地都提示了律师使用大模型将面临的职业义务和道德风险。例如，2024 年 7 月 29 日，美国律师协会道德和专业责任常设委员会发布关于生成式人工智能使用的正式意见。

该意见指出：为了确保客户的利益，律师在使用生成式 AI 工具时，必须充分考虑其职业伦理义务。这包括提供胜任的代理、保护客户信息、与客户有效沟通、监督员工及外部服务提供商、诉辩有据、对法庭保持诚实以及收取合理费用。随着技术的快速发展，律师需要不断更新知识，了解生成式 AI 工具的最新进展和应用，确保能够为客户提供高效且合规的法律服务。

（二）风险警示事出有因："黑箱"

2023 年，纽约执业 30 余年的资深律师史蒂文·施瓦茨（Steven Schwartz）等在诉讼案件中向法庭提交了 ChatGPT 编造的 6 起虚构案例，这一事件在全球律师中引起轩然大波。尽管这名律师在向法庭提交的申辩材料中表示无意欺骗法院，并尝试验证 ChatGPT 所提供案例的真实性，但法官认为律师必须确保提交文件的准确性，并对涉事律师及其律所作出共同支付 5000 美元罚款的决定。

这起事件只是一个缩影。前述律师协会都对律师应用 AI 所面临的风险提出了担忧，而这些风险背后离不开人工智能本身的技术特点。

在技术上，因为模型自身的结构极其复杂，使用的参数也数以亿计，内部决策过程不能以一种可以说明的方式运作，很难对最终输出结果作出明确解释。由于缺乏可解释性，生成式人工智能、大语言模型与许多 AI 工具一样，通常被认为是"黑箱"模型。

在商业上，模型的源代码和用以训练的数据集触及商业机密，开发者如果详细解释其模型的工作方式（如数据集的构建、模型的架构），将面临更激烈的竞争。OpenAI 成立早期即是一家非营利组织。但囿于模型开发的成本压力，其在转变为营利组织后，用于训练 ChatGPT-4 的参数量都不再公布。

然而，"法律用途和法治原则要求模型的结果具有强烈的可解释性"。欧洲律协文件指出法律与技术的这一矛盾。

美国律师协会在其决议中向 AI 服务商强调了 AI 工具的"透明度、可追溯性、问责制"三项原则，敦促 AI 服务商在透明度方面负责任地披露，使人们了解 AI 工具如何开发、训练、操作和部署；在可追溯性方面，强调 AI 服务商确保以易于理解的方式记录数据科学中的复杂流程。在问责制方面，提出 AI 服务商应确保 AI 工具受到人类监督和控制。

美国律师协会指出，机器人或算法并不具有可被追责的法律地位，法律认可的实体（如人和公司）要对自己及 AI 工具的行为产生的后果负责。

（三）幻觉与偏见

除了"黑箱"问题，大模型的幻觉也是其存在的显著问题。

大语言模型本质上是根据概率计算下一个该出现的词，还不能真正理解输出结果的含义，并不关心"真理"或准确性等概念。因此，GPT 会出现脱离上下文、信息紊乱、编造答案等情况，这被称为大模型幻觉。

前述律师协会都对大模型的幻觉提出了风险警示。

香港律师会文件就指出，大语言模型并不能理解词语作为概念的真义，而是作为一个统计模型寻找常用的语言模式，并基于此预测下一个最可能出现的词语。因此，大型语言模型并不代表对真理和意义的追求，这也导致了"自我造假"现象。英国大律师公会同样指出，"大型语言模型容易产生'幻觉'……这是一个需要注意的严重问题"。

出现幻觉一方面是模型自身的原因，包括统计规则、优化方法、性能参数、模型架构等；另一方面则是使用的训练数据存在问题，这些数据可能不是最新的信息或本身就存在错误。

这两个原因还造成了大模型的另外一个缺陷，就是偏见。

关于 AI 产品的算法歧视（algorithmic bias）带来的相关问题，最具有代表性的就是 2016 年美国威斯康星州诉卢姆斯案。该案件中美国司法系统使用的一款名为 COMPAS 的智能量刑软件就因为对不同群体进行不同风险评估而受到质疑。

据美国一家名为 Propublic 的非政府组织的调查结果，COMPAS 系统的算法易将非裔美国人认定为再犯的高危人群——黑人被错误地评估为未来再犯风险的概率几乎为白人的 2 倍，与黑人相比白人更易被贴上低风险的"标签"。

此外，亚马逊曾设计 AI 算法审查简历，从而实现招聘自动化。但该算法也被发现在某些技术职位（如软件工程师）上歧视女性，因为该软件分析其现有员工主要是男性。

除了由于 AI 设计者主观偏见导致的"主动歧视"外，还可能有"被动歧视"。

大模型依托海量数据和重复训练形成答案，是对信息二次加工的产物。假设法官情感和价值判断可以通过程序和参数设计进行表达，构建像人脑一样的"脑网"去处理信息，并且不存在"算法歧视"。那么，需要大模型进行海量案件的审理和分析后，总结出符合法律精神的规律。但海量数据本身就存在局限性，也可能包含偏见性的结果。

一方面，这些信息是否正确、能否应用于训练，还需要人进行判断。若以往累积的历史数据隐藏裁决不当的数据污染，将过去的样本作为学习的"起点"，则会导致"偏见叠加"。另一方面，AI 算法也可能无意中放大既有数据中的偏差，从而形成误导性的结论。

香港律师会文件指出，Open AI 模型会浏览开放的互联网，这代表它会收集到在开放的互联网上存在的所有偏见、错误、歧视，以及辱骂性和无意义的内容。

在偏见问题上，英国大律师公会提出了更严重的顾虑，认为"大型语言模型可能以某些方式被玩弄和操纵，如何确保所有用户的安全和行为适当，可能是一项重大挑战"。

大模型能够生成表面令人信服但实则虚假或者偏见的内容，这引起了律师行业协会关于职业义务和道德风险方面的担忧。

英国大律师公会文件指出，类似引用 ChatGPT 提供的虚假案例的行为被视为不称职和严重疏忽，会败坏律师行业的声誉，很可能导致纪律处分。大律师也可能因为不小心或不适当地使用人工智能而面临专业疏忽、诽谤、数据保护方面的索赔。鉴于此，大律师不要轻信此类系统的输出结果，更不要相信其表面价值，必须核实人工智能大语言模型输出的结果。

加利福尼亚州律师协会文件强调了律师的能力与勤勉义务。文件指出，律师必须对生成式 AI 输出结果进行仔细审查，必要时还应对其准确性和偏差进行严格分析、补充和改进，包括但不限于对法律规定的分析和引用。加利福尼亚州律师协会文件还强调，"律师的专业判断不能委托给生成式 AI，这在任何时候都是律师的职责"。

佛罗里达州律师协会文件要求律师像对待不具备律师资格的助理一样对待 AI。文件指出，依靠生成式 AI 与依靠缺乏经验的助理面临许多相同风险。律师必须在类似于需要审查助理工作的情况下审查生成式 AI 的工作成果。佛罗里达州律师协会文件也重申了类似加利福尼亚州律师协会文件的原则，律师对他们创造的工作成果负有最终责任，律师必须验证生成式人工智能进行的所有研究的准确性和充分性，否则可能导致依照律师的权限行事、避免无意义的主张和争论、对法庭坦诚、对他人诚实等义务。

（四）隐私保护

AI 的隐私保护问题同样是涉及律师职业义务和道德风险的重大问题。这个问题主要涉及两个方面：

其中一个就是未经授权访问律师上传的隐私信息的风险。"AI 服务商通常在技术上能够读取和访问律师的数据，导致未经授权访问的风险，从而违反保密和法律专业特权义务……无论何时，涉及第三方服务提供商都存在这样的风险。"欧洲律师协会文件中如此提示，"只要 AI 服务商在技术上能够读取和访问律师的数据，未经授权访问的风险仍将是律师严重关切的问题"。佛罗里达州律师协会文件也提醒律师应作出合理努力，防止未经授权披露或访问与客户代理有关的信息。

另一个则是律师上传的数据被用于其他目的的风险，包括用于大模型的开发完善。

英国大律师公会文件提到，ChatGPT 和其他大语言模型会利用用户的提示输入来继续开发和完善系统。因此，用户输入系统的任何内容都会被用来训练软件，并可能在未来的结果中被逐字重复。如果输入的材料是保密的或受法律职业特权保护的，这显然会造成问题。

这份文件提醒律师应对此保持高度警惕，不要与生成式大语言模型分享任何受到法律保护的机密信息或任何个人数据，任何此类共享机密信息的行为都可能违反律师核心职责，还可能导致纪律处分或法律责任。

加利福尼亚州律师协会文件也提醒律师，应确保 AI 服务商不与第三方共享输入的信息，也不以任何方式利用这些信息，包括用于训练或改进其产品。文件同时建议律师将客户信息进行匿名化，并避免输入可用于识别客户身份的详细信息。

不过，欧洲律师协会文件仍然认为，仅仅删除名称是不够的，许多独特的事件或相关信息很难匿名。因此，欧洲律师协会认为律师永远不应授权 AI 服务商将其掌握的法律数据用于第三方的培训或分析。

除了将客户信息进行匿名化，加利福尼亚州律师协会文件还给出了其他建议。比如，律师、律所应咨询 IT 专业人士或网络安全专家，确保 AI 工具遵守严格的安全、保密和数据保存协议。律师应审查生成式人工智能的使用条款或其他信息，以确定其会如何使用输入的内容。

佛罗里达州律师协会文件也给出了相关的操作建议，如调查 AI 服务商的信誉、安全措施、政策，确定 AI 服务商是否保留律师提交的信息或主张对信息的所有权，确保 AI 服务商负有保护信息机密性和安全性的、可强制执行的义务。

这一轮由生成式人工智能掀起的技术革命浪潮，发展迅速而广泛，其在律师行业所推动的技术进步影响深远，同时其所带来的挑战和风险也远不止上述内容。

香港律师会和欧洲律师协会都关注到，大型律所能较轻易地承担人工智能的投资和使用成本，而小型律所可能在人工智能方面缺乏财政资源，这可能进一步拉开律师行业的发展差距。

加利福尼亚州律师协会与佛罗里达州律师协会都提出，律师不得再对因使用生成式人工智能节省的时间收取费用，不得出现任何重复收费或虚假夸大律师计费时间的计费行为。

英国大律师公会警示到，大语言模型的训练使用了大量的文本数据，所生成的内容显然有可能侵犯以前出版材料的版权或其他知识产权，大律师需要严格评估大型语言模型所生成的内容是否可能侵犯知识产权。

尽管前述律师协会都着重提示了律师在使用 AI 过程中所面临的职业义务和道德风险，但是也无一例外地肯定了律师通过 AI 进行更有效的工作产出。

所有的风险提示正是在提醒律师，在使用 AI 之前要充分了解相关技术的工作原理及局限性，了解使用这些技术的益处和风险，在法律运用方面采取审慎态度，只有在履行保密、独立、勤勉等律师行业的核心准则与道德义务的基础上，AI 才能更好地赋能律师拥抱未来。

三、律所对生成式 AI 的态度*

随着 DeepSeek 迅速走红，国际律所对其态度明显分化。据彭博法律（Bloomberg Law）报道，数百家国际律所正在采取措施，阻止其律师使用 DeepSeek。

（一）部分律所选择直接抵制

美国律所福克斯·罗斯柴尔德（Fox Rothschild LLP）就是其中之一。该律所于 2025 年 1 月 30 日明确禁止律师使用 DeepSeek[①]，理由是担心客户数

---

* 原文《几百家律所，正在阻止律师使用 DeepSeek》2025 年 2 月 6 日发布于微信公众号"智合"，本书引用时对内容有调整。

① Evan Ochsner, *Fox Rothschild Blocks DeepSeek's AI Model for Attorney Use*, https://news.bloomberglaw.com/legal-ops-and-tech/fox-rothschild-blocks-deepseeks-ai-model-for-attorney-use, Jan. 31, 2025.

据面临隐私风险。

福克斯·罗斯柴尔德成立于 1907 年,总部位于费城。根据《美国律师杂志》的数据,截至 2023 年年底,该律所拥有超过 900 名律师,在美国设有 30 个办事处,2023 年全年收入达 6.95 亿美元,全美排名第 72 位。

硅谷律所威尔逊（Wilson Sonsini Goodrich & Rosati）也采取了类似措施。该律所的首席创新官安妮·达泰什（Annie Datesh）指出,像 DeepSeek-R1 这样的新模型必须经过首席信息安全官和总法律顾问的审查才能使用,而目前 DeepSeek-R1 模型尚未通过这一流程,因此律师们暂时不能使用。

此外,密苏里州的大型律所博胜纳力（Polsinelli）也表示,虽然尚未针对 DeepSeek 制定具体政策,但通常不允许未经批准的 AI 模型在律所电脑上运行。

（二）部分律所保持谨慎观望

与直接抵制的律所不同,许多律所目前处于观望状态。美国律所瑞格（Ropes & Gray）于 2025 年 1 月 29 日在其官网发布了一篇题为《DeepSeek：企业用户的法律注意事项》的文章,作者为律所技术与知识产权交易业务部合伙人雷吉娜（Regina）[①]。

文章指出,一些企业用户可能正在考虑将现有的生成式 AI 模型替换为 DeepSeek,以节省成本。但律所提醒企业用户,在使用前必须对其技术、法律和业务风险进行全面评估。

2024 年宣布完成 9 亿美元 F 轮融资的加拿大法律科技公司 Clio 也在其官网发表博客文章评论 DeepSeek。Clio 先是肯定了 DeepSeek 的成果："多年来,AI 技术开发一直由财力雄厚的玩家主导。OpenAI 和谷歌等公司在芯片和数据中心上投入大量资金,把 AI 竞赛变成了比拼谁投入多。DeepSeek 绕开这些限制,标志着权力转移,这可能极大地重塑 AI 市场格局。"

[①] Regina Sam Penti, Georgina Jones Suzuki, Parv Gondalia, *DeepSeek*: *Legal Considerations for Enterprise Users*, https://www.ropesgray.com/en/insights/alerts/2025/01/deepseek-legal-considerations-for-enterprise-users, Jan 29, 2025.

但 Clio 在文章中也表示，DeepSeek 对于法律服务领域预计不会产生重大影响。对于法律专业人士来说，结论很明确：选择基于行业特定需求的 AI 工具，将帮助律所更高效地运行，同时保证数据安全。

"虽然 AI 创新总是令人兴奋，但安全性应该始终是首要任务，尤其是对于处理机密客户信息的法律专业人员。匆忙采用最新的 AI 工具而不评估其功能可能会使律所的数据处于危险之中。在将任何新技术集成到您的工作流程之前，请确保您彻底评估其安全性和数据隐私措施。"[1]

伦敦 KBW 投资银行的加雷斯·亨特（Gareth Hunt）分析指出，律师行业对 AI 的态度仍然保守，部分原因是律师职业的特性，部分是因为大型合伙制律所的决策过程较慢。一些律所的"利益分配模式"导致律所没有任何结余，对于技术的成本开支需要投入而非分配。此外，按小时计费的律所往往对 AI 投入持更谨慎态度。

（三）还有人看到机会

AI 在法律行业的应用正在逐步演进，律所不得不寻找平衡。一方面，拥抱 AI 的律所可能获得新的效率和竞争优势，而抗拒的律所可能会落后。另一方面，科技领域常常存在后发优势，DeepSeek 的崛起让一些律所看到了行业加速发展的可能性。

事实上，已有不少国际律所选择躬身入局，投入大量资金开发自有 AI 产品。例如，欧洲大所 CMS 一年前宣布正在开发其自有大语言模型 Noxtua AI，目前其是唯一在德国开发自有 LLM 的律所。CMS 的慕尼黑合伙人表示，Harvey AI（OpenAI 支持的法律科技初创公司）等供应商尚未建立基于欧洲和德国法律数据的数据库，也未在符合德国律师行业规定的欧洲数据中心运营。

Noxtua 自称是"一个主权且安全的欧洲替代方案，取代美国的 AI 工具"。该模型是与柏林 AI 初创公司 Xayn 合作开发的，Xayn 成立于 2017 年，源于牛津大学和伦敦帝国理工大学的研究项目。不过，CMS 并未透露开发 Noxtua

---

[1] Kate Rattray, *DeepSeek's AI Disruption (and Lessons for Legal Professionals)*, https://www.clio.com/blog/deepseek-ai/, Feb 4, 2025.

的具体投入金额。

CMS并不是唯一开发自有AI的律所。仅2024年，美国律所德杰（Dechert）推出了DechertMind，纽约曼哈顿的律所Lowenstein Sandler推出了Lowenstein AI Chatbox，美资律所科律（Cooley）推出了基于生成式AI的问答工具Cooley GOBot，伦敦"魔圈"所年利达（Linklaters）推出了AI Sandbox。

目前，尚难断定DeepSeek的"斯普特尼克时刻"是否会为律所等专业服务机构带来颠覆性的变革，但大多数律所对此持乐观态度。德杰（Dechert）纽约合伙人兼技术委员会主席在接受采访时表示："我们深知，我们预期像DeepSeek这样的技术变革将持续存在，竞争也会不断加剧，进而加速AI在法律工作流程中的整合，作为早期的技术先行者，我们对未来的发展充满期待。"

AI技术发展的不确定性依然存在，律所对AI的采用步伐有快有慢，但不可否认的是，AI技术在法律行业的应用已成为不可阻挡的发展趋势。如何在这股浪潮中找到最适合自身的发展路径，将成为未来一段时间内业内持续探讨的热门话题。

四、法官对生成式AI的态度[*]

（一）美国联邦首席大法官年终报告发布

美国联邦最高法院首席大法官每年都会发表一封类似公开信的文章，与当年度的美国联邦司法工作报告一起发出。2023年的这篇文章，美国第17任首席大法官约翰·G.罗伯茨（John G. Roberts, Jr.）的主题是人工智能与法律。

他详细回顾了美国司法界从使用羽毛笔到使用法律科技产品的历程，并指出：人工智能不仅将改变法官的工作方式、改变美国法院的运作模式，法官们对AI的理解，也将影响他们的判案过程，法律科技产品还可以消除法

---

[*] 原文《首席大法官：我和AI，谁更公正》2024年1月5日首发于微信公众号"智合"，本书引用时对内容有调整。

院系统中可用资源与迫切需求之间的不匹配——当然，人类法官短期内还是不可被替代。

报告中关于生成式 AI 技术的 6 条核心论述可总结如下：

1. 一直以来，法律行业普遍对技术变革保持怀疑甚至是抵制的态度，但随着市场需求的变化，这个行业也在慢慢改变。

2. AI 具有巨大的潜力，可以极大地拓展律师和非律师获取关键信息的途径。"未来的法律研究可能很快就无法想象没有 AI 的日子了"，罗伯茨大法官写到。

3. 同时，AI 还能帮助当事人提高获得司法公正的潜力，特别是对于请不起律师的人来说，AI 可以很好地提供帮助。例如，AI 提供低成本可访问的工具，并提供基本的答案，包括在哪里找到模板和法院表格，如何填写，以及在哪里提交给法官——所有这些都可以在家中完成。这些 AI 工具有望消除司法系统中资源和需求之间的不匹配状况。

4. AI 工具还将改变法官的工作方式，特别是在审判阶段，法官将受到 AI 的显著影响。《美国联邦民事诉讼规则》第 1 条规定，当事人和法院应寻求案件"公正、迅速和低成本"地解决。许多 AI 应用无疑有助于法院系统实现这些目标。

5. 但同样明显的是，AI 也有可能侵犯隐私利益，使法律失去人性。比如，AI 存在"幻觉"，这导致使用这些应用的律师提交的诉状中引用了不存在的案例；在刑事案件中，AI 在评估潜逃风险、再犯可能性以及其他主要依赖预测的问题方面，可能会引发关于程序公正、可靠性和潜在偏见的问题。

6. 也正因如此，人类法官还会存在一段时间。罗伯茨还非常动情地写到："机器无法完全取代法庭上的关键角色。例如，法官在量刑时会衡量被告陈述的诚意。细微差别很重要：一只颤抖的手、一个语调的变化、一滴汗珠、片刻的犹豫、稍纵即逝的眼神交流，都有可能改变判决结果。大多数人仍然更相信人类，而不是机器，能够从这些线索中感知并得出正确的推论。"

（二）法院系统将 AI 化，但人类法官仍不可或缺

有观点认为，AI 通过大数据分析总结出的法律价值，可能比法官的个人判断更符合法律精神。也有观点认为，案件的审判不是简单的结论输出，而是化解矛盾，在这个过程中，人的思想逻辑和情感是 AI 无法替代的。

其实，罗伯茨的公开信是最好的自己无法被 AI 取代的证明，因为他选择用讲究的修辞与幽默的段子，解释了 AI 在很大程度上是基于现有的信息工作，在裁判方面它可以提供信息，但不能代替法官裁判。

同样，在我国"AI 法官能否代替人类法官"的争论也已尘埃落定。2022 年 12 月，最高人民法院印发《关于规范和加强人工智能司法应用的意见》，开创性地提出人工智能司法应用的五个基本原则，其中之一是"辅助审判原则"。

用一句话概括就是，在中国法院，人工智能可以辅助法官办案，但在任何情况下都不能代替法官裁判。无论是"疑难杂症"，还是简单案件，最终决定判多少年、赔多少钱的都应当是人类法官。

AI 时代的决策，是"AI 的预测 + 人的判断"。我们承认在某些方面 AI 比人更聪明、更高效，但是，我们也清楚，真正承受风险、承担后果的是人而不是 AI。预测是客观的，判断是主观的。AI 不能僭越人的判断，人也不应该专断 AI 的预测。AI 与人各安其位、分工明确。

各国在对于法院使用 AI 的支持力度上不尽相同，但各国都在一定程度上将 AI 技术界定为"辅助性"技术，不鼓励或明确禁止 AI 直接进行"审判"。

在可预见的未来，这种平衡不会改变。

五、小结：生成式 AI 应用的两面性

总体来说，生成式 AI 主要依靠演绎推理和归纳推理。

其中，演绎推理虽然有明确的规则路径可寻，但算法的设计程序往往不对外界公开；而归纳推理则是通过大量样本训练调整权重得出结论，不同于线性公式的推导过程，很难用人类语言解释，正是这种说不清、不透明将降

低输出结果的说服力与可信度。

某种程度上，大模型的想象力与幻觉是一体两面的——想象力越丰富，幻觉风险也越高。

对于律师而言，在大模型时代，学会利用各类 AI 工具进行工作应该成为每个律师的执业第一课。基于大模型的 AI 应用在法律翻译、法律研究、合同审查、文件校对、文件整理归纳等方面均展现出非常好的效果，可以大幅降低律师的烦琐工作，使律师可以有更多时间集中于更有创造性的内容，如诉讼方案的策划、交易方案的制订。

但与此同时，AI 工具只是辅助律师工作，而不是替代律师进行自动化的工作。由于幻觉的存在，对于 AI 生成的所有内容必须进行再次审核，否则美国资深律师因引用 ChatGPT 虚构案例被罚的案例也可能再次上演。

对于法官而言，美国首席大法官的年终总结也可以看成一封"为什么我不能被优化"的职场陈情书，一方面肯定了人工智能对司法工作的重要性，另一方面强调了法官的不可替代性。

除美国外，英国司法部也于 2023 年 12 月在其官网发布了官方 AI 指南（*AI Guidance for Judicial Office Holders*），细致地为司法工作人员解释了什么是 AI，什么是生成式 AI，哪些是大语言模型，贴心地总结了 AI 产品对哪些司法工作更有使用价值，以及列举了不推荐使用 AI 来完成的工作种类。

对于幻觉这一点，英国司法部给法官的指南的结尾颇具英式幽默地列了 5 条法官甄别律师提交的文件是否是 AI 作业的提示。其中一条是，"引用不常见的案例（有时来自美国）"。

无论如何，当欧盟忙着治理人工智能的时候，英国与美国法律界的举动都可以看作对大模型技术的承认与积极拥抱。只是通用大模型产品可能还需要一个更加专业化的过程，才能让英国法律界少些英式吐槽。

第二篇
趋 势 篇

取势：法律科技，浪潮已至

第一章

简本溯源，旧时代的法律科技赛道

一、法律科技的定义 *

法律科技（Legal Technology，Legal Tech）作为科技与法律交叉融合的产物，其发展脉络与时代背景紧密相连，定义与内涵亦随技术进步与市场需求不断演变。

当前，国内外学术界与业界已逐步形成对法律科技的标准化定义。美国的斯坦福大学、牛津大学等知名法学院，以及英国律师协会，《福布斯》等媒体机构，均在各自的报告与专栏中对法律科技展开了详尽阐释，具体内容见表 2-1-1。

表 2-1-1　国外不同机构对于法律科技的定义

机构	定义	来源及发布时间
斯坦福大学（Stanford University）	法律科技，即促进法律服务并使更多人能够获得法律服务的数字应用程序和系统	斯坦福大学法律信息学中心 CodeX（2015 年）
波士顿 BCG（Boston Consulting Group）	法律科技起初关注标准法律任务的自动化，但现已发展为支持律师执行更定制化、专业化的活动，或利用大数据分析为律师提供有价值的洞察	*How Legal Technology Will Change the Business of Law*（2016 年）（与德国 Bucerius 法学院）

---

* 本部分内容节选自洪祖运先生 2024 年 1 月 23 日在由上海市司法局指导、上海市律师协会主办的"2024 年度最受上海律师欢迎的法律科技产品大赛"启动仪式上的主题演讲。

续表

机构	定义	来源及发布时间
英国律师协会（the Law Society）	法律科技，即支持、补充或替代传统法律服务交付方式，或改善司法系统运作的技术	*Legal Tech and Lawtech: Towards a Framework for Technological Trends in the Legal Services Industry*（2021年）
福布斯技术委员会（Forbes Technology Council）	法律科技，即"提供法律服务和支持法律行业"的技术。不仅是服务于律师的工具，而且是让所有企业和没有法律背景的人都能够轻松管理法律事务	*How Legal Tech Is Being Reimagined*（2021年）
牛津大学（University of Oxford）	法律科技，即涵盖一切可以用于与法律实质互动或辅助用户与法律互动的设备，以及使用这些设备的技能和技巧	*Defining Legal Technology and Its Implications*（2022年）
维基百科（Wikipedia）	法律科技，是指利用技术和软件提供法律服务、支持法律产业	Legal Technology 词条（2023年）

资料来源：智合研究院整理。

在我国，早期行业内的探讨更多聚集于"互联网＋法律"的概念。在国家大力推进审判能力和审判体系现代化的大背景下，专注于法院信息化建设的科技企业率先提出，要"通过数字化法律体系的建设，使法律服务智能便捷、业务管理精准高效、工作开展协调有序、响应处置及时迅速，全面提升法治惠民成效"。

自此，"法律科技"一词逐渐成为固定搭配，正式进入大众视野（见表2-1-2）。

表2-1-2 国内对于法律科技的定义

定义	来源/发布时间
法律科技，即"法律＋科技"，通过利用大数据、人工智能、区块链等前沿技术和各类科技手段创新，为法律相关行业和法律服务领域提供产品、解决方案和服务，提高法律业务智慧决策能力和自动化处理水平，为法治社会治理提供支撑	华宇软件：2022年年度报告/2023年4月

续表

定义	来源/发布时间
法律科技通常指运用信息技术来优化法律服务流程、提高法律服务质量、降低法律服务成本的实践，包括但不限于人工智能、区块链、大数据、云计算等技术在法律研究、诉讼支持、合同管理、法律顾问服务、在线纠纷解决等方面的应用	《法律科技赋能区域法治高质量发展的实践与思考——基于上海市徐汇区的实证研究》/2024年
法律科技（legal tech）是利用大数据、人工智能、区块链、智能合约等信息技术和算法提供法律服务或协助传统法律部门提供服务，确保法律服务专业化、自动化和智能化的技术应用的总称，旨在实现技术与法律的深度融合	《法律科技化解个人信用风险的困局及其突破》/2024年

资料来源：公开资料，智合研究院整理。

国内学者与相关企业已对其定义进行了诸多有益探索。

目前，可从狭义和广义两个维度对其加以理解。从狭义而言，法律科技是主要为律师等法律服务从业者赋能，使其能够更高效地开展工作的科技工具和解决方案。从广义来看，法律科技则是面向法律服务业务以及立法、司法、执法、守法等现代化法治体系建设各个环节的技术的总称。

二、法律科技企业的认定标准是什么[*]

随着新兴前沿技术在法律行业加速应用，法律科技已成为科技创新在法律领域融合发展的集中体现。然而，关于法律科技企业国内尚未有官方机构给出明确的认定标准。

从行业实践中我们可以提炼出法律科技企业的两大核心特征：

一是科技型企业属性，二是法律行业专属性。

首先，法律科技企业必须是一家科技型企业。这里可以参考科技型中小企业认证、高新技术企业认证，或"专精特新"企业的认证标准，筛选

---

[*] 本部分内容节选自洪祖运先生2024年在上海司法局组织召开的"法律科技企业认定及政策支持专题研讨会"上的发言，对法律科技企业的定义、认定标准进行梳理与归纳。

出具备科技属性的企业。例如，在《上海市科技企业界定参考标准》（沪科〔2015〕70号）中，科技企业需满足以下五项条件中的至少三项：

（1）企业主要从事技术开发、技术转让、技术咨询、技术服务、技术检测，或高新技术产品（服务）的研发、生产、经营等科技与创新活动；

（2）企业直接从事研究开发的科技人员占职工总数的比例不低于5%；

（3）企业技术性收入和高新技术产品（服务）的销售收入之和占企业销售总收入的比例不低于30%；

（4）企业年度研究开发费用占销售收入总额的比例不低于3%；

（5）企业拥有专利权、著作权、集成电路布图设计权、植物新品种权等知识产权，或掌握专有技术。

这一标准的目的是过滤掉那些科技属性较弱的法律类公司，比如一些"互联网法律咨询公司"。其实，这类企业的本质就是一家法律咨询公司，可能是通过外包的技术团队，组建了网站或者小程序端，提供在线的人工法律咨询，文书代写服务。这一类企业的盈利模式本质不是技术，而是基于人的法律服务。

其次，就是法律行业"专供"。从商业逻辑出发，判断这家公司的业务中至少有一类专门服务于律师、公司法务、法检系统，或者满足公众的日常法律需求。其中，可进一步细分为两类，见图2-1-1。

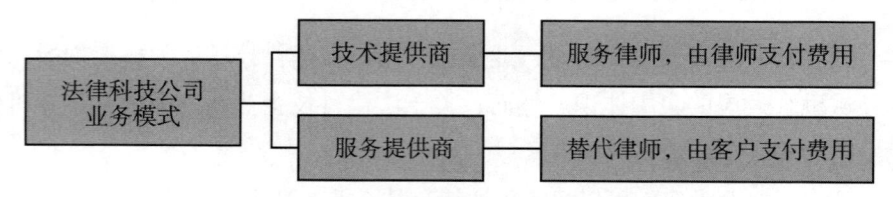

图2-1-1 法律科技公司典型业务模式

资料来源：智合研究院整理。

其一，技术提供商。这类企业主要为律师、律所和企业法务提供技术支持，满足其日常工作需求，如提供类案检索工具、法律研究数据库的企业。

其二，服务提供商。这类企业以技术驱动直接提供法律服务，即替代性法律服务提供商（Alternative Legal Service Provider，ALSP），其服务范围涵盖合同审查、法律咨询、合规管理等领域。

为了更清晰地理解法律科技企业的边界,可以借助韦恩图(Venn Diagram)来可视化"法律科技"与相关领域的交集和并集关系(见图 2-1-2)。

律师服务平台(律师案源平台、律师电商平台)等互联网平台服务,线上律师职业培训、律师在线教育平台等

具备法律服务能力,替代、减少律师服务的法律科技产品、技术和服务

如四大会计师事务所,其提供法律服务的本质是拥有律师而非科技

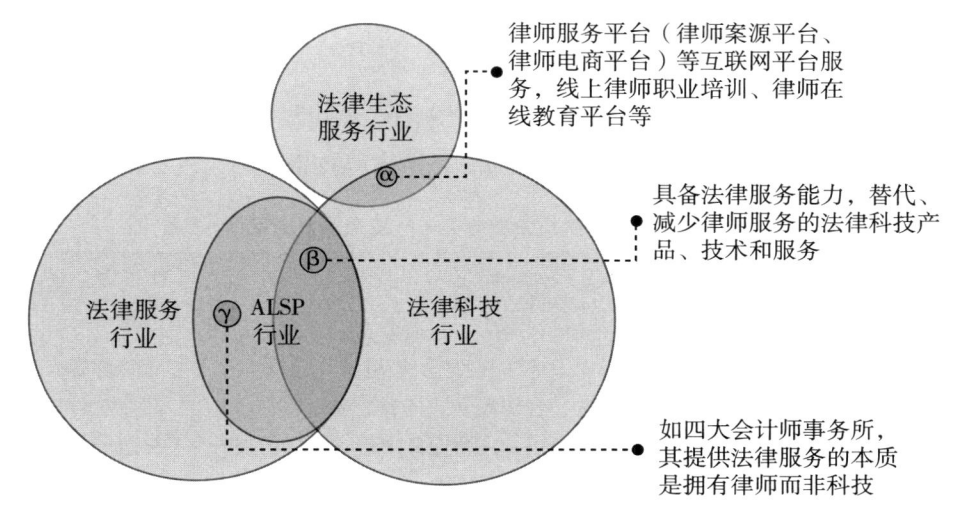

图 2-1-2　法律科技相似概念韦恩图

资料来源:智合研究院整理。

注:1. α 区域:法律生态服务与法律科技的交集。该区域代表了法律生态服务行业中具备科技属性的细分领域。

虽然传统法律媒体、培训、会展服务等主要属于信息咨询范畴,但随着"互联网+"的深入发展,部分新媒体平台、在线法律教育机构等创新形态既保持了法律生态服务的本质特征,又具备了显著的科技属性,因而构成了这一独特的交集区域。

2. β 区域:法律科技与法律服务行业的交集。该区域代表了法律科技行业中具有实质法律服务能力的创新主体。

这些企业通常以技术驱动为核心竞争力,对传统法律服务进行改造升级,其产品和服务既具有科技创新的特征,又能够实质性地替代或补充传统律师服务,因而构成了这一独特的交集区域。

3. γ 区域:法律科技与 ALSP 的非重叠部分。该区域代表了传统替代性法律服务提供商(如四大会计师事务所)。

这些机构虽然能够提供专业的法律服务,但其服务模式主要依赖于专业人力资源的配置,而非技术创新驱动,因此仅属于法律服务行业范畴,而不具备法律科技属性。

三、如何对法律科技企业进行分类

关于法律科技企业的分类，我们可以从多个不同的维度来切入：基于企业的定位、基于产品的功能、基于它们的目标客群。

（一）基于企业的定位

从企业自身定位和业务占比这个维度来看，法律科技企业可以划分为两类：综合性科技企业布局法律领域和垂直类法律科技企业（见表2-1-3）。

表2-1-3　法律科技企业分类——按企业自身定位

类型	特征	代表性企业
综合性科技企业布局法律领域	大型科技企业凭借自身实力，以及在云计算、大数据、区块链、人工智能领域的积累，通过自主研发、投资或收购、合作等方式拓展业务领域，切入司法与法律服务市场，主营业务中包含法律科技一个或多个领域	汤森路透、华宇软件、科大讯飞
垂直类法律科技企业	其公司/品牌、产品定位于法律科技企业，或司法领域、法律服务领域技术提供者，以初创型企业为主，通过投入资源自主研发法律科技产品和服务	Harvey AI、智爱、通达海

资料来源：智合研究院整理。

1. 综合性科技企业布局法律领域

以美国的汤森路透（Thomson Reuters）为例，这是一家为法律、税务、会计、合规、政府和媒体领域的专业人士提供服务的公司，旗下产业还包括路透社。2024年公司营业收入72.58亿美元，其中法律专业人士业务收入29.22亿美元，占比40.26%[①]。公司旗下的产品WestLaw是美国律师常用的案件检索工具，占据了较高市场份额。

国内方面，例如，于2011年10月在深圳证券交易所创业板上市的科技公司华宇软件（股票代码：300271），在2016年设立子公司华宇元典，并研

---

① 《Goldman Sachs维持汤森路透评级为中性　最新目标价188.00美元》，载同花顺财经，https://news.10jqka.com.cn/20250208/c665877618.shtml。

发出如元典智库、元典 Yodex 智慧法务管理平台、华宇万象法律大模型等面向不同法律群体的产品。

再如，科大讯飞（股票代码：002230），公司定位为"一家专业从事语音及语言、自然语言理解、机器学习推理及自主学习等人工智能产品研发和行业应用落地的国家级骨干软件企业"，依靠自身在人工智能语音的优势切入政法领域，在法院、公安机关及检察院智能语音庭审等细分领域处于领先地位。

2. 垂直型企业

这类企业专注于法律科技领域，以初创型企业为主。例如，智爱和国外的 Harvey 均是专注于为律师事务所和法律团队提供生成式人工智能产品及定制化解决方案的企业。

同时，此类企业自身定位多为"法律行业 ×× 领域技术供应商"，如国内于 2023 年在深交所创业板上市的通达海（股票代码：301378）。其 2023 年年报显示，公司是全国法院办案办公系统的主要供应商之一，在法院办案基础平台软件方面，公司的执行案件流程信息管理系统应用于全国 2749 家法院，占法院总数的 78.45%。

（二）基于产品的功能

另一种基于产品的具体功能。

例如，由斯坦福大学法律信息学中心（CodeX）编制的法律科技公司名单，就是依据功能和应用场景，把公司分为法律研究、文档自动化、电子证据、在线争议解决等 9 个类别（见表 2-1-4）。

表 2-1-4　法律科技企业分类——按产品功能

类型	概述
市场平台（Marketplace）	连接法律服务供给侧（律师事务所、律师）与法律服务需求侧（企业、个人等）的平台，如律师案源交换平台、律师电商平台（客户寻找律师的平台）、律师服务平台（法律部门和律师事务所寻找其活动服务的市场）及 ALSP 法律服务平台

续表

类型	概述
流程管理 （Practice Management）	为提高律师事务所、法院等法律部门的办公效率，以及面向企业法律事务日常工作的数字服务。流程管理自身不涉及核心法律活动，不具备法律服务能力。例如，律师的日程安排或律师事务所的客户信息电子化存储、案件管理系统等
在线法律教育 （Legal Education）	支持学生、律师、法务和其他有兴趣的人士学习法律内容的线上平台，如司法考试在线学习平台、律师实务技能在线学习平台等
文档自动化 （Document Automation）	在法律部门和律师事务所中对文档管理进行结构化和自动化的应用，如通过电子合同和数字化签名技术，可以实现合同的在线签署和管理
电子证据 （E-Discovery）	在法律诉讼、政府调查等场合中，针对计算机、手机、移动硬盘等各类存储设备中的电子数据（通常包括电子邮件、文档、表格、音频和视频文件、社交媒体内容等）进行采集、分析，形成符合司法有效性的电子数据的应用
法律研究 （Legal Research）	简化或自动化法律研究的应用。例如，依托大数据技术搭建法律数据库、案例库，快速检索相关法律文书和法规，或运用人工智能技术搭建法律智能搜索引擎等
智能分析 （Analytics）	利用数字化、智能化技术，协助或替代法律专业人士进行数据、信息、案件分析的应用。例如，借助数据分析的结果，辅助律师在诉讼中进行预测，进行决策；或法律人工智能助手：利用自然语言处理和机器学习技术，回答法律问题、提供法律咨询
在线争议解决 （Online Dispute Resolution）	实现在线解决纠纷的数字解决方案。例如，借助互联网和视频会议技术，搭建互联网法庭和在线调解、在线仲裁等
企业合规 （Compliance）	揭示企业合规风险的应用。例如，通过人工智能和大数据分析技术，帮助企业实现合规管理和风险评估，预测法律风险并提供相应建议

资料来源：CodeX Tech Index，智合研究院整理。

需要注意的是，这些类别并非一成不变。随着技术的不断进步，有些功能可能会出现重合，甚至进一步细分，以满足不断变化的市场需求。

（三）基于客户的类型

第三种分类方式是按照法律科技企业服务的客户类型进行划分，主要分为司法领域和法律服务领域的法律科技企业。

司法领域法律科技企业，即 G 端，主要围绕法检系统的信息化提供产品或解决方案，如智慧庭审系统、互联网法庭。

而法律服务领域法律科技企业又可进一步分为三类：L 端的法律科技企业主要面向律师事务所、公证处、仲裁机构等法律服务机构及其从业人员提供产品或解决方案；B 端的法律科技企业主要面向企业法务部门及其从业人员提供产品或解决方案；C 端的法律科技企业则是面向个人提供法律咨询、普法宣传等产品或服务（见图 2-1-3）。

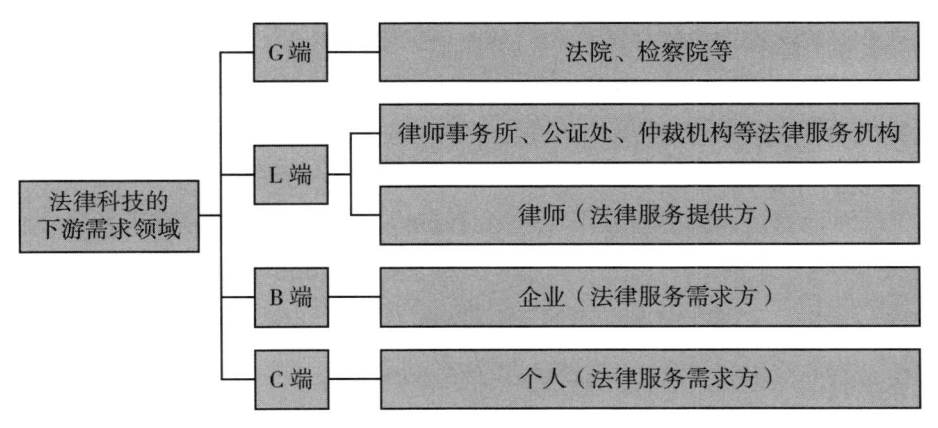

图 2-1-3 法律科技的需求领域

资料来源：智合研究院整理。

（四）行业归属国民经济分类

法律科技属于在法律和社会治理领域应用的科学技术。作为与立法、司法、执法、守法及法律服务等法律活动密切相关的技术领域，其具体表现为各类法律科技产品、服务和技术解决方案。

根据国家统计局《国民经济行业分类》（GB/T 4754—2017），法律科技行业主要归属于以下门类：首先是"Ⅰ 信息传输、软件和信息技术服务业"门类下的"互联网和相关服务"（行业大类代码64）和"软件和信息技术服务业"（行业大类代码65）；其次是"M 科学研究和技术服务业"门类下的"科技推广和应用服务业"（行业大类代码75）。

2016年《二十国集团数字经济发展与合作倡议》首次以国际共识形式界定了数字经济内核，将其定义为"以使用数字化的知识和信息为关键生产要素、以现代信息网络作为重要载体、以信息通信技术的有效使用作为效率提升和经济结构优化的重要推动力的一系列经济活动"。

法律科技行业各类细分活动均属于数字经济范畴。

根据国家统计局2021年5月公布实施的《数字经济及其核心产业统计分类（2021）》（国家统计局令第33号），01~04大类为数字经济核心产业，即数字产业化部分，主要涵盖为产业数字化发展提供数字技术、产品、服务、基础设施和解决方案的经济活动。具体到法律科技领域，智慧司法服务终端（智能终端机）等硬件设备归属于01"数字产品制造业"大类；各类法律科技应用软件和SaaS平台则分别归属于03"数字技术应用业"与04"数字要素驱动业"大类。

法律科技行业作为数字经济的重要组成部分，在推动法律服务的数字化转型中发挥关键作用。未来，伴随新一轮科技革命和产业变革加速演进，大数据、云计算、人工智能、区块链等新技术、新应用、新业态将不断拓展法律科技的应用边界，夯实法律科技产品的基础，进一步发挥赋能和支撑作用，提升法律服务行业服务于国民经济重点领域和薄弱环节的能力，为高质量发展作出贡献。

四、国内法律科技行业发展历程

国内法律科技的发展与国内经济社会及法律服务行业发展进程同频共振。

如从时间维度将过去40多年简易切分，则前两个十年里，中国法律科技行业属于潜渊积淀，第三个十年奠定基础，第四个十年迎来爆发。而今迈入第五个十年，在新一轮技术革命的浪潮前，中国法律科技已经到了与国外同步接轨、需要探索引领方法的关键节点。

如做进一步精细化划分，按探索应用的深度、广度，从时间维度将过往数十年中国法律科技行业的发展历程做切分，则可以大致划出以下几个阶段：

（一）1979~1999 年：探索萌芽期

第一阶段是探索萌芽期，时间范围大致是 1979~1999 年。这一时期，随着律师制度的恢复、法律服务市场的苏生以及一批法律服务机构的先后成立，最基础的法律科技在国内萌芽。

1983 年，北京大学法律系教授龚祥瑞与刚从北京大学法律系本科毕业的李克强撰写并发布了文章《法律工作的计算机化》，这也被视作中国法律信息化的发端。

1996 年，法院系统信息化建设迎来"元年"，在最高人民法院组织召开的全国法院通信及计算机工作会议上，确定了北京、上海等八家高级人民法院作为计算机网络系统建设的试点单位，同时对全国法院信息化建设做了总体部署。

1998 年，中央电视台现场直播了八一电影制片厂等国内十家电影制作单位诉北京天都电影版权代理中心等三家单位侵犯著作权一案。这是我国首次对庭审现场进行直播，具有开创性意义，也赢得了一片赞许，当时的舆论普遍认为这是发挥社会监督作用的一次积极尝试。

1999 年 12 月，早期数十年的积淀最终转化成世纪之交法律科技市场化的标志性成果。北大英华科技有限公司正式成立，中国第一个法律数据库"北大法宝"随之走向市场，也由此正式拉开了信息化工具的应用大幕。当时，各地法院裁判文书公开不全，各机关法律法规发布散乱。北大法宝为法律人提供了一个全面检索法律和判决文书的数据平台，满足了企业、律所、律师的"刚需"，开启了法律和案例数据库新时代。

（二）2000~2013 年：法律科技 1.0 时代

第二阶段是法律科技 1.0 时代，时间范围大致是 2000~2013 年，这一阶段，以起步较早的法院系统为引领，信息建设基础设施逐渐在法律行业内各个方面普及，为数据资产与在线法律服务的推广应用提供了支撑。

2003年，司法部门推出了中国裁判文书检索系统，用于收集、整理和发布各级法院审判文书，以便公众随时查询。

2004年，广东省汕头市龙湖区人民法院通过电子邮件的方式审结了一桩跨国离婚案，这是我国审判实践中较早运用互联网技术的案例。随着法院信息化建设的展开，各地法院基本都已经建立起以高清摄像头、麦克风、大屏显示器（投影仪）、高速专用网络、计算机设备、服务器为硬件基础的电子化法庭与远程会议室。

这一阶段，律所层面亦在逐步推进办公自动化和信息化的进程。根据北京市律师协会对北京市律师事务所进行的相关管理调查结果，截至2006年北京市近80%的律师事务所通过计算机网络等实现了办公自动化；近70%的律所能够提供数据库支持和网络支持，便于律师查阅法律文本和资料。但与此同时，信息化建设的效用十分低下。对于办公管理软件：彼时有42%的律师事务所还没有购买办公管理软件；有近30%的事务所感到由于律师们的工作习惯难以改变，使用不便；只有20%左右的律所能够提供更专业化的业务辅助，如汇总对部委、机关的咨询记录，建立资料共享制度。

调查还显示，在业务管理方面，北京市只有1/5的律师事务所能够做到由律师事务所通过计算机软件统一登记，同时进行利益冲突的审查；在客户管理方面，只有41%的律师事务所建立了客户维护体系，半数以上的律师事务所还没有把客户的管理列入发展的议事日程。

实践中，很多律师事务所没有自己的网站，或者虽有网站，但由于长时间无人维护而成为垃圾网站；很多律师事务所没有自己的业务信息管理平台，在不同的时期办理了多少案件、是否有竞争冲突管理、是否能够信息化协作办案等都无法体现出来，更无法对管理数据进行延伸分析和使用。这些相较同期其他行业有所落后。

在基础设施逐步搭建起来的同时，数据库类的早期法律科技企业亦迈上起步发展之路。仍以北大法宝为例：2000年北大英华成功推出"北大法律英文网"，迅速成为中国内容全面、更新速度快捷的法律信息中英对照在线数据平台，到 2001 年基于"北大法律教育网"以及"北大在线"教育平台成功推出北京大学法学院法律远程教育服务；自 2002 年"北大法宝"全面升级改版至今，已经迭代至北大法宝 V6.0 版本；2003 年，与最高人民法院合作，研发出"中国审判法律应用支持系统"，在全国法院推广使用……

可以说，这一时期主要是政务端的需求推动行业发展。政府定制软件供应商投身司法领域，为各级检察院和法院搭建办案系统。而企业端、律所端仍未具备铺开服务的软硬件条件。

（三）2013~2022 年：法律科技 2.0 时代

第三阶段是法律科技 2.0 时代，时间范围大致是 2013~2022 年，2013 年前后，"互联网+"的概念初兴，通过互联网与各个传统行业的深度融合互联来推动传统行业变革，将互联网信息技术与传统产业相结合，利用互联网的手段优化生产要素，实现传统产业的升级与转型，取得"1+1>2"的效果。

这一阶段，"数据是信息时代的石油"这一观点越发普及，数据也日渐朝着国家基础性战略资源与关键生产要素的方向发展，快速且深度融入生产、分配、流通、消费和社会服务管理相关环节。法律服务行业对于数据的管理、分析、应用亦在这一阶段得到了进一步深化，法律科技企业的数量、覆盖面都在快速提升，迎来 20 年积淀后真正意义上的"爆发期"。

根据这一时间段数字化发展进程的深度、广度，具体又可以分出奠基期（2013~2017 年）、发展期（2017~2019 年）和催化期（2020~2022 年）3 个细分阶段。

1. 奠基期（2013~2017 年）

在法院方面，奠基期的里程碑即是裁判文书网的出现。2013 年 7 月 1 日，中国裁判文书网正式上线，集中公布了第一批 50 个生效裁判文书。之后，《最高人民法院在互联网公布裁判文书的规定》（已失效）正式实施。依据该规定，除法律规定的特殊情形外，最高人民法院发生法律效力的判决书、裁定书、决定书一般均应在互联网公布。裁判文书网在全国范围的上线意味着文书材料资产的全面数字化，为后来的法律文书数据库等类目产品提供了大数据基础，亦为更进一步的法律科技开发提供了支撑。

至2015年6月底，全国31个省（区、市）及新疆生产建设兵团的三级法院已全部实现生效裁判文书上网公布，即案件类型全覆盖、法院全覆盖。2016年8月，最高人民法院公布修订后的《关于人民法院在互联网公布裁判文书的规定》，加大了裁判文书公开力度。

同时，法院内部也在这一时期持续推广数据驱动管理，将法院内部办案数量、办案时效等数据统计分析并加以可视化，以此为法院管理运作进一步赋能。

在法律服务市场端，一批覆盖多个细分服务领域的代表性企业、产品也在2014~2017年先后爆发性涌现：

2014年，智合、无讼、法大大、律新社；

2015年，理脉、新橙科技、法天使；

2016年，法狗狗、e签宝；

2017年，法蝉；

……

这些企业在这一时期大多各有侧重，从数据库、资讯信息、辅助办案工具等维度为政府部门、律所、企业提供相关服务，律所行政服务类的账单和案件管理系统以及辅助律师实质办案的案例法规检索与大数据产品也逐渐出现。

这一时期也是法律科技企业融资高峰期。根据烯牛数据统计，2014年之前每年有0~2家法律科技企业融资，2015年则爆发式增长到了16家，并在2016~2017年达到高峰的22~24家。

2. 发展期（2017~2019年）

这一时期，法律科技领域主要受到了两重外部因素和一重内部因素的影响。

外部因素分别是政策端的支持鼓励与互联网"大厂"的入局，内部因素则是法律行业内部对法律科技的集中性探讨。

外部因素方面，2017 年 7 月，国务院印发《新一代人工智能发展规划》。作为 21 世纪中国发布的第一个人工智能系统性战略规划，该规划提出了面向 2030 年中国新一代人工智能发展的指导思想、战略目标、重点任务和保障措施。这一规划发布后，互联网"大厂"加大了对法律科技领域的投入，腾讯和阿里分别投资法大大和 e 签宝，进军电子签领域。同时，"大厂"也开始与法院、仲裁机构合作，推出区块链存证相关的司法产品。

在律师行业内部，2017 年对于法律科技必要性的关注和理解深入更多律所，多场聚焦法律科技这一主题的行业性大型论坛、研讨会举办，2018 年前后，包括国内一线律所在内的知名大所主动求变，纷纷开展服务与产品创新，包括智能问答、法律电商、法律数据分析等创新形式。部分中小所也在积极拥抱变化，用科技创新来增加"弯道超车"的可能。

此外，在法院方面，这一时期数字化和移动化的趋势越发明显。2017 年 8 月，全国第一家集中审理涉网案件的试点法院——杭州互联网法院挂牌成立，其将涉及网络的案件从现有审判体系中剥离出来，充分依托互联网技术，完成起诉、立案、举证、开庭、裁判、执行全流程在线化，极大地实现了诉讼便民、节约司法资源之目的；2018 年 9 月，另外两家互联网法院于广州、北京相继成立。

3. 催化期（2020~2022 年）

2020~2022 年是数字化时代的"催化期"。行业内外部多年的数字化发展积淀在新冠疫情等"黑天鹅"事件的刺激下加速催化，为法律科技的进一步深度应用做了铺垫。

同时，随着人工智能、区块链和电子签名这三项底层技术的日趋成熟，法律科技在各个场景中的数字化应用也进一步加速，智能合同审查、合同生命周期管理等领域随之取得快速发展。

至 2022 年年底，中国法律科技行业已发展成为多领域市场，涵盖智慧咨询、律所管理系统、电子签名和合规等领域，不同机构主体间的合作、不同领域产品间的融合等趋势也变得越发明显。

（四）2023年至今：法律科技3.0时代

第四阶段是智能化时代，时间范围大致是2023年至今，这一阶段以AIGC技术的革命性突破为关键节点，开启了法律科技智能化应用的新时代。AIGC技术的革命性突破主要体现在其侧重内容辅助生成的特性与法律服务行业的内核高度契合，其在法律研究与分析、合同起草、法律报告、尽职调查等方面的应用前景让很多专业人士认为法律服务领域的基础性职位将被逐步替代，法律科技产业也将随之被深度改造。

在智能化时代之前，AI技术在律师行业的发展应用实际已经持续了一段时期，法律大模型的到来则进一步推动了法律科技行业朝智能化、综合化、平台化的方向发展。法律科技行业也成为人工智能领域崭新的垂直行业。

五、小结：一个不被看好的赛道

一位硅谷投资人曾坦言，过去风险投资界普遍认为法律科技并非理想的投资领域，因为鲜有大公司是基于法律科技建立起来的。事实上，旧时代的法律科技的确长期处于边缘位置。

（一）行业的基因桎梏

从律师行业的特性来看，律师——这些传统秩序的"守护者"，在一定程度上往往被视为风险的"厌恶者"。在长期形成的行业生态里，经验主义占据主导，致使从业者面对科技变革时态度审慎，接纳新科技的速度较为迟缓。

尤其是在合伙制模式下，短期创收压力与长期技术投入之间形成结构性矛盾。任何可能动摇现行价值分配体系的技术革新都会遭到本能的抗拒。律所管理层的决策往往呈现出显著的"成本导向"特征：合伙人更倾向于把资源投入能迅速产生效益的领域，而对需要长期投入的技术创新持观望态度。这无疑也给法律科技的推广带来重重阻碍。

（二）创新的现实困境

从技术发展水平来看，过去法律科技对法律行业的改造能力着实有限。

早期的法律科技产品与服务大多处于初级阶段，相关应用尚不成熟，功能较为单一，难以契合法律行业复杂多变的实际需求。

更为严峻的状况是，由于市场规模本身有限，加之客户付费意愿偏低，综合性科技企业缺乏足够动力，无法充分挖掘和满足市场的真实需求。同时，也使法律科技垂类企业收入受限，难以维系后续的研发与发展，导致产品的性能和效果不尽如人意，进一步限制了法律科技行业的发展壮大。

在资本层面，投资回报始终是投资者的考量要点。相较传统产业，法律科技行业兼具小众与高新的特性，这使不熟悉法律服务领域的投资者难以精准评估其风险，再加上行业内成功的商业模式与盈利案例匮乏，发展前景不甚明朗，一些企业凭借先发优势迅速崛起后，短短数年便在激烈的竞争中黯然退场，使资本对这一赛道兴趣寥寥，进一步加重了法律科技行业的资金困境。

而随着科技的迅猛发展以及大模型的持续演进，法律科技逐渐迎来了新的机遇。

第二章

奇点更近，法律科技的大模型时代

"我们将与人工智能（AI）融为一体，并利用比人类强数百万倍的计算能力来增强自己的能力。这种智能和意识的提升影响深远，以至于人们会感到难以完全理解。我所谓的'奇点'，正是指这一事件。"——雷·库兹韦尔（Ray Kurzweil）《奇点更近》(the Singularity is Nearer：When We Merge with AI）

一、大模型在法律行业的变革

大模型出现后，局面有了变化——法律行业被认为是其落地应用的理想垂直领域之一。

一方面，法律领域积累的高质量数据规模够大，足以训练专业的大模型；另一方面，这一领域的用户工作中通常涉及大量语言交互、文本处理等劳动密集型但又需专业知识支撑的业务流程。而这些流程正是价值创造的关键环节，比如法律咨询、法律文章审核。因此，这也使律师等法律专业人士在特定场景中采用大模型降本增效的需求强烈。

（一）带来效率变革

大模型的核心特点在于能够通过多维度的海量数据进行学习训练，从而在文本生成、语言理解、知识问答、逻辑推理等领域实现智慧涌现，并展现出极强的"触类旁通"能力。这种强大的"脑力"使大模型自诞生起便具备变革基因，传统上需要"堆时长、堆人力"的工作将在大模型的赋能下得到解放。

在法律行业，法律从业者通过合理使用大模型，从过去烦琐的文案工作中解脱出来，拥有更多时间和精力与客户开展深入互动。这不仅提升了法律服务的效率，更深化了法律专业人士与客户之间的服务连接。

（二）重塑能力边界

大模型还重塑了法律专业人士的能力边界。法律专业人士不仅要精通法律，还需了解业务，而跨领域学习往往是最具挑战性的。大模型为法律从业者提供了跨领域学习的能力。例如，律师可以利用大模型快速学习专业知识，如建筑工程领域土地使用权的规定、土地闲置的认定标准，在短时间内搜索、分析大量文档，整合交叉领域的知识，帮助律师形成全面、专业的法律建议。

除此之外，大模型还能进行自动化翻译、构建法律知识图谱，使法律专业人士能够快速、准确地理解不同国家的法律规定，打破了地域、文化和法律体系的限制，助力法律专业人士为不同国家的客户提供准确、全面的法律咨询。

（三）催生新型模式

大模型有助于中小企业、普通消费者获取更加便捷、透明、低成本的法律服务。传统的法律服务模式，由于经费、机制、智能化不足等方面的原因，存在服务体验差、效率低下等弊端。对于中小企业和个人而言，法律服务需求量大且多样化，但其付费意识和能力相对较弱。市场亟须高效率、高质量、低成本的行业解决方案，来服务这两类市场主体。

大模型掌握的专业知识和技能更加全面，而一个服务人员则很难像 AI 一样全能。更何况，在传统的人工服务模式中，比如公共法律服务，考核和激励方式上的设计，会使服务人员急于完成服务工单，比较难以切实解决人民群众的海量咨询需求，而经过训练的大模型则不会如此。

一方面，大模型可以确保对相同问题的回答保持一致性和标准化，减少人为因素导致的差异。另一方面，大模型本身能以更低的成本完成低附加值工作，同时还能将复杂专业问题分流给合适的律师，让他们充分发挥专业特长，从而实现资源配置最优化。

（四）随之而来的，是更高的要求

然而，法律行业的特性对大模型提出了更高要求。尽管大模型让新一代AI应用更智能，但要用于法律这样的严肃行业，还需要解决一系列难题，尤其是对模型准确性的保障。2023年，美国还上演了律师使用ChatGPT错误援引虚假案例打官司的闹剧。

此外，法律思维本身特有的逻辑性、严谨性，要求大模型具备更为强大的逻辑推理能力和论证能力。法律文本及各种法律文书在应用时有规范性和严肃性的要求，因此对大模型生成内容的专业合规、安全可信提出了更高的要求。

二、从通用大模型到法律大模型

（一）什么是法律大模型

法律行业对大模型的高要求催生了垂直于行业、区别于一般通用大模型的法律大模型。

法律大模型是一种专门面向法律行业服务的生成式人工智能，通常基于ChatGPT、DeepSeek等通用大模型构建。通过对这些通用大模型进行法律知识的二次预训练和微调，可以显著提升其在法律领域的专业度和准确性。

这一过程类似于向模型"灌输"裁判文书、法律法规等专业知识，同时让模型学会如何将法律知识与现实常识相结合，从而更贴合实际需求。通常法律大模型的构建包含研究与论证、精调训练、知识增强、用户和场景验证四个阶段：

（1）研究与论证：评估通用大模型的优劣势，选择合适的基座模型及适用场景。

（2）精调训练：通过指令学习、法律概念强化、专家反馈等方式提升模型性能。

（3）知识增强：集成法律知识检索、法律图谱、知识向量化、应用插件等能力。

（4）用户和场景验证：落实到法律场景的用户验证，使其真正满足用户需求。

相较通用大模型，法律大模型在语言理解、内容生成等4大模块、12项关键任务上表现更优，见图2-2-1[①]。

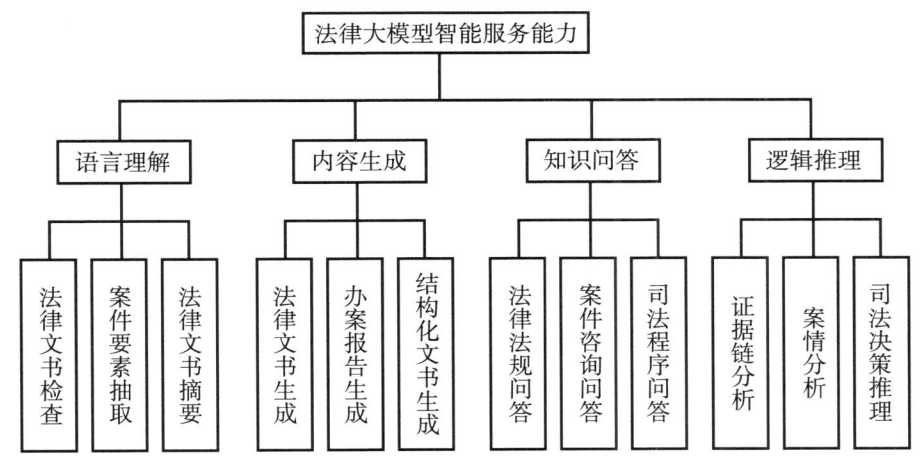

```
                        法律大模型智能服务能力
           ┌──────────┬──────────┬──────────┐
         语言理解      内容生成     知识问答     逻辑推理
      ┌────┼────┐  ┌────┼────┐ ┌────┼────┐ ┌────┼────┐
    法律  案件  法律  法律  办案  结构 法律  案件  司法 证据  案情  司法
    文书  要素  文书  文书  报告  化文 法规  咨询  程序 链    分析  决策
    检查  抽取  摘要  生成  生成  书生 问答  问答  问答 分析        推理
                                  成
```

图 2-2-1　法律大模型智能服务能力框架

资料来源：中国人工智能学会，智合研究院整理。

（二）为何需要法律大模型

ChatGPT刚发布之际，曾有人认为，"未来只需一个大模型就足够满足人类绝大多数需求"。但随着技术演进和人们对大模型认知的逐步深化，当前行业内的普遍共识是，未来，满足人类多样化需求的，除了通用大模型，

[①] 徐剑锋：《特约文章｜法律大模型评估指标和测评方法》，载微信公众号"中国人工智能学会"2024年3月21日，https://mp.weixin.qq.com/s/eN4rxPLFEL071NdJB_AEOw。

还应有众多专业模型。

首先，通用大模型在法律场景任务的专业性方面有所欠缺，需借助大量法律数据进行有监督调优，使其在法律行业能够"触类旁通、智慧涌现"。

其次，通用大模型的训练和部署成本太高，大多数中小律所无法承担。相较于通用大模型，法律大模型训练和部署成本更低、升级和迭代更加灵活。

因此，通用大模型更适用于低知识密度的日常需求，而法律、医疗、金融等高专业领域则需要专门的行业模型来解决高知识密度的问题。在媒体采访中清华大学计算机科学与技术系副教授刘知远曾表示："服务法律业务的大模型不仅需要理解社会常识、了解行业惯例、精通法律知识，更要具备人类的价值观。"

（三）法律大模型的评估方法

据不完全统计，包括北京大学、山东大学、科大讯飞、华宇软件、智合在内的多家高校、企业都已发布面向法律行业的大模型产品。尽管各自侧重点有所不同，但都是尽可能聚焦大模型在文本生成、知识学习等方面的能力，助力法律咨询、文书写作等方面的工作。

鉴于"百模大战"的"盛况"，行业迫切需要一套全面、系统且实用的评估指标与测评方法，以此指引和推动法律大模型的研发、测评工作。

在此背景下，2024年7月，浙江大学数字法治实验室、上海交通大学等联合发布了行业首个《法律大模型评估指标和测评方法（征求意见稿）》。该文件提出，可从功能、性能、安全性和质量四个维度对法律大模型进行评估，见图2-2-2[1]。

---

[1] 浙江大学数字法治实验室：《实验室动态 | 中国法律人工智能垂类大模型及应用测评体系（征求意见稿）重磅发布》，载微信公众号"浙江大学数字法治研究室"2024年7月29日，https://mp.weixin.qq.com/s/dDoTwTsk6a3pa7n82aFVOg。

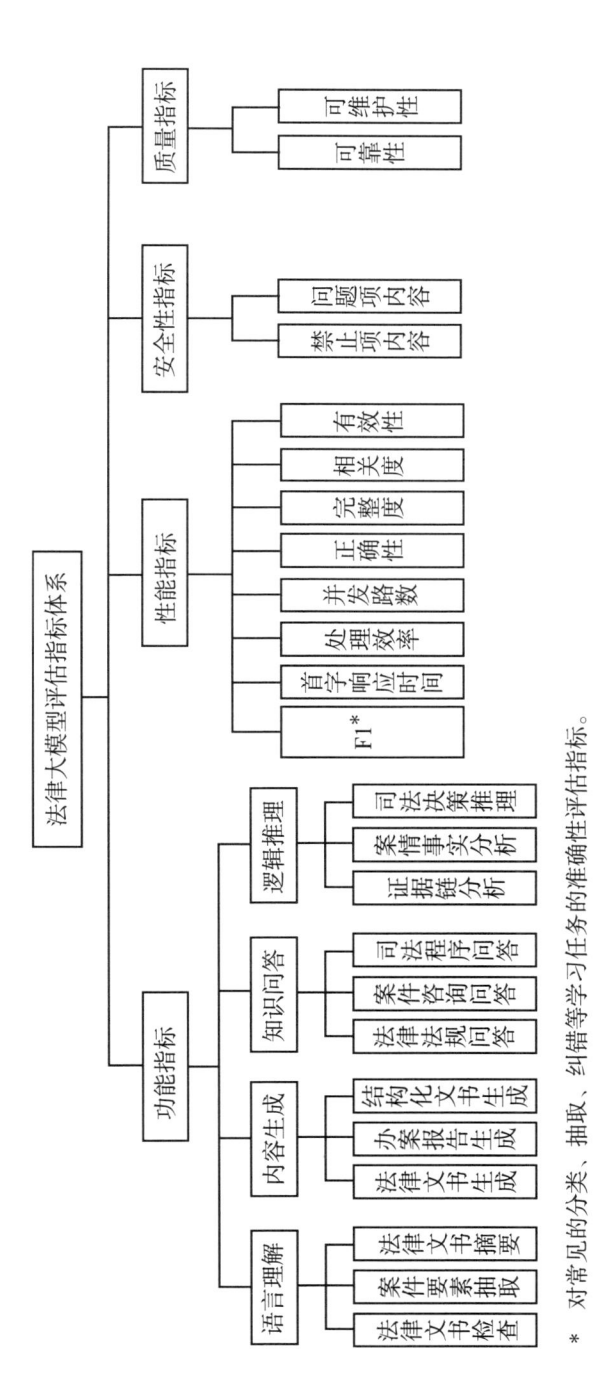

图2-2-2 法律大模型评估指标体系框架

* 对常见的分类、抽取、纠错等学习任务的准确性评估指标。

资料来源：中国人工智能学会、智合研究院整理。

三、不同法律职业，将被大模型如何影响

（一）法律职业的"加拉帕戈斯时刻"

"加拉帕戈斯时刻"，指的是加拉帕戈斯群岛由于千万年来与世隔绝，产生了与大陆极为不同的稳定生态系统，可一旦面对来自外来物种的入侵，就面临被淘汰的危险。

在 AI 技术发展的过程中，"法律职业是否会被 AI 取代"等类似话题一直存在，只不过因为此前的技术远未达到现阶段的水平，所以这类话题并没有引发过多关注[1]。随着法律大模型的迅速崛起，法律职业面临失业的声音可谓不绝于耳，其中当然不乏为吸引眼球的"标题党"，但是其对于法律职业的挑战与冲击还是不容小觑。

请想象一位正在为庭审辩护做准备的律师。过去，他可能需要花费数小时在浩如烟海的电子文档中搜寻同类案例。而如今，借助基于法律大模型的 AI 检索工具，只需输入几个关键词，短短几分钟内，就能得到几十条精准匹配的案例信息，还按照相关性和重要程度进行了排序[2]。

在文书起草环节，法律大模型也带来了巨大的改变。当需要拟订合同或诉状时，律师只需要向系统描述任务场景，法律大模型就能快速生成一份初步的文书框架和内容建议。律师只需在此基础上，根据特定信息、特殊需求进行修改和完善，就能在短时间内完成一份较高质量的法律文书，既节省了时间，又降低了出错的概率。

"AI 提高了效率，意味着初级的律师受到的影响一定是最大的。"广东省

---

[1] 赵精武：《"人工智能+"热点法律问题六人谈 | 赵精武：法律职业会被 DeepSeek 取代吗？——人工智能与未来法律职业的发展方向》，载微信公众号"法律适用"2025 年 3 月 12 日，https://mp.weixin.qq.com/s/aa1-vtpwIMsUdBu2cqx2rA。

[2] 谭仲萱：《AI 将为法律行业带来新的变革和机遇》，载头条号"证券时报"2025 年 3 月 12 日，https://www.toutiao.com/article/7480677786248675876/?upstream_biz=doubao&source=m_redirect。

律师协会副会长黄山面对媒体采访时曾指出①。哈佛商学院的研究表明，AI的能力范围集中在人类中等水平以上，其对高端的领域而言影响相对不大，但会取代服务能力相对较弱的部分。

当然，法律大模型能"替代"的不仅限于律师。比如，共道科技基于"法鼎大模型"开发的"智能法官助理"就可以自动化完成立案审查、电子送达、执行查控、文书生成等日常工作。在江苏省法院，该产品平均每年代替法官执行系统操作150万次，相当于节约了170多名司法辅助人员的工作量②。在非诉纠纷解决领域，在浙江省杭州市余杭区市场监管局的网络交易纠纷调解中，其"数字调解员"产品每天参与近1000个案件的调解工作，对调解员工作的替代率接近30%，准确率达到90%以上。

（二）法律人与大模型的"共生之道"

未来十年，将有大量工作因大模型而发生变化。

当前，对于法律人而言，首要任务是处理好这项技术的积极潜力与潜在破坏力。法律人应当从价值来源开始，思考法律大模型将如何改变工作方式，真正评估出它比人做得更好的地方在哪里，让其帮助我们更好、更快、更便宜、风险更低地完成工作。

当然，也不需要过于担心大模型越来越好用、功能越来越丰富后会替代掉律师本身。以法律大模型为代表的 AI 技术与法律人并非相互替代的关系，而是相互补充。与其忧心"法律职业有没有可能被大模型取代"，不如叩问"法律职业究竟会被大模型技术以何种方式影响"或者"在大模型的影响下，法律行业是否会形成全新的运作方式"。

大模型技术的核心优势在于其处理海量数据与重复性任务的超强能力。

---

① 《专家热议 AI 在法律服务业的应用：可帮助培训涉外法治人才》，载头条号"南方都市报"2024 年 8 月 31 日，https://www.toutiao.com/article/7409129606680281609/?upstream_biz=doubao&source=m_redirect。

② 《借助 AI 大模型助力司法效率提升，共道科技推动法律服务革新》，载新浪财经，https://finance.sina.com.cn/jjxw/2025-03-06/doc-inenswim6828471.shtml。

以面向律师群体的法律大模型为例,尽管这些工具确实能够很快速地生成一份合同,或者根据提供的材料生成起诉状,承担一些重复性、规律性的工作,但律师的核心价值显然并不只是这些层面的工作。

实际上,律师对结果的判断与筛选比以往任何时候都更为重要。虽然 AI 可以完成这些基础工作,但法律专业人士真正的价值在于思想的深度和对复杂问题的思考。技术很大程度上提供了一个便捷的工具,但它并不能替代我们对知识的理解与创造。法律专业人士仍须通过持续学习来保持与时俱进的竞争力。

随着法律大模型技术的发展,未来每一位法律工作者都可以拥有专属的智能体助理,承担机械的重复性劳动以及简单的创造性工作。在不久的将来,法律智能体还会呈现多角色分工与多智能体协同。当事人、律师、法官、法律学者都能够通过专属自身角色的智能体助手,构建出一个更高质量、更高效的群体智能工作协同网络。

不过,需要注意的是,使用工具是为了提高自己的能力,而不是依赖它成为自己的竞争力。无论是 ChatGPT、DeepSeek 等通用大模型还是法律大模型,它就像我们使用的计算器,计算器用得好可以帮你提效,但绝不会成为你真正的竞争优势。

四、法律科技企业,将被大模型如何影响

法律行业再次成为新技术应用落地的首选垂直领域之一。

(一)新进入者快速崛起

随着大模型的兴起,各行各业的大模型应用不断涌现,催生了新一轮法律科技创业热潮。

众多法律科技领域的创新型公司借助 ChatGPT 大模型迅速推出新产品,抢占市场高地。例如,Harvey AI、Robin AI 等新兴法律科技企业凭借大模型技术在律所端、企业端快速崛起,吸引了大量融资并获得市场广泛关注。

作为OpenAI首轮投资的企业，成立于2022年的Harvey AI基于GPT-4底座模型构建其产品，是专门为法律工作者设计的法律大模型。作为律师的"在线助手"，它能够协助律师进行法律研究、合同分析、尽职调查等工作。数据显示，截至2025年1月，Harvey的年度经常性收入（ARR）已接近5000万美元，客户覆盖全球超100家律所，充分印证了市场对法律大模型的迫切需求。

Robin AI则是一家位于英国的法律AI初创公司，其构建的法律大模型可帮助中小企业更高效地处理合同，该模型已通过4.5万份法律文件的专有数据进行训练。Robin AI称，其合同编辑器能使用户起草和修改合同的速度提高60%~80%，节省高达75%的法律费用。

对于传统法律科技企业而言，大模型的兴起意味着业务模式的转变。过去，许多企业依赖于提供基础的法律信息化工具，如电子签名、合同管理系统；如今，企业需要思考如何将大模型技术融入现有产品和服务中。

（二）传统巨头争相跟进

在众多新兴法律科技企业竞相推出基于AI大模型的应用产品的同时，传统老牌法律科技公司也纷纷加快布局。

传统法律科技巨头如律商联讯（LexisNexis）、汤森路透（Thomson Reuters）等，通过自研、对通用大模型微调等方式推出了自己旗下的AI产品，并积极将法律大模型纳入其旗舰产品。同时，它们还通过与Dentons、礼德（Reed Smith）、欧华（DLA Piper）等知名律师事务所展开合作，来保持市场竞争力。例如，2023年5月，律商联讯宣布推出面向法律界的类ChatGPT生成式AI平台——Lexis+AI，这是一个用于法律研究和文件起草的AI产品，集成了GPT-4等多家厂商的大语言模型。

在国内，华宇软件、通达海、北大法宝等老牌法律科技企业也已陆续开始基于大模型推出新的产品和服务。华宇软件于2023年7月发布了华宇万象法律大模型。北大法宝则探索布局"法律+AI"战略与规划，尝试推出了如模拟法庭、智能问答、智能写作、法宝来签等"北大法宝+生成式AI"法宝智能系列产品。2025年2月，通达海（股票代码：301378）在投资者关系平台上提到，公司结合自身已有的行业感知认知技术、法律知识积累和行业理解，正在以国内通用的开源大模型为基座，积极构建海睿法律大模型，并已经开始在部分法院进行现场测试[①]。

（三）大模型的竞争，本质是生态之争

法律服务行业的产业链条较长，足以容纳大量市场参与者，这为各类法律科技企业提供了在细分领域深耕具体应用场景的机会。而大模型的出现正在改变法律科技行业现有的竞争格局。

曾任英特尔公司高级行销主管和副总裁的威廉·H. 达维多（William H. Davidow）提出，进入市场的第一代产品能够自动获得50%的市场份额，也就是说，其他公司的同类新产品最多只能分享其余的50%。达维多定律是现代数字经济大形势下的马太效应，也被称为"赢者通吃"（winner takes all）。

大模型实现良性循环的底层逻辑是：更多优质数据＝更精确的模型＝更好的产品＝更多用户＝更多数据。这一模式使拥有更多数据的公司在市场竞争中占据优势，更有可能主导和引领一个细分领域的发展，技术领先的公司将凭借大模型的优势迅速扩大市场份额。

在行业集中度加剧的同时，协同合作也将成为趋势。大模型的复杂性和高成本使单一企业难以独立完成研发和应用。因此，法律科技企业之间、企业与科研机构之间甚至跨行业的合作将日益增多。

例如，2023年8月，由浙江大学联合阿里云、华院计算联合研制的面向司法领域开源开放的法律大模型——智海—录问正式发布，并在GitHub（一个软件项目托管平台）和阿里云魔搭社区等平台开源。2024年11月，最高人民法院发布了"法信法律基座大模型"，该模型在清华大学科研成果转化

---

① 通达海：《目前公司的法律大模型已经支持DeepSeek R1接入》，载新浪财经，https://finance.sina.com.cn/roll/2025-02-14/doc-inekmcmm1066670.shtml。

的千亿参数通用大模型基座上，投入最高人民法院"法信"等多个法律大数据平台经过高质量专业标注的 3.2 亿篇、共计 3.67 万亿字的法律文献、裁判、案例、观点等数据语料[①]。

未来，各类企业、机构能够依托法律大模型的能力构建法律服务生态，让每一个市场主体都能方便、快捷、低成本地获取专业的法律服务，为构建更加公正、高效、便捷的法治环境贡献力量。

五、小结：法律科技迎来历史性发展机遇

AI 改变不是一夜之间的事，而是一点一点、一片一片、一轮一轮。

自 ChatGPT 问世以来，资本不断涌入这一轮大模型创业的热潮，犹如盛极一时的移动互联网热潮。2025 年年初，DeepSeek 开源后，在各个领域掀起巨大冲击，昭示一个以新的法律大模型技术底座为基础的模式开启。前期业内的传统法律科技领跑者们纷纷关注并涌入法律大模型赛道。

to G 端市场，法律科技领域企业能够为各级政府、各个城市、区县部署"数智普法"类法律大模型，为各级法院、检察院部署"法官助理"类法律大模型。

to L 端市场，法律科技企业开始为一些有需求的律所部署私有化大模型。例如，国浩律师事务所已于 2024 年 12 月正式宣布从律所层面接入智爱法律大模型，盈科、锦天城等多家规模律所也宣布从律所层面整体接入通用大模型 DeepSeek-R1。

对法律服务机构而言，法律大模型是降本增效的利器，也会成为影响用户流量的入口。更重要的是，这项具有普惠性的技术可能将大家拉到同一条起跑线，法律服务机构可以充分利用这个机会，拥抱技术变革，实现突破性发展。

[①] 《提高司法裁决公正性，最高法发布国家级法律 AI 基座模型》，载头条号"南方都市报"2024 年 11 月 15 日，https://www.toutiao.com/article/7437351932425011722/?upstream_biz= doubao&source=m_redirect。

对于法律科技领域的变革者、颠覆者而言，有机会借此契机实现跨越。如何依托本轮变革把握好、利用好过往积累的行业数据成为关键。DeepSeek带来的是底层革新，向上传递到应用层级或使用层还有一段距离或时间。但是，这个时间差足以给志在投身本轮变革的法律科技参与者、潜在供应商、客户以及政府部门等充分的发轫空间。

第三章

区域观察，领先地区法律科技发展模式

一、海外是如何发展法律科技的

随着底层技术生命周期的变化，法律科技的发展也在不同时期展现出不同的特点。美、英等国基于自身禀赋与市场特点，形成了各具特色的发展模式，也为全球法律科技发展路径提供了多样的范本。

（一）美国经验：庞大市场，活跃创投市场引领

美国作为全球法律科技的"策源地"，其领先地位很大程度上得益于活跃的创投市场和庞大的法律服务市场。

早在 1975 年，汤森路透集团旗下美国 West 出版公司便推出了全球法律信息检索在线数据库 Westlaw。其操作方式类似于 Google，可以搜索案例、法规、二手资料、摘要等，受到判例法国家律师的广泛欢迎，在美国法学院、律所中的覆盖率几乎高达 100%。直至今日，这些法律检索工具仍然是许多法律人的必备工具。

除了悠久的发展历史，美国庞大的法律服务市场也为法律科技的发展提供了丰沃土壤。

一方面，美国采用"双轨制"法律体系，即联邦法与州法并存，加上美国是判例法国家，法律专业高度细分，催生了专利律师、公司律师、税法

律师等专业律师群体。根据 2024 年美国律师协会（ABA）全国律师人口调查，美国总人口为 3.27 亿，拥有超过 130 万名律师。此外，美国劳工统计局数据显示，2022 年美国律师的年薪中位数为 16.38 万美元（约合人民币 110.07 万元）[①]。

另一方面，美国律师的活动范围和业务非常广泛。在社会的各个领域，如总统竞选、租赁房屋、买卖住房、订立遗嘱、处理财产、设立公司等活动均需要律师参与。美国也因此拥有全球最大的法律服务市场。相关数据显示，2022 年美国法律行业的产值为 3289.34 亿美元（约合人民币 2.2 万亿元），约占美国总 GDP 的 1.3%。

庞大的需求市场催生了海量的法律科技公司，同时，美国众多风险投资机构对各类法律科技初创企业青睐有加。据智合研究院统计，美国法律科技领域仅 2024 年就发生了 80 起融资事件，占全球总量的 47%。其中，谷歌旗下的风投在 2024 年一年就注资了 8 家相关公司。截至 2024 年年底，硅谷知名创业孵化器 Y Combinator 已累计投资了 31 家法律科技企业。

庞大的市场需求为各类法律科技产品提供了天然的试验场，活跃的创投市场又为这些企业的发展提供了充足的资金支持。这也使美国法律科技企业能够持续加码研发投入，在多个细分领域保持领先身位。

（二）英国经验：政策破冰，成熟市场自发演进

作为世界两大法系之一的普通法（Common Law）的发源地，英国法律构成了许多国家（加拿大、澳大利亚、新西兰等）法律制度的基础。

英国是继美国之后全球第二大法律服务市场。根据英国行业组织 The City UK 与巴克莱银行联合发布的《英国法律服务 2024：法律卓越，国际知名》年度报告，2023 年英国法律服务产生的总收入达到 471 亿英镑（约合

[①] 智合研究院：《都在过冬，美国同行是怎么卷的？》，载微信公众号"智合"2023 年 12 月 22 日，https://mp.weixin.qq.com/s/XprSapXjAXEW8tz7t64XuQ。

人民币 4142 亿元），同比增长 7.7%[①]。

如此规模的产值背后是一支庞大的产业群体。英国采用颇具特色的二元化律师制度，律师分为出庭律师（Barrister，大律师）和事务律师（Solicitor）。据统计，英国共有 36.8 万人从事法律服务工作（2022 年），有 33,040 家律师事务所（2024 年）。

在法律科技的发展过程中，英国通过"政策松绑"释放行业活力，推动律所和法律从业者主动拥抱技术创新。

2007 年颁布的《法律服务法案》（Legal Services Act of 2007）开启了全球法律服务市场有史以来最具影响力的放松监管改革。该法案使替代性法律服务提供商（Alternative Legal Service Providers，ALSP）获得"正名"，使非律所主体可以直接进入法律服务市场，与律所同台竞技。此外，法案还允许非律师人士投资、拥有并管理律所。

这一改革带来了一系列连锁反应：一方面，技术驱动的法律服务创新企业迅速崛起；另一方面，传统律师行业加速向科技化、系统化方向转型。

以安理国际（Allen & Overy）[②] 为例，这家英国"魔圈"（Magic Circle）所之一的顶级律所早早将法律科技列入管理层的"首要议程"。2017 年更创立"Fuse"创新孵化器，为法律科技初创企业提供免费办公空间，并开放律师团队、技术资源和客户网络，协作开发解决方案。

"Fuse"孵化器聚集了一批又一批的法律科技公司，涵盖了云端服务、自动化任务执行、合同生成工具、风险分析系统、电子争议解决平台等诸多领域。而这种开放式创新也结出硕果：孵化器首批入驻企业 Bloomsbury AI 仅一年后就被 Facebook 以 3000 万美元收购。

2022 年 11 月，在 ChatGPT 刚刚崭露头角时，安理国际就已开始试用生成式 AI 工具 Harvey AI。2023 年年初，律所正式将 Harvey AI 纳入其全球业

[①] 智合研究院：《行业创收增长 7.7%，法律服务创造 4000 多亿产值》，载微信公众号"智合"2024 年 12 月 17 日，https://mp.weixin.qq.com/s/EKmTdfCkYI905Wgpwox60g。

[②] 现安理 & 谢尔曼（A&O Shearman）。

务，向其全球 43 个办公室、3500 多名律师推广使用，成为全球首家企业级部署生成式 AI 的律所。

不仅是安理国际，英国其他顶级律所也在法律科技领域持续发力。司力达（Slaughter and May）早期投资了法律 AI 公司 Luminance，并在 2024 年 4 月的 4000 万美元 B 轮融资中再次跟投。年利达（Linklaters）自 2017 年起与 Eigen Technologies 合作开发 AI 产品。2023 年 2 月，律所还推出了完全由内部软件开发团队构建的生成式 AI 聊天机器人 Laila。

伴随法律科技的繁荣发展，英国法律科技交付小组（UK LawTech Delivery Panel）于 2018 年成立，作为跨部门机构，联合政府、行业和司法机构，推动法律服务创新。2020 年，该小组宣布了 LawTechUK 计划，以帮助加快英国法律行业的数字化转型，并获得政府资金支持。2022 年 8 月，英国政府宣布再拨款 400 万英镑，用于实施 LawTechUK 计划的第二阶段，支持机器学习和数据分析工具等新技术的开发。

数据显示，截至 2023 年年底，英国拥有欧洲 44% 的法律科技初创企业，共 356 家法律科技公司在英国运营。2023 年，英国法律科技行业吸引投资超过 55 亿英镑。据 LawTechUK 估计，到 2026 年，英国法律科技行业的总就业人数将达到 1.5 万人，该行业产生的增加值（GVA）将达到 15 亿英镑。

英国法律科技的发展体现了市场自下而上的创新力。律所不仅是技术的使用者，更成为行业变革的推动者。作为全球领先的国际法律服务中心，英国在如何激发法律科技行业活力、巩固全球竞争优势方面的经验为其他市场提供了值得借鉴的范例。

（三）新加坡经验：政府主导，引领法律科技发展

新加坡在法律科技发展方面采用的是政府主导模式。

新加坡通过制定一系列政策和计划，快速推进法律科技落地。新加坡律政部部长 K. 尚穆根（K. Shanmugam）曾在 2019 年 9 月第二届 TechLaw 论坛的致辞中提到：对政府来说，我们这样做的原因是我们认为这是对未来的投资。

新加坡律师协会曾在 2016 年委托进行了一项调研，结果显示在接受调研的新加坡中小律所中，只有 9% 使用了法律科技工具，低采用率的一个主要原因就是成本问题。于是，2017 年 2 月新加坡律政部（the Ministry of Law）、新加坡律师协会（the Law Society of Singapore）以及新加坡贸易和工业发展局（Singapore Productivity and Innovation Board，SPRING）宣布启动"法律科技起步"计划（the "Tech Start for Law" Programme）。

根据该计划，新加坡律所在采用法律科技产品的第一年可获得高达 70% 的资金支持。最终确定的 5 种法律科技产品包括：3 个帮助律所进行如案件和客户记录管理、计时和计费等日程安排的管理系统（CoreMatter、Lexis Affinity、Clio），1 个法律研究工具（INTELLLEX），1 个营销工具（Asia Law Network）。最终，该计划帮助了 115 家新加坡律所共采购了 143 套技术解决方案，其中 99% 是中小律所。

2019 年 5 月，新加坡律政部、新加坡律师协会等宣布启动一项新的 368 万美元计划。该计划分为基础解决方案和先进解决方案两类，资助比重从 70% 增加到 80%。

其中，基础解决方案包含 9 种法律科技产品：3 个律所管理系统（CoreMatter、Clio、Tessaract.io），3 个文档管理系统（Dropbox Business、TessaCloud、NetDocuments），3 个法律研究工具统（INTELLLEX、WestLaw Asia、Lexis Advance）。先进解决方案则包含了基于区块链、人工智能等新兴技术的 7 种法律科技产品，如 Litera Microsystems 文档审查软件、Relativity 电子证据（eDiscovery）平台、由 AI 驱动的写作软件 TessaSays 等。

2020 年 10 月，新加坡律政部制定并发布了《技术与创新路线图》（Technology and Innovation Roadmap，TIR），概括了未来十年推动新加坡法律行业创新、技术采用和发展的计划。具体举措如下：

1. 为律师采用法律科技提供资金支持；
2. 建立安全、可负担的法律科技云平台；
3. 发布《网络安全指南》（Guide to Cybersecurity）；
4. 进行教育改革，确保法学毕业生具备足够的数字技能。

2022年7月，新加坡律政部推出法律科技平台（Legal Technology Platform，LTP），以帮助新加坡律所尤其是中小型律所实现数字化转型。该平台通过整合电子邮件、聊天软件 WhatsApp 等律师日常沟通渠道，并对接律所现有的业务管理系统、文件管理系统及政府数据库，提高律师工作效率。

此外，新加坡还在与英国的《数字经济协议》(the UK Singapore Digital Economy Agreement)中加入了一项专门针对跨境法律科技合作的框架。该框架使在英国和新加坡之间的法律科技领域的企业可以寻求联合研发机会。

新加坡通过政策驱动，推动中小律所快速数字化，实现"弯道超车"。美国凭借资本与技术创新生态领跑全球，英国依托成熟市场，自下而上培育细分优势。随着各类新兴技术的不断涌现，法律科技的竞争将更趋复杂，能否在法律大模型等关键领域实现突破，或将成为未来各国能否胜出的关键。

二、我国是怎样发展法律科技的

我国法律科技发展呈现出显著的后发优势。总体而言，国家对法律科技的支持也经历了司法科技先行、区域示范带动两个不同的阶段。

（一）司法科技先行，法院信息化建设稳步推进

我国的法院信息化建设起步较早。2016年3月，中国社会科学院编制的《中国法院信息化第三方评估报告（国家智库报告）》显示，2015年法院信息化基础设施建设基本完成，实现了全国3500多家法院网上立案、网上办案、网上办公以及数据的实时统计、实时更新和互联互通全覆盖。

自2016年开始，法院信息化建设从2.0版向以大数据与人工智能技术为核心的智能化过渡。截至2022年年底，文书智能生成功能已经在全国大部分地区法院普及，全国支持裁判文书自动生成的法院占法院总数的98.8%，支持裁判文书自动纠错的法院占99.5%。

国内法院信息化建设演变历程见表2-3-1。

表 2-3-1　国内法院信息化建设演变历程

阶段	概述
法院信息化 1.0 版	"法院信息化 1.0 版"肇始于 20 世纪 90 年代中期，以 1996 年 5 月召开的全国法院通信及计算机工作会议为标志，1996 年由此成为我国法院系统信息化建设元年。会上，最高人民法院确定了北京、上海等 8 家高级人民法院作为计算机网络系统建设的试点单位，同时对全国法院信息化建设做了总体部署。其核心任务是实现法院案卷由纸质版向电子版的转换
法院信息化 2.0 版	"法院信息化 2.0 版"开始于 21 世纪初，其核心任务包括制定业务应用支撑等相关标准规范，建设和完善人民法院业务网络、司法审判应用系统、司法审判信息资源库、数据中心以及相应配套环境等。2002~2012 年，法院信息化进入普遍推进阶段。最高人民法院印发了一系列关于人民法院信息网络系统建设的规定、规划、技术规范、基本要求和实施方案等，要求加快"天平工程"建设，高级人民法院主要业务信息化覆盖率应达到 100%，中级人民法院和基层人民法院应分别达到 95% 和 85%
法院信息化 3.0 版	2016 年，最高人民法院出台《关于加快建设智慧法院的意见》，明确指出，"构建网络化、阳光化、智能化的人民法院信息化体系，支持全业务网上办理，全流程审判执行要素依法公开，面向法官、诉讼参与人、社会公众和政务部门提供全方位智能服务"，法院信息化 3.0 版的主体框架已然确立
法院信息化 4.0 版	2021 年，最高人民法院首次提出了建设人民法院信息化 4.0 版，在"十四五"期间，人民法院将综合运用互联网、大数据、云计算、人工智能、区块链、5G 等先进信息技术，构建以知识为中心、以智慧法院大脑为核心、以司法数据中台为驱动的人民法院信息化 4.0 版

资料来源：公开资料，智合研究院整理。

随着法院信息化建设的稳步推进，各地纷纷投身于开发网上立案系统、电子送达系统、语音识别系统、在线诉讼平台、智慧辅助办案系统、网络查控系统等一系列实用工具。这些司法科技产品在切实攻克立案难、送达难、执行难等问题的同时，也催生了一批专门面向法检以及替代性争议解决领域提供技术解决方案的法律科技企业。

这类企业中具有代表性的上市企业有金桥信息、通达海。还有一些上市公司部分业务板块涉及司法科技，如华宇软件旗下的华宇元典、常山北明旗下的北明软件、久其软件旗下的华夏电通。此外，未上市的江苏新视云，以及由阿里巴巴集团与杭州市城投集团共同设立的共道科技等也是该领域"玩家"。

如今，中国法院信息化建设已经处于世界领先地位，司法科技仍是我国法律科技的主要发展方向之一。

（二）区域示范带动，政策加码助力 L 端应用升温

相比之下，国内律所等法律服务机构端（L 端）的法律科技发展起初相对缓慢。

尽管早在 2015 年我国就提出了"互联网＋"行动计划，将各行各业的数字化转型推向了新的高潮。2018 年政府工作报告中明确提出要推进"数字中国"建设，加快数字基础设施建设，全面深化数字化转型，进一步彰显了我国推进数字化转型的决心和力度。

在这一过程中，传统法律服务机构也逐渐开始通过引入各类前沿技术实现服务流程的智能化改造。由于国内法律服务端的付费能力与国外存在差距，面向法律服务机构的 to C 和 to B 法律科技创业一直面临盈利难题。不过，在困境中依然涌现出一批领先企业。例如，面向企业在电子签名和合同管理领域的法大大、法天使、幂律智能，以及面向律所数字化的必智科技、金助理等。

随着法律科技大模型时代的到来，政策层面开始给予 L 端更多关注与支持。2023 年年底，上海市委办公厅、市政府办公厅发布了《关于推动上海法律科技应用和发展的工作方案》，这是国内首次围绕"法律科技"下发的"两办"指导文件。紧接着，我国香港特区政府在 2024 年施政报告中提出推动业界应用法律科技，并在 2025 年第一季度设立"推动法律科技发展咨询小组"并制定相关支持政策。

这一系列举措也充分显示出我国各地区对法律科技的重视程度在不断提高。未来，随着各类支持政策的进一步落地，有望拉动法律服务机构端（L

端)法律科技应用的升温,促进法律科技在我国的全面发展。

三、代表性区域分析:上海

发展法律科技,上海怎么做?

2023年年底,上海市委、市政府发布了《关于推动上海法律科技应用和发展的工作方案》,方案包括促进数据开放共享、深化法律科技应用、加大政策支持力度、加强组织实施保障4个部分共21项工作举措,见表2-3-2。

表2-3-2 方案具体内容

部分	具体内容
促进数据开放共享	(1)加强政法单位公共数据归集;(2)推进政法单位公共数据共享;(3)深化政法单位公共数据开放和开发利用;(4)推动法治领域社会数据流通交易;(5)提高法治领域数据质量
深化法律科技应用	(1)持续推进政法单位科技应用;(2)提升行政执法和行政复议智能化水平;(3)深化律师行业科技应用;(4)提升仲裁、调解工作智能化水平;(5)加快公证、司法鉴定行业数字化转型;(6)加强智能化公共法律服务供给
加大政策支持力度	(1)支持法律科技企业发展;(2)吸引法律科技企业集聚;(3)支持法律服务机构强化法律科技力量支撑;(4)鼓励法律服务机构加大科技投入;(5)推动法律科技产品研发
加强组织实施保障	(1)加强组织领导;(2)加强指导服务;(3)加强交流宣介;(4)加强人才培养;(5)加强安全保障

资料来源:智合研究院整理。

发布至今一年多来,政策落地执行带来了哪些变化?[*]

(一)"领路子"

"两办"文件无疑为上海法律科技的发展定下了整体基调。而一项政策的落地执行,并非先表明发展方向、宣贯整体规划,或是介绍具体细节,而

---

[*] 本部分内容基于对2024年以来公开报道的汇总整理,由于检索方式存在局限性,如有信息遗漏,欢迎读者批评指正。

是要确保所有人都能听懂。

对于上海来讲，第一件事就是先将"法律科技"讲明白、讲透彻。为此，据不完全统计，2024年上海各区司法局、律协带头分享，共举办了十余场以"法律科技"为主题的活动，在行业内掀起了一股学习与探索法律科技的热潮，见表2-3-3）。

表2-3-3 2024年上海举办的"法律科技"相关活动

时间	事件
2024年1月	上海市司法局牵头制定了《关于推动上海法律科技应用和发展的工作方案》，方案于2024年1月由中共上海市委办公厅、上海市人民政府办公厅印发，通过4个方面、21项举措深度推进上海市法律科技的应用和发展
	浦东新区司法局召开法律科技座谈会，调研了解法律科技行业发展现状与现实需求，梳理谋划浦东新区落实文件精神、推动法律科技发展的工作思路
	由上海市司法局指导、上海市律师协会主办的"2024年度最受上海律师欢迎的法律科技产品大赛"启动
2024年3月	"虹桥国际中央法务区——2024首届法律科技产业论坛"在上海智合全球高质量职业发展中心（IGQC）举办
2024年5月	"AI浪潮下的法智探索——静安律师法律科技周"系列活动正式启动
2024年6月	上海律师"法律+科技"系列沙龙暨上海市律师协会法律与科技联谊社启动仪式在虹口举办
2024年7月	普陀区司法局开展为期一个月的"靠未来科技 谱法治新篇"法律科技宣传月活动
	浦东新区司法局与浦东创投集团共同举办"法律+科技，慧领未来"主题活动。作为全区层面首个"法律+科技"的主题活动，该活动集基金宣讲、法律科技企业产品展示、圆桌论坛、主题演讲于一体，搭建产业、资本、市场对接沟通平台
	"从创新到赋能 共建法律科技生态圈"——2024世界人工智能大会法律科技徐汇论坛举办

续表

时间	事件
2024年7月	虹桥国际中央法务区举办2024世界人工智能大会法律科技应用场景发布及产业对接会。该活动是法律科技首次作为独立门类在世界级科技大会上进行集中展示，也是国内法律服务集聚区首次在科技类活动中单独亮相
2024年9月	上海杨浦区司法局、杨浦律工委、杨浦区法律服务工作者协会及杨浦区法学会联合举办了"律见科技　智领未来——坚持法律科技融合　推动杨浦律师行业高质量发展"推进会
2024年10月	虹桥国际中央法务区举办"上海司法鉴定行业法律科技项目成果（机构风采）展暨第四期'论鉴'讲堂活动"
2024年11月	由上海市司法局指导、上海市律师协会主办的"拥抱数智时代——2024年度最受上海律师欢迎的法律科技产品大赛"颁奖大会在徐汇区举办
2024年12月	在虹口区司法局、上海市企业法律顾问协会、上海市律师协会法律科技委员会的指导下，以"法铸基石、智启新程"为主题的首届上海北外滩法律科技博览会在虹口举行
	以"法律科技赋能新质生产力发展"为主题的第十三届"外滩金融法律论坛"在黄浦举行
2025年1月	上海市公证协会举办了"法律科技应用技能大赛"
	普陀区司法局《关于进一步深化法律科技应用和发展的工作方案》政策解读发布
	由上海市司法局指导，上海市律师协会和上海联通共同主办的法律科技产品孵化实验室揭牌仪式暨法律科技行业发展论坛在杨浦区举办

（二）"搭台子"

在让法律科技"看得懂"的同时，上海还通过"搭台架桥"，确保律师等市场需求主体能够"找得到、用得上"各类法律科技产品。同时，整合资源为行业的持续发展提供"载体"。

这一背景下，上海市律师协会举办了法律科技产品大赛，同时，上海法律科技联谊社、法律科技产业联盟、一体化生态联盟、产品孵化实验室等多个相关组织也相继成立。

1. 开展"产品大赛"

（1）2024年1月23日，"2024年度最受上海律师欢迎的法律科技产品大赛"启动仪式在上海市司法局三楼会议中心举行。

（2）2024年5月21日，上海首批免费试用法律科技产品上线，包含了4家企业的5项科技产品。

（3）2024年7月15日，上海第二批29款免费试用法律科技产品登陆"东方律师网"以及"上海律师"App，供上海市律师协会会员免费试用。

（4）2024年11月22日，"拥抱数智——2024年度最受上海律师欢迎的法律科技产品大赛"颁奖大会在徐汇"模速空间"举行。

2024年1月，由上海市司法局指导、上海市律师协会主办的"2024年度最受上海律师欢迎的法律科技产品大赛"正式启动。大赛为上海市律师协会会员提供了34款法律科技产品的免费试用机会，产品涵盖律所/团队管理、大模型、合同审查、检索查询、市场营销、特定场景应用等多个领域。

在长达11个月的赛程中，共有12家企业的法律科技产品荣获"2024年度最受上海律师欢迎的法律科技产品"称号，同时20家律所被评为"首批数字化律师事务所创新先锋"。

2. 成立"联谊社"

（1）2024年4月，上海市律师协会启动创设"法律与科技联谊社"相关工作。

（2）2024年4月30日，上海市律师协会"法律与科技联谊社"社员招募启动。

（3）2024年6月22日，上海市律师协会"法律与科技联谊社"启动仪式举行，公布103位首批社员名单。

2024年6月，上海市律师协会"法律与科技联谊社"创设成立，首批103位成员包括律所专职的信息技术专家、律所数字化工作的分管负责人及法律科技产品应用的律师达人。

"法律与科技联谊社"旨在开展一系列活动，包括科技产品大赛的产品测评、法律科技沙龙、律所数字化解决方案研讨、数字化律所标准研讨，进一步增进律所与律所间的交流、加强法律界与科技界的互动。

3. 打造"产业联盟"

（1）2024年7月5日，法律科技"产学研用"一体化生态联盟在徐汇正式成立，成员包括徐汇区司法局，上海交通大学智慧司法研究院，新型工业化推进办公室，模速空间、上海大模型生态发展有限公司，腾讯天美工作室，上海米哈游网络科技股份有限公司，联通（上海）产业互联网有限公司，徐汇区律工委。

（2）2024年7月19日，普陀区法律科技产业联盟正式成立，首批普陀区法律科技产业联盟成员单位共18家，既有法律服务行业一线的司法鉴定所、律师事务所、公证处以及区律工委，也有技术公司、法律科技公司、相关行业协会，同时包含上海三家知名院校。

（3）2025年1月9日，上海市律师协会与上海联通正式签订共建协议，法律科技产品孵化实验室在杨浦正式成立。该实验室是上海市委办公厅、市政府办公厅发布《关于推动上海法律科技应用和发展的工作方案》后在市司法局指导下成立的上海首个法律科技实验室。

活动中还确立了"创新应用促进成果转化试验基地"和"实验室—产学研机构联盟"，其中，法律科技创新应用方成员包括上海市司法局、徐汇区司法局、杨浦区司法局、上海仲裁委员会等单位，"实验室—产学研机构联盟"发起方包括上海市律师协会、上海联通、复旦大学、上海交通大学、上海数据集团、联通创投、同道信息、兴富创投、科大讯飞等企业。

（三）"出点子"

与此同时，上海各区还依托自身资源，积极探索并锻造属于自己的"法律科技"优势长板，见表2-3-4。

表 2-3-4　上海各区发展法律科技方案

区域	事件
黄浦区	2024年12月13日，黄浦区司法局与蚂蚁集团旗下数字蚂力共同打造的"掌上公共法律服务互动平台"正式亮相。该平台将在支付宝平台正式上线，平台涵盖基层法治宝典、公司法问答、公平竞争审查、智能调解四大场景功能，将为法律从业者、社会大众提供法律问答、风险审核、文书撰写等在内的全方位服务
徐汇区	2024年7月9日，徐汇区司法局与腾讯达成合作，依托注册用户上亿的"元梦之星"项目中的地图编辑功能，首发"法治观察四季"地图，徐汇区司法局是全国首个与互联网"大厂"合作的区县级司法局
	徐汇新公共法律服务中心上线"友法速dá"智慧法律服务系统，持续提升现场取号、文件生成、法律资源查询、调解员选择等服务便利度，整合法律咨询、人民调解、法律援助、公证服务、法治宣传等公共法律服务
	徐汇区虹梅司法所联手云知声、魔珐科技等企业，打造"AI数字人"，定位三所联动调解辅助员，帮助工作人员向参与调解的人员进行法律释义及以案说法
	2025年1月，徐汇律工委与上海涵璞信息科技有限公司签署合作协议，由徐汇律工委统一采购由涵璞科技和君合律师事务所共同开发的AI智能脱敏系统（知识产权归君合律师事务所所有），以及涵璞科技自研的PaperX律师AI工具集，供在徐汇注册的律师事务所全体律师（含律师助理、行政人员）免费使用。这是上海市首个由律师事务所开发供全区律师使用的法律科技产品
长宁区	2024年年初，"法律科技应用和发展十项行动"被纳入依法治区的年度重点项目
	2024年9月，全市首个司法行政"智办"服务专区在"一网通办"平台长宁网页上线
	长宁区司法局打造全市首个多语种多模态法律垂类大模型应用场景——"宁宁AI法"公共法律服务数字人，该项目首次尝试以政府引导推动，创新构建法律科技企业、专业法律服务机构深度参与的开放性合作共建模式进行开发

续表

区域	事件
静安区	2024年5月29日，上海市律师协会静安律师工作委员会分别与上海大学计算机工程与科学学院、上海合合信息科技股份有限公司、上海金桥亦法信息技术有限公司、上海市静安区科技创新创业联盟促进会签署了合作协议
普陀区	2024年7月，普陀区司法局推出全市首个"区级线上解纷平台"，市民只需扫描"靠谱解纷码"即可轻松办理纠纷登记业务。从线下去"一家所"（司法所）办理到线上扫"一张码"（解纷码）解决
	曹杨新村街道、区总工会积极探索"华晓枫"解纷数字人、普法"数字人"等应用
	2024年7月19日，普陀区司法局、区科委签署法律科技应用和发展协同创新合作框架协议，共同打造法律科技新赛道，共同建设产业新集群
	2024年12月6日，普陀区发布"普法数字人宣传矩阵"。"普法数字人宣传矩阵"以10个街镇普法大使为原型，通过人工智能和虚拟现实技术，1∶1模仿真人形象，训练制作普法数字人分身，形成普法数字人矩阵，有效缩短普法视频制作周期，为公众提供普法服务，显著提高普法的覆盖面和便捷性
	2025年1月18日，开展"法小淘数字律所"线下体验活动，"法小淘数字律所"由普陀区法律科技企业无讼与律兜联合研发，实现了公共法律服务在时间和空间上的延伸
虹口区	2024年12月，虹口区律工委与大总管（上海）科技有限公司、上海璟琨懿麒科技有限公司、上海律谷信息科技有限公司分别签署合作协议，由三家公司向虹口全体律师事务所提供智能信息化管理平台。此次签约标志着虹口区律工委成为全市首家通过统一签约的方式为全区律所提供信息化管理平台的区级单位
	未来，虹口区将出台"虹口区支持发展法律科技发展行动计划"，打造法律科技产品首发地，提供法律科技产品展示区域和产品路演区域，支持在北外滩国际法律服务港内举办法律科技活动，吸引更多法律科技企业入驻北外滩

续表

区域	事件
闵行区	2024年5月15日，闵行区司法局与智合旗下专注于法律大模型研发及应用的人工智能公司智爱合作，推出了"晓法数智"人工智能法律咨询产品。已登录"闵晓法"微信公众号服务菜单，向闵行区271.7万常住人口免费开放使用
宝山区	2024年4月17日，上海市宝山泛亚国际商事调解中心暨商事诉源治理工作站在高境创新中心正式揭牌运行，首创"法律+科技+调解+保险"的全新模式
浦东新区	2024年5月26日，浦东新区社区矫正管理局与上海政法学院社区矫正领域专家、乐放（上海）信息技术有限公司专业人员共同推出针对社区矫正工作人员的"社矫法规智能检索工具仕习之"
浦东新区	2024年6月19日，《浦东新区贯彻落实〈关于推动上海法律科技应用和发展的工作方案〉实施方案（2024—2026年）（草案）》公开征求社会公众意见
松江区	2024年7月9日，长三角G60科创走廊公共法律服务中心发布了中心IP"AI法务管家"和"口袋智能律师"两款法律科技应用产品

资料来源：智合研究院整理。

（四）"压担子"

"搭完台子，才会压担子。"

《关于推动上海法律科技应用和发展的工作方案》提出，要支持法律科技企业发展：

（1）统筹城市数字化转型专项资金等政策，对符合条件的法律科技项目给予支持。

（2）鼓励律师以个人身份、适当方式依法投资法律科技企业。

（3）支持私募投资基金投资法律科技初创企业。

在政策扶持中，资金支持无疑是最直接、最有效的一种。而当前国内创投市场整体遇冷，法律科技也是如此。

一方面，国内法律服务和法律科技市场规模相对有限，较低的行业天花板削弱了投资者的投资意愿。另一方面，相较于国外，国内熟悉法律科技的投资人较为稀缺。

随着上海法律科技行业的加速成长，下一步的方向或许是通过"政府风投"，引导社会资本进入这一领域，发挥"四两拨千斤"的效应。作为天然的耐心资本，政府引导基金的投资决策和资金流向具有示范和引导作用，能够向社会传递积极的信号和导向，有助于引导社会资本进入这一领域。

若未来上海出台针对性的资金扶持政策，最有可能获得投资的领域可能在以下方面。

1. 律师端 AI 应用

当前市场中的法律科技 AI 产品已初步形成，围绕法律研究、文件审查、合同分析起草校对、市场营销、案件管理等多个工作场景，这些应用的广泛使用将极大地提升律师行业的整体效能，这也是新质生产力的显著特点，未来有望成为重点押注的赛道之一。

2. 数智普法应用

当前，法律大模型与 AI 数字人的应用已取得了显著成果。如闵行"晓法数智"，长宁人机互动式人工智能设备"小法"，松江"AI 法务管家"、徐汇"品法湾"、浦东"科小法"系列法治服务 AI 项目等"数智普法"产品纷纷落地[1]，数智普法应用与构建普惠均等的法律服务体系的理念高度契合，或成为另一被重点押注的赛道。

四、小结：法律科技正成为各地竞相布局的战略领域

2024 年 1 月 20 日，香港律师会发表《人工智能对法律专业的影响》立场文件。律师会建议采取三个阶段的模式，作为探索未来发展的开放指引。

---

[1] 余东明、黄浩栋：《"唤醒"法律数据答好普法"必答题"，上海创推"数智普法"回应人民群众法治需求》，载微信公众号"法治上海"2024 年 12 月 9 日，https://mp.weixin.qq.com/s/F01gCac4ljrlcaOjTX5ytw。

（一）资讯阶段

1. 主办教育活动和研讨会，提高法律界对人工智能的认识。
2. 调查律师在人工智能应用方面所面临的挑战，以识别主要问题和需求。
3. 在律师会网站上设立专区，作为人工智能相关法律资源的中心。

（二）参与阶段

1. 与律政司、司法机构和法律教育提供者等不同持分者会面，探讨人工智能策略。
2. 与研究机构合作，研究人工智能的法律应用新发展，制定人工智能道德标准，以及探索律师事务所负责任地采用人工智能的最佳方法。
3. 委托开发关于人工智能和科技培训以及商业模式的持续专业进修课程。
4. 倡议政府支持及资助人工智能技能培训计划。
5. 开展研究，确定是否需对法律道德和监管框架进行改革，以让业界充分利用人工智能变革带来的好处，应对法律行业可持续性面临的威胁，包括缩小大型和小型律师事务所之间的人工智能差距。

（三）实施阶段

1. 推出关于人工智能和科技培训的持续专业进修课程。
2. 发布律师事务所负责任地采用人工智能的道德标准和最佳方法。
3. 必要时支持司法机构建立人工智能协定、指引和试点计划。
4. 必要时支持政府制定政策以监管法律系统中人工智能的使用。
5. 为完成人工智能技能升级的律师提供奖励和认可制度。

2024年10月，我国香港特区行政长官李家超发布任内第三份施政报告，即《行政长官2024年施政报告》。报告在"四、因地制宜发展新质生产力……（四）推动数字经济和实体经济融发展"中首次提出推动法律科技发展，并计划成立"推动法律科技发展咨询小组"。

2025年2月10日，香港特区政府律政司新成立的推动法律科技发展咨询小组举行首次会议。咨询小组由特区政府律政司副司长张国钧领导，成员包括法律及争议解决业界、法律学院、法律科技应用专家等。咨询小组将正式开展和推动我国香港地区法律科技发展工作,协助业界以法律科技提升效率及生产力,以节省成本及加强竞争力。

除上海、我国香港特区外,福建厦门也凭借自身独特的区位优势和发展规划,依托海丝中央法务区,打造了泛法律科技"警安法务产业链"。通过联动 100 余家上下游企业,2023 年厦门警安法务科技产业重点企业年营业收入近 300 亿元[①],法治领域新质生产力加速形成……

不仅如此,在大模型技术革命的狂潮之下,律师行业也将在大模型时代迎来区域分野。吉林、深圳、成都等多地的律师协会纷纷增设法律科技专委会,助力律师行业深化法律科技应用,更好地适应新时代的法律服务需求。这一时期积淀的技术优势越多、方向越正确,未来取得成功并保持领先的可能性越大。

---

① 海丝中央法务区:《科技创新与产业创新深度融合,走出警安法务科技产业发展新路》,载微信公众号"海丝中央法务区"2024 年 10 月 22 日,https://mp.weixin.qq.com/s/ieSmRMSVCEPP_f_oCKSGnQ。

第三篇 市场篇

明道：因势而为，上下求索

第一章

产业概况与市场容量

一、法律科技产业链结构

从产业链条角度来看，法律科技行业归入"软件和信息技术服务业""科技推广和应用服务业"行业子行业。法律科技产业链可以被分解为上游支撑方、中游提供方、下游应用方。

目前我国法律科技行业上游主要可以分为数据支持方、技术支持方、人才支持方；中游为法律科技企业，其中一类为垂直类法律科技企业，这类企业以初创企业为主，主要提供硬件设备、软件系统、SaaS平台和技术服务；另一类为综合性科技企业布局法律科技赛道，主要为下游需求方提供通用性产品/服务应用及定制型产品/服务应用；下游为司法和法律服务市场，根据应用场景可分为司法端需求（to G），律师、律师事务所端需求（to L），企业端需求（to B），以及个人端需求（to C），见图3-1-1。

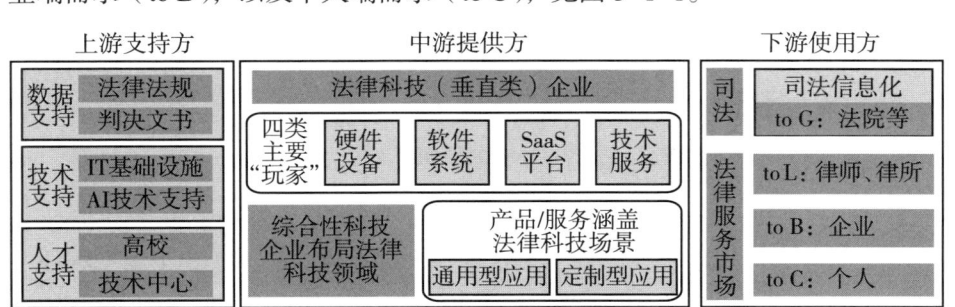

图 3-1-1　中国法律科技产业链

资料来源：智合研究院整理。

二、国内法律科技市场容量

按照目标客户维度，中国法律科技行业市场主要分为四类。

（一）to G 潜在市场容量估算

政府机构对法律科技产品有多方面的需求，主要集中在提高法律体系效率、强化合规管理、保障公共利益和维护法治等方面。首先，政府机构需要推动电子政务和数字化法律服务，以提高政府运作的效率，包括文件处理、电子签名和数字化案件管理等方面。其次，合规与监管科技产品对政府机构也具有重要意义，帮助实时监测和识别潜在风险，简化合规流程，提高监管效能。

数据管理与隐私保护是另一个重要领域，政府机构需要确保安全、高效的数据管理和隐私保护工具，以保障公民数据的安全并遵守相关隐私法规。智能法律分析通过人工智能技术，可以协助政府机构进行大规模的法律文本分析，提供更快速、精准的法律信息和决策支持。

公共安全与司法系统的优化同样是政府机构关注的方向，涉及预测犯罪模式、电子取证工具、案件管理系统等。引入法律科技产品还有助于实现电子诉讼和在线法庭服务，简化司法程序、提高审判效率，并提供更便捷的公民服务。

合同自动化和监管报告方面，政府机构可能需要工具来更好地管理政府合同、实现合同监管，从而降低成本并提高透明度。此外，为了提高公务人员的法律素养，政府机构可能对在线培训和法律教育工具有需求，以确保工作人员了解最新法规和政府政策。

政府机构端的法律科技潜在市场容量可以从法院和检察院角度估算。根据最高人民法院网站数据，2021 年全国共有 3537 家法院。国家统计局在 2024 年 3 月 10 日对咨询内容的回复中提到，截至 2022 年 10 月（不定期统计），全国有 2207 个检察院设立未成年人检查机构。根据以上数据，假设 2024 年全国法院和检察院数量总计 6000 家。目前法院和检察院的数字化基础设施已经基本完成，每年的支出基本用于为设施更新升级以及运营维护，这部分费用可以通过中国政府采购网中披露的各法院法律信息化运维服务项目的中标公告估算，约为100万元／年。综合来看，政府机构端潜在市场容量约为60亿元。

（二）to L 潜在市场容量估算

律所端（to L）的法律科技产品与"法律服务"连接最为紧密，其产品包括律所 SaaS 服务、数据库，及近年国内新出现的 AI 合同审查、AI 法律翻译等。提供 SaaS 服务自 2017 年以来就成为热门，并以"律师工作平台"成为产品热点。主要产品包括律所管理、案件流程管理、客户管理、案例库、法规库等，该领域主要"玩家"有 iCourt、华宇元典、法蝉、金助理、律师 E 通等。法律数据库和法律资讯服务提供商，包括无讼、北大法宝、威科、律商联讯等。to L 也是欧美法律科技产品聚焦的热门领域。

律所端的法律科技潜在市场容量可以从两个角度估算，一是从法律服务企业角度，二是从法律从业人员角度。

法律从业者分为律师、公证员、调解员和公检法人员。根据国家统计局数据，截至 2023 年，全国律师人数为 73.16 万名；截至 2022 年，全国公证员的数量为 14,869 名，结合司法部发布的《全国公共法律服务体系建设规划（2021—2025 年）》，2025 年全国公证员目标数量达到 2 万名，据此可以估算 2022~2025 年的复合增速约为 10.4%，对应 2023 年和 2024 年的公证员数量分别达到 1.64 万名、1.81 万名。根据司法部数据，截至 2023 年，全国人民调解员达 317.6 万名，其中专职人民调解员约 41.2 万名。截至 2020 年，司法鉴定人员数量约 3.8 万名，假设 2023 年增长至 4 万名。根据以上实际数据，估算 2024 年法律从业人员总人数约为 130 万。假设每名法律从业人员使用的法律科技产品每年的价格为 2000 元，则律所端潜在市场容量约为 26 亿元。

法律服务单位可以分为律所、公证处、仲裁机构和司法鉴定机构。根据国家统计局数据，2023 年全国律师事务所数量约为 41,132 家。根据《中国公证发展报告》，截至 2023 年 8 月，全国共有 2948 家公证处。根据司法部统计，

2023年全国共设立282家仲裁机构；截至2020年，全国共有司法鉴定机构3100多家。据此估算，2024年法律服务单位数量约为5万家。理论上，从法律服务单位角度估算所得到的潜在市场容量与从法律从业人员角度估算的潜在市场容量相等，约为26亿元。因此，法律服务单位每年使用的法律科技产品的费用大约为5.2万元，符合行业平均水平。

（三）to B 潜在市场容量估算

B端是商业法律服务的主要需求方，拥有巨大的市场潜力。面向B端的法律科技产品受到越来越多的关注，一部分是围绕企业法务部展开的法务SaaS、电子签章、合同管理；另一部分则是形成商业法律服务替代方案的AI合同审查、AI法律翻译等。B端需求一部分由企业内部自研满足，如与企业内部系统进行整合；另一部分则由市场提供，如无讼推出的无讼开务、电子合同领域的法大大。

由于企业自研法律科技产品的成本较高，绝大部分企业主要通过购买第三方软件来满足需求。另外，随着法律科技产品市场竞争加剧，其价格也会有所下降，企业购买第三方软件也更加划算。

通常只有当企业发展到一定规模后，才会考虑增设专职法务，进而产生购买法律科技产品的需求。随着企业规模扩大，涉及的法律问题逐渐复杂，外聘律师的成本上升，企业对法律服务的需求也变得更加紧迫，因此聘用全职法务变得更加必要。据此，我们可以假设："中小微企业通常没有专职法务，而大型企业通常设有专职法务。"

根据2022年工信部和市场监管总局的数据，我国中小微企业数量已超过5300万户，占全国企业总数的98.4%，据此计算大型企业数量约为84万户，假设2024年达到90万户。结合B端市场产品价格，假设大型企业每年用于法律科技产品的花费约为15万元，则B端潜在市场容量约为1350亿元。总体来说，B端市场有巨大的潜力，但就当前时点来说，替代率还较低，市场潜力尚未得到激发。

（四）to C 潜在市场容量估算

C 端分为两种，一种是公共法律服务端（to G to C），另一种是纯粹的个人消费端（to C）。公共法律服务端是指政府采购下发给市民的普法、法律咨询、无人律所，通常以采购 Deepseek 一体机、普法大模型、数字人等智慧法律咨询产品为主。而纯粹的个人消费端对应的就是市场平台，即通过互联网技术整合法律服务资源，为法律需求者和法律服务提供者（如律师、律所）搭建的在线服务平台。

1. to G、to C 潜在市场容量

智能法律咨询产品为服务 C 端个人用户而设计，可以对简单高频的法律问题高效地给出专业法律意见，如离婚、民间借贷、交通事故，可节省大量专业人力成本。代表产品有律品等。C 端用户问题简单、集中，通过智能咨询可以大大提高效率。但该模式难以向客户收费，特点是钱少事多。个人客户市场分散，客单价普遍较低，成交率低，复购率低，客户付费意愿亦较低。因此，智能咨询服务提供商从直接面向 C 端客户转向 G 端公共法律服务部门和 L 端律所，通过为后者提供软件支持和智能法律服务终端而收费。

中国法律服务网、福建省司法厅、"12348"、云南法网等均采购了律品的智能咨询产品，并向社会公众免费开放使用。少量律所也采用此种模式，节约人力成本的同时引流客户。该市场主要受"12348"建设推动。

2019 年 7 月，中共中央办公厅、国务院办公厅印发《关于加快推进公共法律服务体系建设的意见》，要求加强科技保障，推动公共法律服务与科技创新手段深度融合，着力打造"智慧法律服务"，其中就包括智能法律服务技术。2019 年 9 月，司法部印发《公共法律服务事项清单》，明确要求司法行政机关向社会公众提供法律咨询服务，解答基本法律问题、导引相关服务、提供专业法律意见。智能法律咨询系统或以线上方式提供，或结合硬件设备以终端机方式提供，既能满足公共法律服务建设所要求的咨询服务，又带有智能属性，受到各地、各级司法行政部门欢迎。潜在市场容量粗略估计：按照政策要求，到 2024 年基本形成现代公共法律服务体系，假定此时市场渗透率为80%，通过收集整理公开中标金额，按照省、地市、区县三级分别统计，以90%置信区间估计，2024年公共法律服务潜在市场容量共计约10.83亿至15.44亿元。

2. to C 潜在市场容量

根据《2025抖音法律行业趋势白皮书》，2023年法律服务市场规模即律所创收约为2820.4亿元。律师的收入分为企业和个人，其中个人也是法律科技C端的客户。然而，个人客户虽然咨询频次较高，但通常付费意愿不足，且成交率和复购率通常也较低，因此其在律师总收入中的占比也较低，预计在20%左右。综合来看，2024年纯粹个人端的法律科技服务潜在市场容量约为564亿元。

综上，中国法律科技行业市场容量测算见图3-1-2。

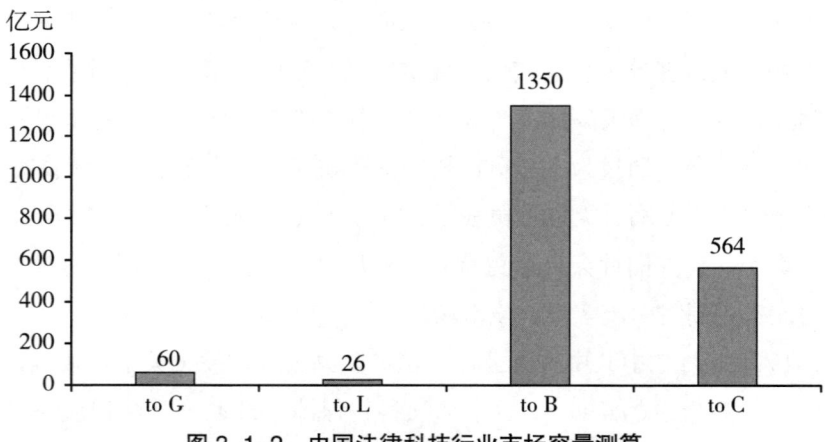

图3-1-2 中国法律科技行业市场容量测算

资料来源：智合研究院整理。

第二章

法律科技的细分领域

从应用领域来看，传统法律科技主要聚焦律所等法律服务机构的案件管理平台或单点技术解决方案，主要实现文件资源管理等企业资源计划（Enterprise Resource Planning，ERP）功能。随着技术的不断演进，当下法律科技几乎覆盖法律服务的各个环节，其中涵盖了 ALSP、合同全生命周期智能管理（CLM）、客户关系管理（Customer Relationship Management，CRM）、案件分析、电子取证、电子证据、法律大模型、法律翻译、法律社区、法律研究、工作流、公证、合规、市场平台、数据安全、文档管理、系统开发、营销、知识产权等众多细分领域。

本节选取法律大模型、法律研究数据库、律所中台、在线争议解决、合同生命周期管理、市场平台 6 个具有代表性的领域进行进一步解读。

一、法律大模型

（一）国外法律大模型现状

近年来，随着生成式 AI 等新兴技术在法律领域的广泛应用，法律大模型在法律研究、文件起草、合同审查、案件分析等方面展现出巨大潜力。这使法律科技在全球范围内的发展呈现出加速推进的态势，吸引了越来越多的参与者投身其中。例如，由 OpenAI 投资的美国法律 AI 公司 Harvey AI 通过微调通用大模型构建专业法律大模型。

与此同时，法律大模型已成为法律科技相关领域公司产品能力持续迭代的新焦点。例如，具有法律领域业务的传统信息服务商 LexisNexis 率先推出生成式 AI 产品 Lexis+AI。据不完全统计，国外在法律大模型构建中多采用通用大模型微调模式，也有包括 INACIA 和 CBRRAG 等厂商采取专家知识库增强模式[①]，见表 3-2-1。

表 3-2-1　国外部分法律大模型发布情况

序号	模型名称	底座模型	构建模式	概述
1	Lexis+AI	GPT-4	通用大模型微调	2023 年，LexisNexis 发布了 Lexis+AITM 平台，是全球首个面向法律界的类 ChatGPT 生成式 AI 平台，可以通过自然语言提问完成法律内容总结、法律内容搜索、生成合同等任务
2	Harvey AI	GPT-4	通用大模型微调	Harvey 是在 GPT-4 大模型基础上构建的法律大模型，其能够通过人工智能协助合同分析、尽职调查、诉讼和监管合规等，并能基于输入的数据为客户提供观点、建议和预测
3	SaulLM7B	Mistral-7B	通用大模型微调	SaulLM7B 是以 Mistral-7B 为底座模型，在法律领域通过法律语料库和指令微调构建的一个法律大模型，拥有 70 亿个参数，能够实现法律文本的理解和生成
4	LEGALXLMS	XLM-R	通用大模型微调	LEGALXLMS 是利用跨语言预训练模型 XLM-R，从 17 个司法管辖区收集 25 种语言来构建多语言法律文本语料库——MultiLegalPile，并对通用大模型进行了微调训练，在巴西法院判决、德国论证挖掘、希腊法律法规和瑞士判决预测等法律任务中表现良好

---

① 李鑫：《法律大模型构建的模式选择和实践路径》，载《吉首大学学报（社会科学版）》2025 年第 1 期。

续表

序号	模型名称	底座模型	构建模式	概述
5	Aalap	Mistral-7B	通用大模型微调	Aalap 是印度的一个法律大模型，是在 Mistral-7B 通用大模型基础上进行微调的法律大模型，其利用法院判决、解释答案、警察调查报告、判决法规等数据集进行微调训练，可以为律师、法官或其他法律工作者提供法律推理辅助
6	LLaMandement	LLaMA-70B	通用大模型微调	LLaMandement 是法国政府针对立法而微调的一个法律大模型，以 LLaMA-70B 为通用大模型，利用 SIGNALE 数字平台对立法文本、会议备忘录、修正案等立法数据进行微调，可以生成中立的立法提案摘要来提高立法会议效率
7	INACIA	GPT-4	专家知识库增强	INACIA 是巴西联邦审计法院（TCU）集成的一个法律大模型，该模型提取案件基本信息以及控方指控和原告请求，然后利用 GPT-4 通用大模型从 TCU 案例数据库中检索 2019~2022 年所有的案件及其文件，进行推理后生成相关建议，未对通用大模型进行微调和额外训练
8	CBRRAG	Mistral-7B	专家知识库增强	CBRRAG 是澳大利亚构建的一款法律大模型，利用 Mistral-7B 通用大模型构建法律语料数据库，通过检索增强生成（RAG）方式调取法律语料数据库知识作为先验知识的上下文来增强法律大型语言模型输出，从而实现在法律问答场景中的案例推理

资料来源：李鑫：《法律大模型构建的模式选择和实践路径》，智合研究院整理。

（二）国内法律大模型现状

国内方面，为了规范算法模型在产品中的应用，国家互联网信息办公室、工业和信息化部、公安部联合发布了《互联网信息服务深度合成管理规定》，自 2023 年 1 月 10 日起施行，要求相关单位开展深度合成技术备案工作，备案信息也会分批次向社会公布。

截至 2025 年 3 月，已备案的 AI 算法，全称深度合成（生成合成）服务算法已达 3234 个，其中主要面向法律领域（或涉及法律内容生成）的算法模型已突破 40 个，见表 3-2-2。

表 3-2-2　互联网信息服务算法备案中法律算法情况

类型	批次	备案时间	算法数量 / 个	其中：法律领域算法 / 个
深度合成服务算法备案	第一批	2023 年 6 月	41	—
	第二批	2023 年 8 月	110	1
	第三批	2024 年 1 月	129	—
	第四批	2024 年 2 月	266	1
	第五批	2024 年 4 月	394	4
	第六批	2024 年 6 月	492	4
	第七批	2024 年 8 月	487	9
	第八批	2024 年 10 月	509	11
	第九批	2024 年 12 月	411	7
	第十批	2025 年 3 月	395	7
	总计		3234	44

资料来源：国家互联网信息办公室备案信息公告，智合研究院整理。

除"生成合成"类算法，个性化推送类、排序精选类等算法技术也需备案。截至 2025 年 3 月，境内互联网信息服务算法（应用算法推荐模型）备案数量共 565 个，见表 3-2-3。

表 3-2-3　互联网信息服务算法备案中法律算法情况

备案时间	算法模型 / 个	其中：法律领域算法
2022 年 8 月	30	—
2022 年 10 月	70	—
2023 年 1 月	123	—
2023 年 4 月	39	—
2023 年 12 月	41	—
2024 年 4 月	69	—
2024 年 6 月	32	—
2024 年 8 月	44	—
2024 年 10 月	32	—
2024 年 12 月	40	—
2025 年 3 月	45	—
总计	565	—

资料来源：国家互联网信息办公室备案信息公告，智合研究院整理。

应用算法推荐模型包括个性化推送类、信息检索类、排序精选类、调度决策类多个类别，主要产品及功能暂不涉及法律领域。例如，QQ 浏览器热搜榜排序精选算法，主要用途为根据平台用户的热词搜索量、事件阅读量、事件互动量、指数变化量等行为数据，实时发现平台热点内容，进行榜单词的上榜和排序。

那么，面向法律领域的 AI 算法（深度合成算法）就是"法律大模型"吗？二者有何关系？

简单来说，算法是"方法论"，模型是"成品"，即"算法 + 数据 + 训练 = 模型"。模型是基于算法，通过训练，得到以确定的参数为结果的产品。且模型参数并非一成不变，后续还可通过优化（Optimization，基于既有模型，通过提升得到新模型的过程）进行进一步的调整。

从备案主体的区域分布来看，截至 2025 年 3 月，44 个面向法律领域（或涉及法律类内容生成)的 AI 算法来自 42 个主体(41 家企业、1 家律所)。其中,北京、上海、广东三地占比高达 60%,见图 3-2-1。

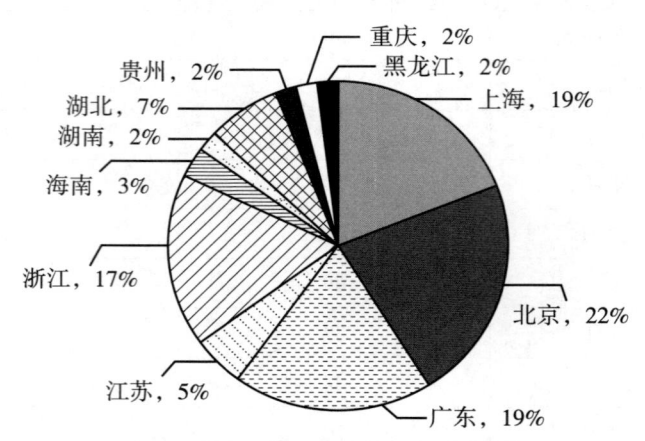

图 3-2-1 完成算法备案的法律大模型区域分布(按省区市)

资料来源:国家互联网信息办公室备案信息公告,智合研究院整理。

具体到城市层面,广东的深圳和广州均有 4 家;杭州凭借 7 家完成 AI 算法备案的主体数量,紧跟上海和北京之后。此外,武汉、重庆、贵阳等城市也分别有 1~3 家企业完成法律大模型算法备案,见图 3-2-2。

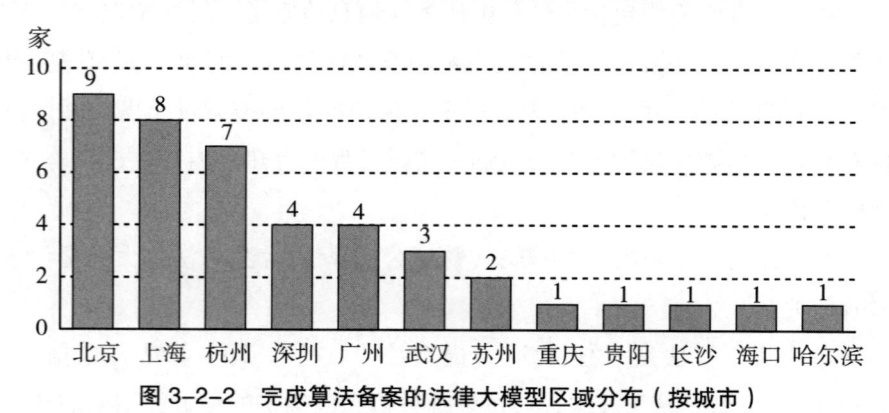

图 3-2-2 完成算法备案的法律大模型区域分布(按城市)

资料来源:国家互联网信息办公室备案信息公告,智合研究院整理。

具体来看,国内已有包括智爱、Metalaw、得理法搜、元典问达等 44 个获得国家主管部门备案审查的法律 AI 算法,见表 3-2-4。

表 3-2-4 国内完成备案的法律 AI 算法

序号	城市	品牌简称	角色	主体名称	批次	备案编号（网信算备）
1	上海	智 AI	服务提供者	上海之爱智能科技有限公司	第十批	310115482119301240011 号
2	上海	百事通	服务提供者	上海百事通信息技术股份有限公司	第七批	310104629365401240021 号
3	上海	百事通	服务提供者	上海百事通信息技术股份有限公司	第五批	310104629365401240013 号
4	上海	从法	服务提供者	从法信息科技有限公司	第八批	310115211261012400017 号
5	上海	富问	服务提供者	上海富问信息科技有限公司	第六批	310114637469901240011 号
6	上海	秘塔	服务提供者	上海秘塔网络科技有限公司	第二批	310115866995701230019 号
7	上海	芳邻网络	服务提供者	上海芳邻网络技术有限公司	第七批	310151791976001240017 号
8	上海	胜禾科技	服务技术支持者	上海胜禾科技发展有限公司	第八批	310120760202901240013 号
9	上海	金仕达	服务技术支持者	上海金仕达软件科技股份有限公司	第八批	310115045555401240011 号
10	北京	华宇元典	服务提供者	北京华宇元典信息服务有限公司	第六批	110108741746601240015 号
11	北京	法研	服务提供者	中国司法大数据研究院有限公司	第七批	110107180466101240011 号
12	北京	幂律智能	服务提供者	北京幂律智能科技有限责任公司	第七批	110105458011301240013 号
13	北京	麦伽智能	服务提供者	北京麦伽智能科技有限公司	第七批	110108776193101240013 号
14	北京	北大法宝	服务提供者	北京北大英华科技有限公司	第八批	110108611864401240015 号
15	北京	Alpha	服务提供者	北京新橙科技有限公司	第八批	110105178742401240015 号
16	北京	LegalBrain	服务提供者	北京律光智能科技有限公司	第九批	110108724359001240019 号

续表

序号	城市	品牌简称	角色	主体名称	批次	备案编号（网信算备）
17	北京	智函	服务提供者	北京智函科技有限公司	第十批	110112147659201240017号
18	北京	法观	服务提供者	数智枫桥（北京）信息技术研究有限公司	第十批	110105699898012400019号
19	深圳	得理	服务提供者	深圳得理科技有限公司	第五批	440305335838301240017号
20	深圳	法大大	服务提供者	深圳法大大网络科技有限公司	第八批	440304569365001240019号
21	深圳	合规小兵	服务提供者	合规小兵（深圳）科技有限公司	第八批	440307841395601240017号
22	深圳	微众数智	服务提供者	广东微众律师事务所	第十批	440303607852801240019号
23	广州	熊猫AI	服务提供者	广州睿律智能科技有限公司	第七批	440106272943012400017号
24	广州	艾律熊猫AI	服务提供者	广州艾律数智智能科技有限公司	第八批	440105774213501240025号
25	广州	艾律熊猫AI	服务技术支持者	广州艾律数智智能科技有限公司	第八批	440105774213501240017号
26	广州	有劳AI	服务提供者	广州叮咚科技集团有限公司	第八批	440105161047801240019号
27	广州	规律未来	服务技术支持者	规律未来（广州）智能技术有限公司	第十批	440105758312001250015号
28	杭州	上上签	服务提供者	杭州尚尚签网络科技有限公司	第四批	330106973915012300011号
29	杭州	浮云网络	服务提供者	杭州浮云网络科技有限公司	第五批	330105067359501240017号
30	杭州	法保网	服务技术支持者	浙江法之道信息技术有限公司	第七批	330108814876301240019号

续表

序号	城市	品牌简称	角色	主体名称	批次	备案编号（网信算备）
31	杭州	法域通	服务提供者	浙江橙遇科技有限公司	第九批	330106309358201240017号
32	杭州	e签宝	服务提供者	杭州天谷信息科技有限公司	第九批	330108957474201240029号
33	杭州	识度	服务提供者	杭州识度科技有限公司	第九批	330110842540901240015号
34	杭州	数智元宇	服务提供者	杭州数智元宇科技有限公司	第九批	330110293667501240017号
35	武汉	阿莱门	服务技术支持者	北武阿莱门智能科技（武汉）有限公司	第七批	420110381138012400011号
36	武汉	中科凡语	服务提供者	中科凡语（武汉）科技有限公司	第九批	420111161670301240023号
37	武汉	隆木	服务技术支持者	武汉隆木科技有限公司	第九批	420104631995001240019号
38	苏州	智小律	服务提供者	苏州百思特企业管理有限公司	第六批	320506311130701240013号
39	苏州	天聚地合	服务技术支持者	天聚地合（苏州）科技股份有限公司	第六批	320506857677801240013号
40	重庆	大牛认知	服务提供者	重庆大牛认知科技有限公司	第十批	500112653681301250015号
41	贵阳	律皓	服务提供者	贵州律皓科技有限公司	第五批	520111724105501240011号
42	长沙	法能手	服务提供者	湖南群林科技有限公司	第七批	430104223092501240015号
43	海口	欧鹏	服务提供者	海南欧鹏智能科技有限公司	第八批	460234496418012400011号
44	哈尔滨	芒格	服务技术支持者	黑龙江芒格科技有限公司	第十批	230110353363012400015号

资料来源：《境内深度合成服务算法备案清单》，智合研究院整理。

在 AI 算法备案信息公告中，明确区分了服务提供者与服务技术支持者。

以上海之爱智能科技有限公司研发的智爱大模型为例，智爱大模型本身并非具体产品，属于服务技术支持者，为其他产品提供技术支持；而基于智爱大模型开发的包含法律研究、合同审查、法律翻译、文件助理四大核心功能的智 AI，则是服务提供者。

在完成备案的 44 个法律领域算法中，服务提供者占比 80%。同时，这 35 家也在备案信息公告中进一步披露了具体产品名称。与 Deepseek、ChatGPT、豆包等工具相比，它们直击法律人的痛点，解决了通用大模型泛而不精的问题，见表 3-2-5。

表 3-2-5　国内完成备案的法律 AI 算法应用产品

序号	城市	品牌简称	应用产品	形式
1	上海	智 AI	智爱	网站、小程序
2	上海	百事通	百事通法律智能问答助手	小程序
3	上海	百事通	百事通 AI 法律助理（3D 形象）	网站
4	上海	从法	法律法规增强查询等	网站
5	上海	富问	富问 AI 法律家	网站
6	上海	秘塔	秘塔 AI 搜索、MetaLaw 等	App、小程序、网站
7	上海	芳邻网络	AI 法律助理一氏	小程序
8	北京	华宇元典	元典问达	网站
9	北京	法研	法研大脑开放平台等	网站、小程序
10	北京	幂律智能	ChatMe 智能法律助手	网站
11	北京	麦伽智能	麦伽 LegalAID	网站
12	北京	北大法宝	法宝来言	网站
13	北京	Alpha	iCourt	网站
14	北京	LegalBrain	LegalBrain	网站
15	北京	智函	PaperX	网站
16	北京	法观	法观	网站

续表

序号	城市	品牌简称	应用产品	形式
17	深圳	得理	得理法搜	App、小程序、网站
18	深圳	法大大	法大大签管一体化平台	网站
19	深圳	合规小兵	合规小兵	小程序
20	深圳	微众数智	数智律师	小程序
21	广州	熊猫AI	熊猫AI法律数智平台等	网站、小程序
22	广州	艾律熊猫AI	熊猫AI智法助理等	网站、小程序
23	广州	有劳AI	小微托管有劳AI	小程序
24	杭州	上上签	上上签电子签约云平台智能签约助手	网站
25	杭州	浮云网络	AI法律数字人	网站
26	杭州	法域通	法智助手、法域通	App、小程序、网站
27	杭州	e签宝	e签宝签管一体化电子合同云平台	网站
28	杭州	识度	识度智能法律服务	网站
29	杭州	数智元宇	元宇律镜	网站
30	武汉	中科凡语	立法计划与规划建议辅助生成系	网站
31	苏州	智小律	智小律	小程序
32	重庆	大牛认知	大牛认知	网站
33	贵阳	律皓	法管家	App、小程序、网站
34	长沙	法能手	法能手	App、小程序
35	海口	欧鹏	水木智法	网站、小程序

资料来源：《境内深度合成服务算法备案清单》，智合研究院整理。

除此之外，备案公告中还对各家产品主要用途有所披露，但仅呈现出各产品的关键功能模块，未能详尽覆盖所有细节。

不过，仅从已披露的内容中仍可窥见这些法律大模型已广泛覆盖文本生成、知识问答、文件起草、合同审查、案件分析等多元应用场景。例如：

法律研究：

"根据用户输入的法律问题，生成法律专业领域相关的回复和指导。"

"根据用户输入的问题和上传的文本内容，生成法律相关内容，提供法律问答、法律文本生成、法律文本分析等服务。"

知识问答：

"根据用户输入的法律问题文本，生成法律咨询相关的文本内容。"

"根据用户输入的法律问题，生成法律建议和解答等回复文本。"

合同审查：

"根据用户上传的合同文档和输入的提问文本，输出对应的合同文本回复。"

"根据用户输入的合同信息，生成符合用户需求的合同关键信息、潜在风险点等文本内容。"

法律翻译：

"根据用户输入的文本要求，实现篇章生成、风格转换、文本纠错、机器翻译等功能。"

除 AI 算法备案外，依据《生成式人工智能服务管理暂行办法》，法律大模型还可进行生成式人工智能服务备案，见表 3-2-6。

表 3-2-6　生成式人工智能服务备案中法律大模型情况

批次（备案时间）	模型数量/个	其中：法律领域模型/个
第一批（2023年8月~2024年3月）	117	1
第二批（2024年4月~2024年7月）	71	—
第三批（2024年8月~2024年10月）	64	3
第四批（2024年11月~2024年12月）	50	—
第五批（2025年1月~2025年3月）	44	—
总计	346	4

资料来源：国家互联网信息办公室备案信息公告，智合研究院整理。

截至 2025 年 3 月，该备案信息已累计发布五批，共有 346 个大模型完成备案，其中法律大模型有 4 个，分别是北京大学法律人工智能实验室研发的"元法大模型"、贵州律皓科技有限公司与贵州大学公共大数据国家重点实验室等联合研发的"法管家"大模型、人民法院出版社研发的"法信法律基座大模型"以及秘塔科技的"MetaLLM"。

其中，"法管家"聚焦在线法律服务，具备 AI 问答、文书生成、合同审查等功能，据贵州大学统计，截至 2025 年 3 月，"法管家"微信小程序注册用户约 10 万人，每日活度达千次[①]；"元法大模型"率先在山东、湖北、北京等地开展工作赋能应用，不仅应用于公共法律服务，还能够广泛应用于立法、执法、司法、企业法务等法律实务场景；"法信法律基座大模型"重点推进开放模型接口、深化场景应用和构建生态体系。应用落地涉及辅助各类法律文书起草，辅助行政复议，辅助道路交通事故处理、劳动争议矛盾调解、综治中心矛盾调解等多个场景[②]，见表 3-2-7。

表 3-2-7　国内通过生成式人工智能服务备案的法律大模型

备案时间	属地	模型名称	备案单位	概述	备案号
2023 年 11 月 29 日	上海	MetaLLM	上海秘塔网络科技有限公司	秘塔科技自研大模型 MetaLLM，从垂直的法律 AI 办公工具赛道出发，发布翻译、写作、搜索产品，后来在泛知识领域取得好评	Shanghai-MetaLLM-20231106

---

① 《校企联动｜什么？这个"法管家"是 AI？》，载微信公众号"贵州大学"2025 年 3 月 14 日，https://mp.weixin.qq.com/s/NWZRy-xBtMZ6ilAKNq3ZVQ。
② 《法信法律基座大模型在中关村论坛发布》，载微信公众号"人民法院出版社"2025 年 3 月 29 日，https://mp.weixin.qq.com/s/lZGm5QXxUWcq2ZIrB00a_w。

续表

备案时间	属地	模型名称	备案单位	概述	备案号
2024年9月6日	山东	元法大模型	山东元法智能科技有限公司	北大"元法大模型"是基于北京大学法学院和北京大学人工智能研究院的学术资源和条件，在北京大学整体规划下，经山东省有关单位和北京大学武汉人工智能研究院的大力支持，由北京大学法律人工智能实验室研究团队实施研发的智能法律工程技术成果，也是北京大学"人工智能+"交叉学科研究的重要成果体现。经过七百亿级参数预训练，内化中国法律法规规范性文件数万部	Shandong-YuanFaDaMoXing 202407190002
2024年10月21日	北京	法信法律基座大模型	人民法院音像出版社	人民法院音像出版社"法信法律基座大模型"是在清华大学科研成果转化的千亿参数通用大模型基座上，投入最高人民法院"法信"等多个法律大数据平台经过高质量专业标注的3.2亿篇共计3.67万亿字的法律文献、裁判、案例、观点等数据语料，融入人民法院电子音像出版社历时十余年搭建的包含18万法律知识体系编码的"法信大纲"最终形成研发成果	Beijing-FaXinFaLvJiZuo 20240925003

续表

备案时间	属地	模型名称	备案单位	概述	备案号
2024年11月17日	贵州	法管家大模型	律皓科技有限公司	"法管家"法律AI大模型是贵州律皓公司联合贵州大学公共大数据国家重点实验室及文本计算与认知智能教育部工程研究中心共同研发的法律垂直大模型。模型基于盘古大模型,融合财税数据进行深度训练	Guizhou-FaGuanJiaDaMoXing 202409100001

资料来源:公开资料,智合研究院整理。

算法本质上只是一套规则,而模型已是一个结果,即模型本身已有产品的属性。正是由于这种区别,AI算法备案更侧重于技术层面,而模型备案更侧重于产品层面。虽然多数企业需要同时开展算法备案和模型备案,即"双备案";但是,在实践中,当前模型备案主要依据地方监管部门通知开展。

此外,相关研究机构和企业还发布了大量暂未进行备案的法律大模型。

企业方面,国内法院信息化上市公司通达海于2025年3月联合华为发布海睿法律大模型一体机[①],海睿法律大模型集成华为昇腾算力平台及DeepSeek、Qwen等国产开源大模型,通过本地私有化部署为公安、检察、仲裁等行业客户提供安全高效的解决方案;国内电子合同领域企业法大大推出了"法务AI大模型",采用MoE混合模型架构,合同条款审查准确率达到85%~95%,能适配企业的审查清单[②]。

高校与研究机构方面,据不完全统计,国内包括北京大学、清华大学、复旦大学在内的多所高校团队推出了面向法律领域的大模型应用并开源,见

---

① 通达海:《通达海与华为联合发布海睿法律大模型一体机》,载微信公众号"通达海"2025年3月24日,https://mp.weixin.qq.com/s/42UiJ-Ia7KEgWfBc3GCu6w。
② 法大大电子合同:《容错率极低的法务岗,为什么不建议用通用大模型?》,载微信公众号"法大大电子合同"2025年3月27日,https://mp.weixin.qq.com/s/Y2m1q2x3GWEPOmvrJp8iZg。

表 3-2-8。例如，由北大团队发布的 ChatLaw，在通用大模型基础上，使用大量法律领域结构化文本数据进行训练，并由国内资深律师辅助人工标注，可生成导图或图表，进行可视化分析以及专业法律文书写作等。

表 3-2-8　国内由高校开发的法律领域大模型应用

模型名称	开发机构	概述
ChatLaw-v2	北京大学	基于姜子牙-13B、Anima-33B 等大模型底座，专为中文法律场景设计和训练的法律垂直领域大模型，具备法律基础问答能力，融入了法律意图识别、法律关键词提取、CoT 推理增强等模块
Lawyer LLaMA	北京大学	在法律领域进行了专门训练的开源项目，旨在提升 LLaMA 模型在中国法律领域的应用能力
LaWGPT	清华大学	基于中文法律知识的开源大语言模型，在通用中文基座模型的基础上扩充法律领域专有词表、大规模中文法律语料预训练
DISC-LawLLM	复旦大学	旨在为用户提供专业、智能、全面的法律服务的法律领域大模型，具有法律推理和知识检索能力
LawGPT_zh	上海交通大学	通过 ChatGLM-6B LoRA 16-bit 指令微调得到中文法律大模型，提高了模型回答的可靠性和专业程度
LAWGPT	南京大学	基于 LLaMA 模型进行二次预训练，融入了大量中文法律知识，包括 LaWGPT-7B-alpha 和 LaWGPT-7B-beta1.0 多个版本
法衡	东南大学	东南大学法学院数字法学团队依托东南大学大数据计算中心，2024 年 11 月发布法衡 1.0（320 亿参数），2025 年 1 月发布法衡 2.0（720 亿参数），2025 年 2 月发布法衡-R1
智海—录问	浙江大学	由浙江大学、阿里巴巴达摩院以及华院计算三家单位共同设计研发，以 Baichuan7B 为模型底座进行了二次预训练和指令微调训练

续表

模型名称	开发机构	概述
韩非（Hanfei）	中国科学院深圳先进技术研究院	由中国科学院深圳先进技术研究院自然语言处理课题组研发，主要功能包括法律咨询、法律分析等
夫子·明察	山东大学	由山东大学、浪潮云、中国政法大学联合研发，基于海量中文无监督司法语料和有监督司法比重数据，专注于法律文献分析

资料来源：公开资料，智合研究院整理。

自AI浪潮掀起，国内的法律垂直大模型先后涌现，其中也不乏律所的参与。

例如，功承瀛泰律师事务所依托人工智能技术推出了"功承瀛泰AI"要素式起诉状、答辩状生成系统；兰迪律师事务所宣布启动"兰迪247全球全天候法律服务AI项目"，旨在打造中国第一个出海法律服务的人工智能大模型；君合律师事务所与上海涵璞信息科技有限公司共同开发了AI智能脱敏系统和PaperX律师AI工具集。

2024年年末，智爱正式宣布与中国大型律所之一——国浩律师事务所签约，为其境内30个执业机构、4800名法律专业人士提供基于智爱法律大模型的"智慧律师"产品，核心功能包括法律研究、合同审查、法律翻译、文件助理等。

法律科技企业、高校、研究机构、律师事务所的多方参与为法律大模型在律师行业的深入实施与有效落地提供了创新且可行的解决方案。

二、法律研究"从数据库到AI检索"

法律科技常见的应用场景之一是法律研究数据库，其经历了从法规、案例数据库到AI检索的转变。传统的法规、案例数据库主要依赖于关键词匹配，用户需要精确输入关键词才能获取相关结果，这种方式在面对复杂的法律问题时往往显得力不从心。而AI检索通过自然语言处理（NLP）技术，能够理解用户的自然语言输入,精准把握查询意图,从而提供更准确的检索结果。这一转变不仅提高了法律研究的效率和准确性,还为法律从业者带来了全新的工作模式和思维方式。

北大法宝作为法律数据库领域的知名企业,于 2016 年 9 月成立大数据中心,开始探索从传统数据库向智能检索的转型。此后,北大法宝持续推进人工智能技术在法律领域的应用,与北京大学法学院等单位联合成立北京大学法律人工智能实验室,并开发了多项 AI 法律应用产品。2024 年,北大法宝推出"律 AI 多"产品,通过法律大模型结合法宝数据库和自建知识库,为律所律师提供全流程知识管理解决方案,进一步推动了法律知识管理的智能化发展。

另一家老牌法律数据库领域的企业威科先行也在 2024 年加速向智能检索转型。2024 年,威科先行法律信息库将生成式 AI 技术与高质量内容深度融合,推出了"小威 AI+"系列,涵盖劳动法、财税、易读和类案 4 款新品。这些产品通过自然语言处理技术,支持自然语言提问,能够智能总结观点并快速准确地找到类似案例,提升了法律研究的效率。此外,威科集团于 2024 年成立了人工智能中心(AI Center),进一步推动专业知识与 AI 技术的结合。

法律数据库领域的企业纷纷跟进 AI 潮流,从传统的数据库检索向 AI 检索转型。这些企业的转型和创新体现了法律科技行业从传统检索向智能化检索的转变趋势,为法律从业者提供了更高效、精准的工具和服务,见表3-2-9。

表 3-2-9 国内法律数据库企业梳理

企业名称	成立时间	法律数据库相关业务概况
北大法宝	1999 年	内容产品:包括法律检索、专题数据库、定制化数据库等;平台产品:包括文本处理、知识图谱平台、问答平台、识别抽取、预测类量刑建议、案情预测法条、法学文章抄袭检测、法律文本翻译工具等
威科先行	2000 年	提供专业法律信息查询工具,涵盖法律法规、裁判文书、常用法律、文书模板、法律英文、翻译等服务

续表

企业名称	成立时间	法律数据库相关业务概况
无讼案例	2014 年	以科技产品提高工作效率，具有无讼指南等应用，提供最新法律研究和案例分析
聚法案例	2014 年	案例法规大数据平台、相似案例检索系统、法律文书智能纠错系统、智能量刑辅助平台、企业法律风险防控系统、律师画像、企业画像、公文助手等几十款法律科技产品
权大师	2014 年	为用户提供智能搜索、智能注册、监控、交易等全流程数据资源以及工具产品，同时还为用户提供高效的商标、专利、版权等全链条知识产权服务解决方案
理脉	2015 年	SaaS 系统服务和咨询服务搭建专业的商业管理解决方案平台
元典智库	2016 年	华宇软件旗下一款面向法官、检察官、律师、企业法务等法律人的"一站式"法律知识服务平台，其以法律知识图谱和法律概念认知为核心，以统一智能检索和推荐为特色，全面整合法检、内外部法律数据资源，实现革命性法律知识检索、组合检索和案情智能分析等
律呗	2017 年	集律所管理、法律大数据和专业法律应用为一体，将可视化、大数据和人工智能三大前沿技术融入每一个模块
知呱呱	2018 年	依托人工智能、大数据等技术手段，提供智能检索、智能创新、知产管理、知产交易、研发导航、预警分析、侵权分析等知识产权产品和服务
摩知轮	2018 年	AI 可视化商标大数据专业检索及智能分析平台，包括商标检索、以图查图、公告查询、分析对比、监控预警、实务案例、图谱展示、流程管理等综合服务

三、律所中台"律所数字化"

随着数字化浪潮的推进，传统律所正经历深刻变革。客户对法律服务提出了更高的要求，追求便捷、高效和个性化的体验，同时行业内的竞争也越发激烈。传统律所面临效率低下、信息滞后、成本高昂等问题，很难满足客户要求。在这种复杂的环境下，律所数字化已成为行业发展的必然方向。

律所数字化是利用现代信息技术驱动律所管理、运营模式重构与核心竞争力重塑，最终实现律所市场效率的提升与客户价值的最大化，是针对律师行业的 SaaS 产品，比如法蝉、iCourt，聚合项目管理、裁判文书及法条检索、合同模板库、客户管理、卷宗管理、云盘、律所知识管理、日程管理等功能。除产品之外，还会附加一些律所管理、青年律师成长课程作为增值服务。

律所数字化的创新与发展主要集中在以下方面：一是建立全场景的律所数字化办公系统，实现律所财务、人事、市场、IT、业务等多场景打通，大所自建产品，更加贴合自身的用户场景，满足律所个性化需求，比如天同的"天工"，盈科的"Law-wit"；二是在管理流程上，进一步优化绩效、财务、案件管理系统，提升分析的准确性与全面性，帮助管理者提升管理与决策效率；三是在协助办案上，为律师提供数据全面、分析精准、流程有序的办案辅助工具；四是在获客推广上，通过大数据、人工智能等技术，帮助律师实现精准获客，并持续辅助客户管理与维护。如汤森路透的 Elite 3E、深圳得理科技有限公司、上海必智软件有限公司、知律科技、破易云、成都斯沃茨科技有限公司、律谷科技、律联科技等相关法律科技企业。

四、司法科技（在线争议解决）

法院信息化建设，是指在法治中国建设背景下，法院、检察院、公证处、公共法律服务平台等政法系统单位的信息化、数字化、智能化建设。信息化建设不仅提高了法院工作的效率，也为公众提供了更为便捷的司法服务。例如，通过在线系统提交材料、查询案件进度等，都大大降低了公众和法律从业者的时间成本。

法院信息化建设的具体产品形态包括行政管理系统、案件管理系统、卷宗和文书处理、立案信息化平台、公共法律服务智能化软硬件等，如智慧法院、智慧检务、智慧多元化纠纷解决、智慧公证、智慧公共法律服务。包括共道科技、中国联通智慧法务军团、北京信任度科技有限公司、安存科技、趣链科技、上海同道、律品汇科技等相关法律科技企业。

根据智能终端机提供的智能法律咨询、智能法律文书、机构查询、法律援助、案例库查询、以案释法等板块提供法律援助服务，满足多层次、多领域的百姓需求。来访群众根据自身需要，可通过点击随时查看法律援助须知、查到各县市区的法律援助机构的地址和电话、法律援助案例、在线法律咨询获得智能法律意见书和法律在线文书，得到及时有效的法律建议和法律帮助。

随着大数据、人工智能技术的发展，目前已出现"无人律所"。"无人律所"基于互联网、大数据等技术搭建。集全国律师资源为一体的互联网法律服务平台——"律兜"平台，将自己定位为整合专业律师资源，24小时不打烊，为法律知识欠缺以及对诉讼流程把握不准的当事人提供及时、专业的一对一视频、语音法律咨询服务的平台。同时，其智能终端机还覆盖诉讼风险评估、诉讼指南、文书模板、费用计算等功能，并具有法律法规查询、经典案例查询、法律援助、公证办理、人民调解等功能。"无人律所"解决了农村地区法律资源不均衡的问题，该乡镇、村的群众可以就近享受专业法律解答，便于对自己发生的纠纷作出正确的判断，以免出现信息不对称、法律认知误区的情况，为后期纠纷调处打下良好基础。早在2023年，"无人律所"（或称"律兜"）已在湘潭县人民法院诉讼服务中心大厅投入使用，该设备也应用于湘潭县法院3个派出法庭。

五、合同全生命周期管理（CLM）

合同全生命周期（CLM）包含三个阶段：合同前期，包括合同相对方调查、合同洽谈、起草、审核、签订等方面，管理核心是有效预防和识别潜在合同风险，为此要充分了解相对方、合同条款并制订有效防范措施；合同中期，包括合同履行、变更，管理侧重控制过程风险，要监督合同履行情况，及时处理合同变更情况，并保证变更的合法合规性；合同后期，包括合同纠纷处理、归档、分析，管理关键在于化解已经出现的风险，要妥善解决争议，管理合同档案，总结合同经验教训，完成合同闭环。下面就合同全生命周期中一些关键环节的管理进行分析。

　　CLM 的发展可以追溯到数千年前的泥板记录时代。然而，现代 CLM 的概念和工具是在最近几十年内逐渐发展起来的。随着技术的进步，特别是数字化和自动化技术的应用，CLM 已经从简单的文档存储和管理演变为一个全面的合同管理解决方案。在 20 世纪末和 21 世纪初，随着企业对合同管理需求的增加，市场上出现了许多 CLM 软件。这些软件不仅提供了合同的数字化存储功能，还引入了自动化工作流程、模板管理和电子签名等功能。近年来，人工智能和机器学习技术的应用进一步提升了 CLM 的能力，使其能够提供更智能的合同分析和管理。

　　CLM 在各个行业中都有广泛的应用。无论是技术行业、医疗保健、金融服务，还是房地产和制造业，CLM 都能为企业带来显著的效益。在这些行业中，合同往往涉及复杂的条款和法规要求，CLM 能够帮助企业简化合同管理流程，确保合规性，并降低运营风险。例如，在技术行业，CLM 可以帮助企业管理大量的供应商合同和服务协议，确保每个合同的条款都得到准确执行。在医疗保健行业，CLM 能够帮助管理与供应商、合作伙伴和客户之间的合同，确保符合严格的法规要求。在金融服务行业，CLM 可以帮助管理贷款协议、投资合同和保险单，确保每个合同的条款都得到有效执行。

　　国内 CLM 领域代表性公司包括法大大、e 签宝等，见表 3-2-10。法大大的主要产品及服务包括：电子签名和电子印章管理、合同模板创作和管理、合同或文件的多方协作签署、签署后的合同管理、合同智能审核及全链路存证和出证服务等。因此，除了在合同签订环节提供电子签章外，贯穿 CLM 赛道的每一个节点也都能用法大大电子签做支撑。e 签宝同样提供电子合同全生命周期服务，其主要面向政务服务体系、企业组织、个人用户。截至 2024 年 12 月底，e 签宝已服务 100 余家世界五百强客户，200 余家中国五百强客户，以及包含浙江省、云南省、湖北省、贵州省、海南省等 12 个省级政府在内的 150 多家省市政府客户，与各级政府联创 1500 多个政务服务应用场景。

表 3-2-10　国内合同生命周期管理领域代表性企业简介

品牌名称	成立时间	文档自动化业务布局
法大大	2014 年	电子签名和电子印章管理、合同模板创作和管理、合同或文件的多方协作签署、签署后的合同管理、合同智能审核及全链路存证和出证服务等
秀合同	2020 年	"AI+ 合同"管理产品、秀合同 SaaS 等
法天使	2015 年	以律师作为轴心，研发审查合同的标准步骤，汇集同类型合同的不同文本
甄零科技	2021 年	自一诺智能合同云平台：主要提供合同模板、合同拟订、合同审批、合同签署等服务
律大大	2014 年	"合同模板 + 在线编辑器"，全流程电子合同开放平台等
法狗狗	2016 年	法狗狗旗下拥有万息、火眼审阅、法猫猫法律服务平台。（1）火眼审阅：智能文档比对、审阅、纠错系统；（2）LogicQ 智能对话系统：多领域智能法律咨询、知识图谱多轮对话、多维度专业法律报告等
智法宝	2019 年	法律咨询、合同审核、合同拟订、案件解决、批量处理、线上签约、大课堂等
上上签	2014 年	为企业提供智能合同云服务，包括电子签名、合同全生命周期智能管理、AI 合同等一体化电子签约解决方案。通过电子签名服务，企业可借助电脑、手机、平板等设备，随时随地与企业及个人用户完成线上电子合同的实时签署，并确保其安全合规、不可篡改
法伴云	2022 年	依托"AI+ 数据 + 工具 + 服务"的模式，国内领先的企业 AI 数智化法务共享平台，旨在基于自然语言处理、数据挖掘等技术，为企业提供智能、高效、标准化的法律服务和企业风控合规产品
飞书	2016 年	提供"一站式"合同管理平台覆盖合同全生命周期，为企业提供数字化、智能化的解决方案
e 签宝	2002 年	具备安全可信的电子签名与智能履约平台、物电一体化的印章管理平台、身份认证和智能风控系统、区块链证据保全与管理平台、在线速裁与司法服务体系等先进应用

续表

品牌名称	成立时间	文档自动化业务布局
人人法	2015年	在线自助填写生成合同、法律咨询、常年法律顾问、投融资法律服务、电子签署合同
幂律智能	2017年	无忧吾律法律服务平台、合同生命周期管理（CLM）产品 MeFlow、智能合同审查产品 MeCheck、幂律 AI 开放平台 PowerLaw AI 等

资料来源：智合研究院整理。

六、市场平台

律师业务撮合市场平台是指连接法律服务供需双方而搭建的平台，市场平台细分类型包括但不限于律师案源交换平台、律师咨询平台（法律电商平台）及企业法务平台（ALSP to B 法律服务平台），见图 3-2-3。

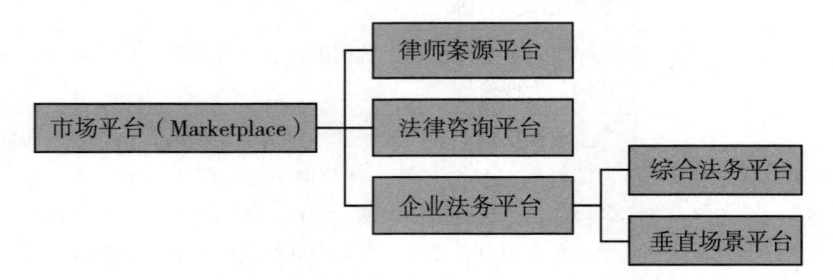

图 3-2-3 中国法律科技企业场景一：市场平台

资料来源：智合研究院整理。

在"互联网+法律"时代，市场平台成为代表性的创业场景之一。平台的出现极大地方便了法律服务的供需双方，提高了市场的透明度和可及性。用户通过平台可以便捷地寻找法律服务，服务提供者也能高效地接触潜在客户。

伴随互联网技术的发展，法律科技市场平台曾一度受到资本市场的青睐，诸如1号律师、彩虹律师、丁丁律师、多问律师、法帮帮、法驴、法海网等众多平台均获得过风险投资。然而，经过十余年的发展和市场检验，这一领域尚未出现能够取得压倒性成功的全国性平台。原因在于市场平台面临的挑战繁多，包括专业性与可信度、付费意愿、隐私和安全性、地域性差异等问题，见表 3-2-11。

表 3-2-11　法律科技——市场平台企业面临的挑战

问题	概述
专业性与可信度	法律服务高度专业化，用户对法律咨询的可信度要求非常高。线上平台难以提供与面对面咨询相同水平的专业性和信任感。很多人在寻求法律帮助时更倾向于传统的、面对面的咨询方式，同时，法律问题通常高度个性化，每个案件的细节都可能完全不同，线上服务无法全面满足个别用户的具体需求
隐私和安全性	法律咨询涉及敏感信息，用户对隐私和数据安全有很高的要求。在线平台可能难以完全保证这些安全需求
区域性	法律服务通常以一定的地域范围内的当事人为主要服务对象，这使构建一个全面、覆盖各地的法律平台变得复杂和困难
盈利模式与付费意愿	法律服务难以量化，法律服务作为无形无界的特殊产物，往往很难被衡量价值，因此，在服务的过程中，计量成了定价的难题。提供高质量法律咨询服务的成本较高，而用户可能不愿意为线上咨询支付与传统方式相当的费用

资料来源：智合研究院整理。

除此之外，2017 年，由司法部建设的中国法律服务网（12348 中国法网）诞生，对于第三方企业成立的互联网法律咨询平台产生较为明显的冲击。中国法律服务网的服务功能是面向社会公众，基于互联网提供"法律事务咨询、法律服务指引、法治宣传教育、法律法规与案例查询、信用信息公开"等公共法律服务，与法律科技领域的市场平台业务具有较为明显的重合。

由司法部创办的平台拥有政府的权威背书，在可信度和权威性方面具有明显优势，使用户更加倾向于使用官方平台。据司法部消息，截至 2018 年 7 月 15 日，上线不到两个月时间，中国法律服务网就已经累计访问 301 万余次，累计注册用户 66 万余人，累计法律咨询 18 万余次，其中智能咨询为 13

万余次,占比 74.4%,知识问答咨询 3 万余次,占比 20.0%,留言咨询 1 万余次,占比 5.7%。

同时,作为官方平台,中国法律服务网等公共法律服务平台拥有更加丰富的资源和信息,为用户提供了更全面的服务。中国法律服务网的总体架构为"一张网络,两级平台",由一张网络覆盖全地域、全业务,纵向由部、省两级平台组成,平台之间通过数据共享交换系统实现联通,横向由门户网站、"掌上 12348"微信公众号、移动客户端组成。全国 31 个省(区、市)和新疆生产建设兵团共 32 个省级平台也已全部建成上线并与部级平台实现互联互通。

官方平台的加入,加剧了原有的市场竞争。现阶段,赢了网、牛法网、企慧网等企业在全国企业信用查询系统中已显示经营异常,北京法里科技有限公司等市场平台企业显示已注销。法律科技领域里的市场平台企业可能需要寻找新的方式来吸引用户,比如提供更加个性化或专业化的服务,在平台中融合法律数据库、案例库、合同库,提供检索等增值服务或聚焦 B 端企业或如股权、知识产权等垂直场景。

目前,国内法律科技市场平台赛道代表性企业包括在线法律咨询平台优啊网络、易法通、快问律师等,知识产权领域的安盾网、知呱呱、北京摩知轮科技,民生领域的中华遗嘱网、鼎颂商事争议解决,股权管理领域的易参;还包括如百事通、海峰法务公司、律兜、华律集团、找大状、法保网、律家保、赢火虫、无商法务、趣法律、法律快车、教授加等擅于将技术应用于法律服务的 ALSP to B 企业,见表 3-2-12。

表 3-2-12 国内法律科技市场平台代表性企业

品牌名称	成立时间	市场平台业务布局
股加加	2017 年	ALSP to B 平台:"一站式"股权激励管理平台,通过"科技 SaaS+ 服务咨询"为企业提供股权激励方案及智能化股权管理

续表

品牌名称	成立时间	市场平台业务布局
赢火虫	2015年	"一站式"智慧法律服务平台：通过"大数据+SaaS系统+人"为律师、商务、法务、个人等用户提供大数据查询、法律咨询、律师匹配、法律风险预防、诉讼投资、不良资产处置等服务
百事通	2006年	综合：大型创新型法律服务提供商，提供法律咨询、调解、援助等公共法律服务和企业法务SaaS、诉调一体化解决方案、"一站式"清收解决方案、"一站式"知产维权解决方案等企业法律服务
无商法律	2020年	ALSP to B平台：由各专业领域律师和各行业法务所组成的法律顾问机构，专注于为中小企业提供常年法律顾问/法务外包服务
得理	2018年	综合：得理律助——律师案源广场；得理法问——智能法律顾问，为用户提供智能法律咨询和律师智能匹配服务；得理法务——企业法务数字化转型
彩虹律师	2013年	综合：法律咨询、合同审写、合同管理、法律风控、诉讼仲裁、知识产权等企业法务事务
优啊网络	2020年	综合：法律咨询服务、内容丰富的法律资源库和法律资讯分发平台等
快问律师	2018年	综合：快问律师——在线律师咨询平台
绿狗	2012年	综合：互联网创新法律工具平台
法在	2015年	综合：以共享经济为基础的"互联网+法律"平台
汇法网	2011年	综合：帮助用户找到律师，以资深律师、企业、公共需求为中心搭建互联网和无线网上法律服务平台
债主帮	2018年	"一站式"法律催收解决方案：AI律师函、律师办案、免费案件评估等
多问	2011年	综合：多问律师——快速高效的法律咨询服务平台；多问（律师端）——律师"一站式"移动办公平台
律搜搜	2019年	综合："大数据+人工智能"的律师信用平台

· 137 ·

续表

品牌名称	成立时间	市场平台业务布局
庭立方	2016年	综合：致力于为客户提供刑事法律咨询，为刑事律所（团队、律师）提供连接和赋能的全国刑事市场平台网站
律图	2015年	综合：提供法律咨询与法律知识两项核心服务
懂法狮	2019年	综合：法律服务App——合同纠纷、刑事纠纷、经济纠纷、劳务纠纷等
海峰法务	2018年	ALSP to B平台：推出面向中小型企业的"共享法务部"产品和面向中大型企业的"智能合规引擎"产品
安盾网	2013年	ALSP to B平台：定位知识产权服务产业互联网平台，提供反侵权假冒服务，融合了知识产权、法律、咨询调查、信息技术等专业服务领域
找大状	2009年	ALSP to B平台：采用"人工智能+互联网+法务"的运作模式，为中小企业客户提供优质高效的全方位法律产品和服务
易参	2016年	ALSP to B平台：为上市前后各阶段企业提供"一站式"股权解决方案及SaaS管理。目前基于股权激励，扩展企业对股权的上下游服务，为律师服务的替代品
值法猫	2022年	"一站式"智能法务平台：值法猫App，为用户量身定制个性化的法律解决方案，解决用户法律问题
云法台	2022年	综合：借助互联网、大数据、AI等先进技术推出了企业法律服务平台——云法台，开创了科技+法律服务"线上+线下"深度结合的新模式

资料来源：智合研究院整理。

第三章

国内外法律科技投融资概况

一、海外法律科技投融资事件汇总

在全球法律行业数字化转型的浪潮下，海外法律科技领域的投资活动增长迅速。根据 Crunchbase（一家企业服务数据库公司）统计，2024 年全球海外法律科技领域共发生 170 起融资事件，平均每两天便有一家企业成功获得融资，相较于 2023 年的 43 家增长近 4 倍。

从融资企业的区域分布来看，美国以 82 次遥遥领先，占据了近半数的融资事件，体现出其在法律科技领域的强大竞争力和市场活跃度。英国和加拿大分别获得 20 次和 9 次融资，二者的法律科技市场同样较为成熟，居全球前列。此外，亚太及其他地区也呈现出积极的发展态势，如印度和日本分别获得 5 次和 4 次融资，而澳大利亚、印度尼西亚、巴西等国家也有不同程度的布局（见图 3-3-1）。这种多元化且广泛的地域分布，表明法律科技产业正在全球范围内稳步扩展，各个地区的企业都在积极探索创新与市场布局。

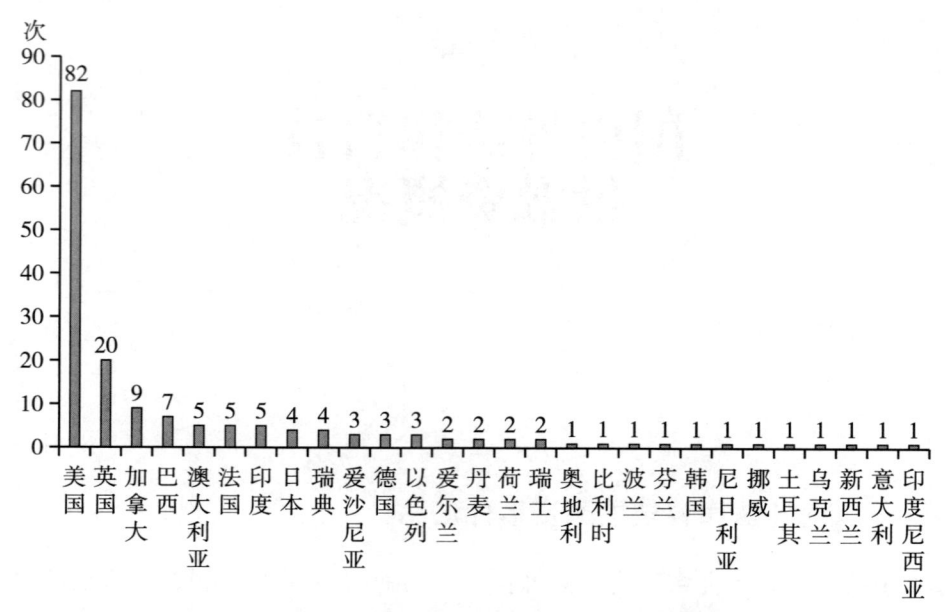

图 3-3-1 2024 年海外分地区法律科技企业融资事件分布

资料来源：Crunchbase，智合研究院整理。

从法律科技领域的融资赛道分布来看，法律大语言模型（LLM）以 34 次融资居首位，显示出其在法律研究、文件起草、合同审查、案件分析等领域的巨大潜力和市场吸引力。其次是工作流管理软件，共获得 33 次融资，表明法律工作流程的优化和自动化是当前法律科技市场的重要发展方向。合同生命周期管理（CLM）则以 23 次融资位列第三，其在合同审查、签署、归档、监控等全流程管理方面为企业提供了显著的效率提升，并提高了企业的风险控制能力。此外，合规、替代性法律服务提供商（ALSPs）和市场平台分别获得 12 次、10 次和 10 次融资，反映出法律服务市场的多元化趋势。电子证据、法律研究和案件分析等细分领域也表现活跃，分别获得 9 次、6 次和 5 次融资。而公证、系统开发、客户关系管理（CRM）等赛道则处于相对缓慢的发展阶段（见图 3-3-2）。

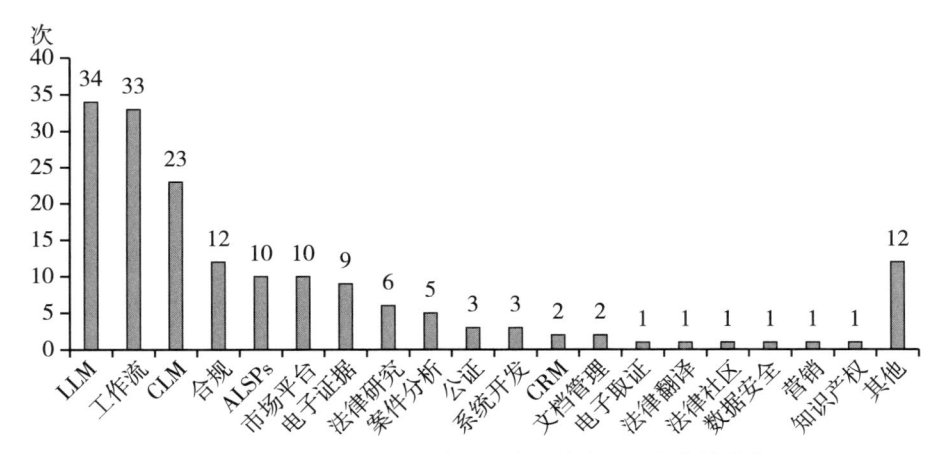

图 3-3-2 2024 年不同赛道法律科技企业融资事件分布

资料来源：Crunchbase，智合研究院整理。

从融资轮次来看，法律科技行业的早期融资占据主导地位，种子轮、Pre- 种子轮和 A 轮融资的企业数量明显领先，表明该行业仍处于初期发展阶段，对研发投入和市场拓展资金需求较大。具体而言，种子轮融资占比最高，共发生 69 次，占总融资事件的 41%；Pre- 种子轮融资紧随其后，共发生 27 次，占比 16%；A 轮融资则发生 24 次，占比 14%（见图 3-3-3）。

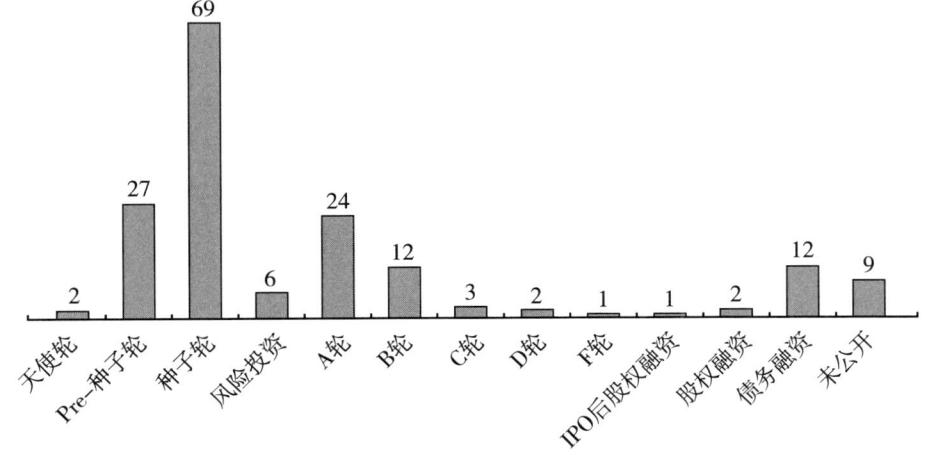

图 3-3-3 2024 年海外法律科技企业不同轮次融资事件分布

资料来源：Crunchbase，智合研究院整理。

· 141 ·

相比之下，处于中后期融资阶段的企业尽管融资次数相对较少，但其单笔融资金额普遍较高。2024年，海外法律行业共有157家企业完成融资，累计募得约29亿美元资金。其中，融资金额排名前10的企业中，仅有Steno、Lawhive和Norm AI处于A轮及之前的早期融资阶段，其余企业均处于B轮及之后的中后期融资阶段。

具体来看，单笔融资金额最高的是来自加拿大的Dye & Durham。该公司早在2020年7月便已在多伦多证券交易所（TSX）成功上市。其主营业务聚焦于为律所提供定制化的SaaS解决方案和技术服务，涵盖尽职调查软件、工作流程管理系统、案件管理系统、财务系统以及定制化的法律AI产品等领域。2024年4月，Dye & Durham通过债券融资方式成功募集了高达9.05亿美元的资金。

其次是同样来自加拿大的法律科技公司Clio。2024年7月，Clio以30亿美元的估值完成了9亿美元的F轮融资。Clio的主要产品是面向律所的工作流程管理SaaS平台，凭借其强大的功能和广泛的市场认可，Clio在全球法律科技市场中占据了重要地位。

2024年海外法律科技企业单笔融资额前10位见表3-3-1。

表3-3-1　2024年海外法律科技企业单笔融资额前10位

序号	企业名称	总部所在地	主要业务/所属赛道	融资轮次	融资金额
1	Dye & Durham	加拿大	为律所提供SaaS、技术解决方案定制化开发	债务融资	9.05亿美元
2	Clio	加拿大	面向律所、律师的工作流程管理SaaS平台	F轮	9.00亿美元
3	EvenUp	美国	针对人身伤害赔偿领域定制的法律大模型	D轮	1.35亿美元

续表

序号	企业名称	总部所在地	主要业务/所属赛道	融资轮次	融资金额
4	Hebbia	美国	面向金融、法律等专业人士的AI驱动的工作平台	B轮	1.30亿美元
5	Jusbrasil	巴西	律师与法律服务需求方之间的中介平台	D轮	8610万美元
6	Steno	美国	提供庭审报告记录、诉讼金融及律师工作平台	风险投资	4600万美元
7	Lawhive	英国	面向律师的AI驱动的任务管理、合规审查工作平台	A轮	4000万美元
8	Luminance	英国	法律大模型，提供合同审查、谈判、尽职调查	B轮	3200万英镑
9	Proof	美国	面向律所、律师的电子证据取证平台	B轮	3030万美元
10	Norm AI	美国	面向企业法务和律师的AI驱动的监管合规平台	A轮	2700万美元

资料来源：Crunchbase，智合研究院整理。

除了投融资事件的不断增长，近年来海外法律科技行业的收并购活动同样非常活跃。根据Crunchbase统计，2024年海外并购事件共计17起，与2023年的19起基本持平。

分地区来看，美国仍然是法律科技行业并购事件的主要发起地。2024年，美国法律科技行业并购事件共计13起，占全球总量约76%，与活跃的投融资事件相互印证，显示出美国法律科技的强劲发展趋势。美国以外地区的法律科技行业并购事件主要集中在英国、巴西和加拿大等法律科技较为成熟的地区，2024年并购事件分别为3起、1起和1起（见图3-3-4）。

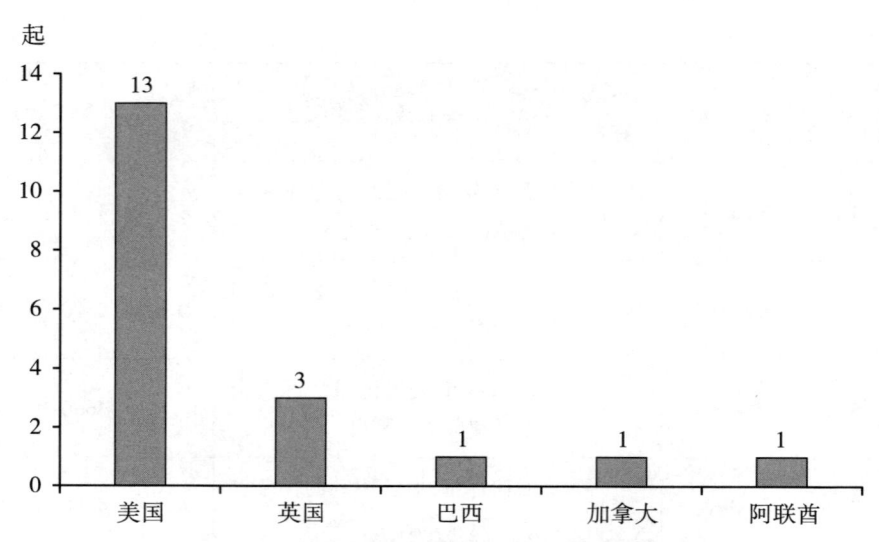

智变2.0：法律科技的AI赋能与生态重构 >>>

图 3-3-4　2024年不同赛道法律科技企业融资事件分布

资料来源：Cruchbase，智合研究院整理。

从法律科技的细分领域来看，处于替代性法律服务提供商（ALSPs）、合同生命周期管理（CLM）、电子取证和律师工作平台等赛道的企业开展并购业务更加频繁，2024年分别达到了6起、3起、2起和2起，四者占总量的比例达到了68%左右（见图3-3-5）。

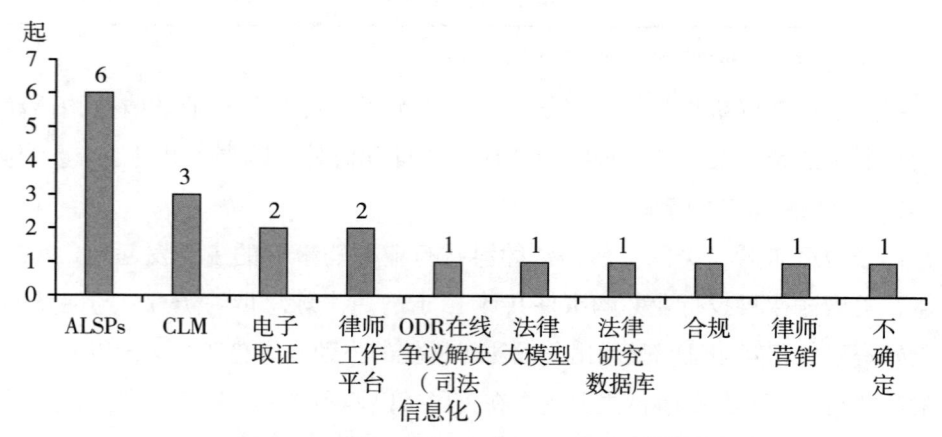

图 3-3-5　2024年海外法律行业细分赛道并购事件数量分布

资料来源：Crunchbase，智合研究院整理。

· 144 ·

总体而言，海外法律科技行业正处于蓬勃发展的态势。从资本市场来看，投融资活动频繁，大量资金涌入法律科技领域，为企业的创新和扩张提供了强大动力。同时，行业内的并购活动也非常活跃，各大企业通过整合资源、拓展业务版图，进一步巩固其市场地位。这些举措不仅推动了技术的快速迭代和应用，也加速了行业格局的重塑，展现出海外法律科技行业在数字化转型浪潮中的强劲动力和发展潜力。

二、国内法律科技投融资事件汇总

与海外法律科技投融资的迅速发展不同，2024年国内法律科技企业的融资规模和速度均有所下降。根据Crunchbase统计，2024年国内法律科技企业融资金额最高的为商债通的1.45亿元，而2023年最高的为10.93亿元。除此之外，2024年国内法律科技企业的融资次数也从2023年的11次下降至8次，主要由于我国法律科技市场仍然处于早期阶段，资本市场对法律科技企业的投资多处于观望状态（见表3-3-2）。

表3-3-2　2023年、2024年国内法律科技企业融资事件

序号	年份	企业名称	所属赛道	融资轮次	融资金额
1	2024	商债通	在线法律服务	A轮	1.45亿元
2	2024	秘塔科技	法律研究	A轮	1.00亿元
3	2024	用法务	ALSP	天使轮	2610万元
4	2024	法伴云	ALSP	A轮	1000万元
5	2024	法保网	ALSP	A轮	数千万元
6	2024	律品网	智慧司法	股权融资	未披露
7	2024	百智诚远	法律研究	战略融资	未披露
8	2024	麦伽智能	智慧司法	股权融资	未披露
9	2023	通达海	智慧司法	IPO	10.93亿元

续表

序号	年份	企业名称	所属赛道	融资轮次	融资金额
10	2023	商债通	在线法律服务	天使轮	9000万元
11	2023	幂律智能	合同生命周期（CLM）	Pre-B轮	8000万元
12	2023	甄零科技	合同生命周期（CLM）	A+轮	7000万元
13	2023	爱签科技	区块链电子合同	A轮	5000万元
14	2023	法伴云	在线法律服务	天使轮	1500万元
15	2023	律家保	在线法律服务	B轮	数千万元
16	2023	北大法宝	法律研究	战略投资	数千万元
17	2023	权易邦	在线法律服务	Pre-A轮	500万元
18	2023	值法猫	在线法律服务	天使轮	数百万元
19	2023	把手科技	法律研究	股权融资	未披露

资料来源：Crunchbase，智合研究院整理。

国内法律科技行业的并购事件较少。目前，法律科技市场仍处于快速发展和初创阶段，许多企业处于种子轮、Pre-种子轮和A轮等早期融资阶段。这些企业通常规模较小，商业模式尚未完全成熟，盈利能力有限，难以成为具有吸引力的并购目标。

此外，法律科技行业的并购还面临其他挑战。一方面，国内法律科技市场与海外市场成熟度不同，很多海外经验在中国难以直接复制，需要结合中国国情进行本土化创新。另一方面，并购过程中存在诸多风险，如信息不对称、战略匹配度不高、监管和法律风险，这些都增加了并购的难度。

总体而言，国内法律科技企业面临融资难问题。结合国内外投融资事件来看，2024年全球总计170起，其中美国82起，而国内仅8起，差距达约10倍之多。

这一现象源于国内资本市场的整体投资环境。多数投资人仅停留在问询了解阶段，真正愿意投入资金的寥寥无几。投资还呈现出聚焦"两头"的特点，倾向于天使轮与 Pre-IPO 阶段，这两个阶段风险相对低，决策成本也低，但无法帮助企业稳健成长、跨越周期。这种困难是国内创投市场的共性问题，在法律科技行业，投资人的兴趣更低。社会资本投资极为看重盈利性和行业天花板，而国内法律服务潜在市场容量约 2000 亿元，法律科技行业潜在市场容量不足千亿元，行业天花板较低，削弱了投资者的投资意愿。民间资本更倾向于在"新能源""生物医药""智能制造"等万亿级市场中寻找优质标的公司。

此外，国内熟悉法律科技的投资人稀缺。谷歌旗下的创投基金 2024 年投资了 8 家法律科技企业，美国硅谷知名创业孵化器 Y Combinator 已投资 31 家法律科技公司；国内既缺乏类似专项基金，又缺少足够了解该行业的投资人。法律科技作为新兴行业，内部企业大多是小型科创企业，具有"高不确定性""轻资产"特征。"高不确定性"体现为行业发展历程短，多数企业处于竞争激烈的初创时期，缺乏上市企业范例，商业模式与产品形态尚在摸索阶段，回报周期长，致使投资方信心不足。"轻资产"则使企业在融资时面临更高难度，中国中小企业协会曾发布调研报告指出，当前我国中小企业只有不到 5% 能够完成直接融资，主要融资渠道还是以银行贷款为代表的间接融资，而银行贷款多以不动产抵押贷款为主。

第四章
行业市场现状与领先企业梳理

一、全球法律科技行业现状

全球法律科技行业目前仍然处于早期发展阶段。据 Crunchbase 统计，截至 2025 年 3 月，其数据库共收录全球 3493 家法律科技公司，成立时间集中在 2016 年，且仅有 27% 的公司获得融资，处于 A 轮以前的公司占比 20% 左右，见图 3-4-1。

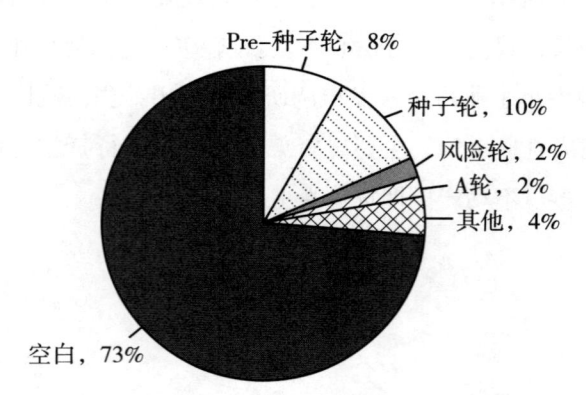

图 3-4-1 全球不同融资轮次法律科技企业占比情况

资料来源：Crunchbase，智合研究院整理。

另外，从员工人数规模来看，小型法律科技公司数量占比较高，其中，1~10 人的有 41%，11~50 人的有 36%，二者占总量比例约 77%，见图 3-4-2。

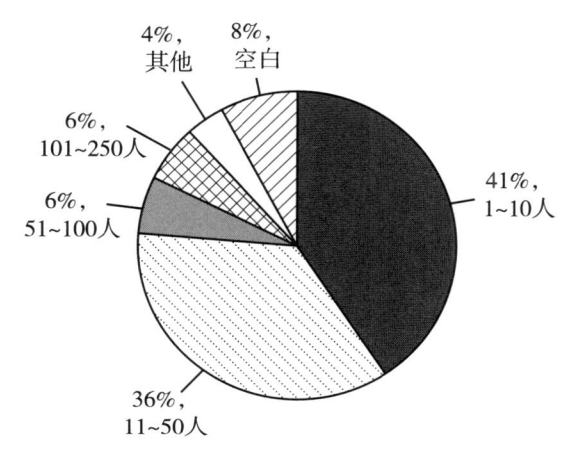

图 3-4-2　全球不同员工规模法律科技企业占比情况

资料来源：Crunchbase，智合研究院整理。

但是，从潜在市场容量来看，法律科技行业的潜在市场容量将快速扩大。根据媒体的报告，2022年全球法律科技潜在市场容量约为234.5亿美元，预计在生成式人工智能技术驱动下，2027年将突破500亿美元。

二、全球法律科技领域上市企业

海外法律科技上市公司成立时间普遍较早，且数量相对较少，主要集中在美国。目前统计的9家海外法律科技上市公司中，有5家公司在2000年以前成立，Wolters Kluwer 和 Dye & Durham 甚至在19世纪就已成立。分区域来看，有5家来自美国，2家来自加拿大，另外2家分别来自荷兰和澳大利亚。另外，收入规模较高的海外法律科技上市公司数量较少，仅 DocuSign、Thomson Reuters 和 Wolters Kluwer 这三家公司的收入范围在1亿美元至10亿美元之间，见表3-4-1。

表 3-4-1　海外法律科技上市公司梳理

企业名称	主营业务	成立时间	上市时间	上市板块	所属国家	员工数量/人	收入范围/百万美元
DocuSign	电子签名与合同管理软件平台	2003年1月1日	2018年4月27日	NYSE	美国	1001~5000	1000~10,000
LegalZoom	中小企业与个人的在线法律服务平台	1999年12月1日	2021年7月2日	NYSE	美国	501~1000	500~1000
FiscalNote	律所工作流管理软件与金融支付软件	2013年4月1日	2022年8月1日	NYSE	美国	501~1000	100~500
DISCO	政府政策管理软件平台	2012年1月1日	2021年7月21日	TSX	美国	501~1000	100~500
Tyler Technologies	为地方政府、学校、法院等公共部门提供软件系统和服务	1966年1月1日	1990年5月25日	FRA	美国	5001~10,000	100~500
Thomson Reuters	金融交易情报查询软件、新闻媒体、律所工作流与法律事务管理软件	1977年12月28日	1995年11月20日	AMS	加拿大	10,001以上	1000~10,000
Dye & Durham	律所工作流管理软件	1874年1月1日	2020年7月17日	ASX	加拿大	1001~5000	100~500
Wolters Kluwer	财务/税务软件、医疗病床设备管理软件、律所工作流管理软件	1836年1月1日	1999年3月31日	NASDAQ	荷兰	10,001以上	1000~10,000

续表

企业名称	主营业务	成立时间	上市时间	上市板块	所属国家	员工数量/人	收入范围/百万美元
Nuix	证据/文书搜索软件解决方案，欺诈调查软件解决方案	2000年1月1日	2020年12月4日	NYSE	澳大利亚	251~500	100~500

资料来源：Crunchbase，智合研究院整理。

根据目前整理的公开资料，国内具有代表性的法律科技上市公司共8家，其中有一半是在主板上市。与海外法律科技上市公司类似，国内上市公司成立时间同样较早，多数在2000年以前成立，且以千人以上员工规模的公司居多，见表3-4-2。

表3-4-2　国内法律科技上市公司梳理

企业名称	主营业务	成立时间	上市时间	上市板块	员工人数
奇安信	开发有数字证据云服务系统（奇证云），集成了区块链技术的数据价值司法保护平台，依托奇安信整体安全能力和多年取证鉴定经验积累，提供"一站式"取证、存证、鉴证服务	2014年6月16日	2020年7月22日	科创板	1000~1999
华宇软件	旗下产品包括数智合规管理系统、纠纷案件管理平台、法律知识服务平台、法律智能认知平台等	2001年6月18日	2011年10月26日	创业板	少于5000
科大讯飞	智慧教育、智慧城市、金融科技、AI营销、企业数字化等	1999年12月30日	2008年5月12日	主板	5000~5999

续表

企业名称	主营业务	成立时间	上市时间	上市板块	员工人数
国投智能（美亚柏科）	旗下产品包括电子数据取证、网络空间安全、大数据信息化、专项执法装备等，为用户提供"存证云+"、"搜索云+"、数据服务及信息安全服务	1999年9月22日	2011年3月16日	创业板	1000~1999
久其软件	智慧财政、智慧财务、统计大数据、智慧教育、智慧国资	1999年8月16日	2009年8月11日	主板	1000~1999
常山北明	智慧政法解决方案、劳动人事争议仲裁服务解决方案、商事仲裁服务解决方案、北明智慧检务综合解决方案、司法数据中台、互联网开庭系统、虚假诉讼智能防范系统、智慧信访解决方案	1998年12月29日	2000年7月24日	主板	1000~1999
通达海	金融纠纷一体化办案平台、破产案件一体化管理平台、速裁快审系统、要素式审判平台、电子质证系统、签章管理平台等	1995年3月23日	2023年3月20日	创业板	300~399
金桥信息	智慧法院解决方案，包括智能访客管理系统、诉讼服务平台、科技法庭系统、一体化呈现平台、法院综合运维管理服务系统等	1994年8月17日	2015年5月28日	主板	400~499

资料来源：Crunchbase，智合研究院整理。

三、全球法律科技"独角兽"

"独角兽"企业代指成立时间不超过10年且估值大于10亿美元的企业。仅从估值角度看，如今全球已有8家法律科技公司跨入了这一门槛，见表3-4-3。

表 3-4-3　全球法律科技"独角兽"公司梳理

公司名称	成立时间	主营业务	估值/亿美元	融资轮次	累计融资额/亿美元	主要投资方
Icertis	2009 年	法律合同管理软件	50	F 轮	5.2	Meritech，B Capital，SAP
Ironclad	2014 年	法律合同管理与协同软件	32	E 轮	3.3	Sequoia，Accel，Bond Capital
Everlaw	2010 年	法律文档/数据检索产品	25	D 轮	5.2	TPG，CapitalG，a16z
ZenBusiness	2015 年	中小企业法律、财务服务	28	C 轮	2.8	SoftBank Vision Fund，Cathy Innovation
Clio	2007 年	律所工作流管理软件	17	E 轮	3.9	T. Rowe Price，BVP，TCV
Exterro	2008 年	法律支持/数据检索产品	10	F 轮	1	Leeds Equity Partners
RocketLawyer	2008 年	中小企业与个人的在线法律服务平台	10	E 轮	2.8	Vista Equity Partners
Patsnap	2007 年	IP 查询数据库软件	10	E 轮	3	SoftBank Vision Fund，Summit Partners

资料来源：Crunchbase，智合研究院整理。

1. Icertis

Icertis 是合同管理赛道的头部企业，也是全球首个估值超过 10 亿美元的 CLM 公司。其开发的 ICI（Icertis Contract Intelligence）合同管理 SaaS 平台，被空客、巴斯夫、戴姆勒、强生、微软等众多跨国公司用来管理超过 1000 万份合同，总价值超过了 1 万亿美元。

Icertis 成立于 2009 年，总部现位于美国华盛顿州第五大城市贝尔维尤，此前位于印度城市浦那。由萨米尔·博达斯与莫尼什·达尔达两位印度裔创始人创立。

2. Ironclad

Ironclad 也是一家专注合同管理的美国公司，总部位于旧金山，主要产品是 CLM 平台和律师工作流程协同软件。两位联合创始人中的一位曾是律师。

2014 年 8 月，一位名为贾森·博米格的律师辞去他在泛伟律师事务所（Fenwick & West）的工作。在斯坦福法学院的一次讲座上，他结识了毕业于麻省理工计算机科学专业的蔡高伟，也就是 Ironclad 的现任首席技术官。凑巧的是，蔡高伟刚好在 8 月的同一天辞去了他在 Palantir Technologies 的程序员工作，两人一拍即合。同年 12 月，Ironclad 诞生。

Ironclad 的创立目的即突破创始人贾森担任公司律师期间每天遇到的障碍和"瓶颈"。其产品致力于协助律师进行合同修订，随后将业务拓展至为企业提供自动化、智能化的法律文书自动撰写和管理服务。

至今，Ironclad 累计融资额约为 3.3 亿美元。有包括欧莱雅等知名企业在内的超过 1000 家企业客户。2022 年 1 月，Ironclad 宣布在完全由现有投资者投资的 E 轮融资中筹集了 1.5 亿美元，公司估值达到 32 亿美元。

3. Everlaw

Everlaw 是美国一家软件公司，为律所、公司、政府等机构提供电子数据取证（e-discovery）、归档、储存、检索等服务。公司由创始人兼首席执行官尚卡于 2010 年创立，2015 年推出其主要产品。

创始人尚卡是技术出身，先后在哈佛大学获得了应用数学/计算机科学的学士学位，在加利福尼亚州大学伯克利分校获得了计算机科学博士学位。尚卡凭借自身扎实的技术背景，曾在微软、IBM等多家企业担任过软件工程师。

在一次采访中尚卡谈到，Everlaw的创业灵感来自他在攻读计算机博士期间为一家名为哈根斯·伯曼（Hagens Berman）的律所担任技术专家的经历。在那段时间里，他目睹了律师在处理大量数据时所面临的困难，尚卡意识到了真正的机会——开发一个专为律师打造的技术工具。

尚卡在律所合伙人杰夫·弗里德曼（Jeff Friedman）的帮助下成立了一家为律所提供信息存储服务的初创公司，能够根据时间范围以及可视化界面来检索不同时期的数据，使律师对信息筛选的投入时长大大缩短。并在此基础上推出了电子取证等一系列服务。

至今，Everlaw已累计融资5.2亿美元。公司在2020年完成由谷歌母公司Alphabet等领投的6200万美元C轮融资后，在2021年11月又完成了2.02亿美元的D轮融资，其估值已达到20亿美元。

4. Clio

Clio是一家来自加拿大的法律科技公司，总部位于哥伦比亚的本拿比。在2019年Clio曾获得过2.5亿美元D轮融资——这是当时法律科技领域最大的投资之一，也是有史以来对加拿大科技公司的最大投资。

Clio为律所提供了全流程管理的技术支持，包括CRM客户管理、计费、日程规划、案件管理、组织管理、文档管理、账单管理以及潜在客户挖掘等服务，并将这些功能集成在一个平台上。Clio被海外评为法律专业人士的首选软件，得到了全球90多个律师协会的认可。如其官网上的这段话，"你的客户依赖你，而你的律师依赖Clio"。

公司由杰克·牛顿（Jack newton）与瑞安·高罗夫（Ryan Grover）在2008年共同创立，创始人兼首席执行官杰克是一位连续创业者和软件工程师。从最初的除雪业务进军生命科学行业，再到后来与好友瑞安成立Clio，在当时推出了首款为律所开发的云端流程管理产品。

随后的 15 年时间，Clio 将业务扩展至覆盖执业律师、公司法务等法律从业人员，成为一家收入超过 1 亿美元、估值超过 10 亿美元、拥有近 1000 名员工的"独角兽"企业，也是第一家获得"独角兽"地位的法律工作流程管理公司。至今 Clio 的累计融资额达到了 3.9 亿美元。在 2021 年 4 月宣布获得 1.1 亿美元的 E 轮融资后估值达 16 亿美元。

5. Exterro

Exterro 是一家位于美国俄勒冈州的软件公司，专注于提供电子数据取证（e-discovery）、数据风险与合规等领域的解决方案，为客户有效应对来自监管、合规、诉讼、网络安全的风险。据其官网介绍，目前其客户包括耐克、迪士尼、大众在内的 30% 的世界 500 强企业和半数以上的《美国律师》前 100 位律所（AmLaw100）。

Exterro 成立于 2004 年，创始人兼首席执行官鲍比·巴拉钱德兰是印度裔。根据领英的资料，它毕业于俄勒冈州立大学，专业是计算机科学。其本人有丰富的创业经历，创业领域横跨金融服务、医疗保健和电信领域软件应用，还曾担任过金融机构顾问。

Exterro 在 2018 年获得了纽约私募股权 1 亿美元的投资，并于 2020 年年底收购了位于犹他州的电子取证和数字取证解决方案公司 AccessData。2023 年 4 月 18 日，Exterro 以 69 亿人民币的企业估值入选"2023·胡润全球独角兽榜"。

6. RocketLawyer

RocketLawyer 成立于 2008 年，总部位于美国旧金山。其定位是在线法律服务平台，业务与已经成功上市的 LegalZoom 类似，为个人和中小企业提供包括公司注册、遗产规划和法律文件审查在内的一系列在线法律服务。RocketLawyer 的特色在于其庞大的律师网络，用户可以通过随时待命（On Call）服务就各种法律问题进行咨询。

创始人查理·摩尔是法学博士，毕业于美国海军学院和加利福尼亚大学伯克利分校。1996 年，摩尔从加利福尼亚大学伯克利分校法学院毕业，曾在 Venture Law Group 担任律师，并参与了雅虎的早期代理工作。

1998 年，他创立了一家名为 OnStation 的公司，为汽车行业提供软件。随后他于 2008 年创立了 RocketLawyer，最初的想法是创建一个每个人都可以使用的法律文件、表格数据库，后来扩展至各类在线法律服务。2009 年，他出售了自己的公司 OnStation，并用出售所得的资金来发展 RocketLawyer。

在公司官网的显眼位置写着：我们的使命很简单，在 RocketLawyer，我们相信每个人都应该获得负担得起且简单的法律服务。通过在线平台的便利性和成本效益，RocketLawyer 已经吸引了广泛的客户群体。至今公司已累计融资了 2.8 亿美元，估值超过 10 亿美元。

7. ZenBusiness

ZenBusiness 是一家美国的"一站式"创业服务平台，目标是简化创业流程，让企业家能够快速、轻松地启动和发展业务。ZenBusiness 不仅向企业家提供法律类服务，还提供包括公司设立、税务和会计等一揽子服务，致力于为企业家提供从公司成立、品牌建设到银行金融服务等全方位的支持。

ZenBusiness 创始团队由一群有经验的技术和商业领袖组成。根据网站的介绍，创始人兼首席营销官瑞安·皮提拉克曾经的工作是负责发送互联网垃圾邮件，后转型成为企业家创立了数字营销咨询公司 Unique Influence，而后与现任首席执行官罗斯·布尔多夫等好友一同成立了 ZenBusiness。

2021 年年底，在完成 2 亿美元 C 轮融资后，Zen Business 估值达到 17 亿美元，正式加入"独角兽"俱乐部。

8. Patsnap

智慧芽（Patsnap）自 2007 年在新加坡成立以来，专注于为科技创新企业提供服务。公司以专利搜索为起点，深耕大数据和人工智能技术，逐步在科技创新情报和知识产权领域构建起强大的 SaaS 服务平台。

智慧芽创始人兼首席执行官张济徽本科毕业于新加坡国立大学生物工程专业，在校期间作为交换生到美国沃顿商学院学习，其创业项目进入商业比赛决赛。也是在此期间，他接触到了知识产权，为以后创业埋下了伏笔。

智慧芽已发展成为一个全球性企业，旗下产品矩阵包括全球专利数据库、知识产权管理系统、英策专利分析系统等。截至 2022 年，拥有超过 1200 名员工，其中在中国就有 800~900 人。客户遍布全球 50 多个国家，超过 1 万家，包括高校、科研院所，以及生物医药、化学、汽车、新能源、通信、电子等 50 多个科技行业。

2021 年 3 月，智慧芽完成 3 亿美元的 E 轮融资，估值超过 10 亿美元，成功跻身"独角兽"企业。

除了上述估值 10 亿美元以上的企业外，法律科技领域还有许多近年来增长迅速的法律科技企业：

1. Harvey AI

Harvey AI 是一家 2022 年 11 月才成立的法律 AI 初创公司，其产品是专为法律从业者定制的 AI 大模型，可以帮助律师分析合同、做尽职调查、根据数据生成建议等。

Harvey AI 的创始人兼首席执行官加布里埃尔·佩雷拉是美国顶级律所美迈斯（O'Melveny & Myers）的前证券和反垄断诉讼律师，另一位创始人兼首席技术官温斯顿·温伯格则是曾经 DeepMind、Google Brain（Google 的另一个人工智能团队）和 Meta AI 的研究科学家。两人是室友，有一次佩雷拉向温伯格展示了 OpenAI 的文本生成系统，温伯格意识到它可以用于改进法律工作流程。在拿到 OpenAI Startup Fund 的首轮 500 万美元天使轮融资后，在 2023 年，这家公司先后签约全球最大律所之一的英国安理国际律师事务所（Allen & Overy）、四大会计师事务所之一的普华永道（PwC），另据其投资者红杉资本在官方博客的披露，目前有 1.5 万家律师事务所正在排队使用 Harvey AI 的产品。

截至 2025 年 2 月，Harvey AI 共经历 5 次融资，共有 26 家投资机构入资，融资总额高达 5.06 亿美元。从 2022 年 11 月到 2025 年 2 月，仅 3 年左右时间，Harvey 的融资轮次就从种子轮发展到了 D 轮。

2. Robin AI

Robin AI 则是 2024 年法律 AI 领域的另一匹黑马，这家 2019 年成立的法律科技公司，其技术基于 Anthropic 的 Claude 大模型，为客户提供一个作为 Microsoft Word 的 Copilot 插件，功能与其他法律大模型产品类似，也是主要面向法律合同，用 AI 来自动化合同起草的过程。

其联合创始人兼首席执行官理查德·罗宾逊曾任职于律所博伊斯（Boies, Schiller & Flexner）和高伟绅（Clifford Chance），担任诉讼与争议解决律师。另一位创始人詹姆斯·克拉夫则是技术出身，他是一位毕业于帝国理工学院机器学习研究专业的科学家。

2024 年开年，Robin AI 宣布完成了新一轮 2600 万美元的 B 轮融资，由新加坡淡马锡领投，离其 1050 万美元的 A 轮融资只有 10 个月时间，总融资额也达到了 4300 万美元，但似乎并未公开其最新的估值。

其他估值在 5 亿~10 亿美元的潜在"独角兽"企业见表 3-4-4。

表 3-4-4　全球潜在独角兽企业梳理

公司	成立时间	业务	估值/亿美元	目前融资轮次	累计融资额/亿美元	主要投资方
Notarize	2015 年	法律文档管理平台	8	D 轮	2.7	Polaris Partners，CapitalG
ContractPod	2012 年	法律合同管理软件/SaaS	6.9	C 轮	2	SoftBank Vision Fund，Insight Partners
Onit	2011 年	企业法务工作流程平台	6	D 轮	2	Austin Ventures，Silicon Valley Bank
Evisorsort	2016 年	法律合同管理软件/SaaS	5	C 轮	1.6	TCV，General Atlantic

续表

公司	成立时间	业务	估值/亿美元	目前融资轮次	累计融资额/亿美元	主要投资方
Relativity	1997年	律所工作流程管理软件	5	D轮	1.4	Silver Lake，ICONIQ Capital，Intel Capital

资料来源：公开资料，智合研究院整理。

四、国内领先法律AI公司一览

智合研究院基于公开数据，梳理出在场景落地、市场影响力等方面表现突出的国内法律AI公司，见表3-4-5。

表3-4-5 国内领先法律AI公司梳理

序号	公司简称	类型	概况
1	智合（上海之合网络科技有限公司）	企业概况	智合成立于2014年，总部位于上海，是国内领先的法律科技、教育及信息服务提供商。智合通过旗下的"智合论坛""智拾网""智合研究院"等平台，向法律专业人士及服务机构提供行业领先的智库研究、战略咨询、品牌增信、继续教育等高端专业服务。2023年11月，智合推出首个法律垂直大模型——"智爱"（ZHIEXA），全面进军法律人工智能领域，并推出AI产品品牌智讯（Z-Express），致力于用数智化方式助力法律从业者打造品牌形象，提升获客能力
		法律科技产品概况	（1）智爱（ZHIEXA）——智AI：基于智爱大模型构建的法律AI产品，是包含法律研究、合同审查、法律翻译、文件助理四大核心功能的一体化智能工作平台； （2）智讯（Z-Express）——小A法律品牌营销助手：为律师提供法律动态和客户信息，实现高效"一键式"全平台营销内容生成与分发

续表

序号	公司简称	类型	概况
		备案信息	旗下子公司上海之爱智能科技有限公司于2025年3月完成国家第十批深度合成服务算法备案，备案编号：网信算备310115482119301240011号，算法名称：智爱文本生成算法，应用产品为智爱
		融资情况	截至2025年3月，智合共进行了两轮融资，当前轮次为Pre-A轮（获投时间2017年）
2	华宇元典（北京华宇元典信息服务有限公司）	企业概况	华宇元典成立于2016年，总部位于北京，是国内上市公司华宇软件（股票代码：300271）的子公司。华宇元典专注于法律人工智能领域，致力于为全法律生态圈提供基于数据和知识双驱动的法律知识服务
		法律科技产品概况	公司开发了多款面向法律服务行业的法律大数据和法律AI产品，包括面向法律从业者的智能检索平台元典智库，面向企业法务的元典Yodex智慧法务管理平台、元典合规系统，以及面向刑辩法律人的量刑产品元典刑事智库等
		备案信息	公司于2024年6月完成国家第六批深度合成服务算法备案，备案编号：网信算备110108741746601240015号，算法名称：元典问达法律信息生成算法，应用产品为元典问答
		融资情况	截至2025年3月，华宇元典共进行了两轮融资，当前轮次为B轮（获投时间2020年）
3	北大法宝（北京北大英华科技有限公司）	企业概况	北大英华成立于1999年，总部位于北京，是由北京大学投资控股、北京大学法学院创办和主管的高新技术企业和软件企业，依托于北京大学优势资源，致力于法律知识工程、法律人工智能、法律教育培训和法律文化传播四项事业

续表

序号	公司简称	类型	概况
		法律科技产品概况	公司的主要产品为"北大法宝",是由北京大学法律人工智能实验室与北京北大英华科技有限公司联合推出的一款智能型法律信息检索系统。北大法宝 1985 年诞生于北京大学法律系,经过 30 多年不断地改进与完善,已发展成为包括"法律法规""司法案例"等 29 大数据库在内的法律信息检索系统,全面涵盖法律信息的各种类型,满足法律工作者的检索需求
		备案信息	公司于 2024 年 10 月完成国家第八批深度合成服务算法备案,备案编号:网信算备 110108611864401240015 号,算法名称:法宝来言法律大模型算法,应用产品为法宝来言
		融资情况	截至 2025 年 3 月,北大英华共进行了两轮融资,当前轮次为战略融资(获投时间 2023 年)
4	法大大(深圳法大大网络科技有限公司)	企业概况	法大大成立于 2014 年,总部位于深圳,公司专注于提供电子签名和电子合同领域,为企业、政府和个人提供基于可靠电子签名技术的电子文件协同签署及管理服务
		法律科技产品概况	法大大的主要产品及服务包括:电子签名和电子印章管理、合同起草协商、合同智能审核、合同协作签署、签署后的合同管理、全链路存证和出证服务等
		备案信息	公司于 2024 年 10 月完成国家第八批深度合成服务算法备案,备案编号:网信算备 440304569365001240019 号,算法名称:法大大合同信息抽取和风险审查算法,应用产品为法大大签管一体化平台
		融资情况	截至 2025 年 3 月,法大大共进行了六轮融资,总额超过 14 亿元。当前轮次为 D 轮(获投时间 2023 年)

续表

序号	公司简称	类型	概况
5	中国法研（中国司法大数据研究院有限公司）	企业概况	中国司法大数据研究院有限公司为中国电子科技集团有限公司二级单位。公司由最高人民法院联合中国电科和国内法治信息化领域的优势单位于2016年11月合资成立，是最高人民法院信息化顶层设计与集成总体单位和中国电科在司法领域信息化、智能化的总体单位
		法律科技产品概况	主要提供数字法治整体解决方案及数据中台、业务中台、知识中台、智能应用的研制，党政军大数据的运营服务，基于大数据、人工智能、区块链、自然语言处理技术的智能模型和产品开发，重点服务智慧法院建设、国家与社会治理咨询、金融风控和企业合规管理、法律科技服务等
		备案信息	公司于2024年8月完成国家第七批深度合成服务算法备案，备案编号：网信算备110107180466101240011号，算法名称：中国法研法律服务内容生成算法，应用产品为法研大脑开放平台、北斗星金融司法智库
		融资情况	截至2025年3月，中国法研共进行了一轮融资。当前轮次为A轮（获投时间2018年，投资方为华宇软件）
6	幂律智能（北京幂律智能科技有限责任公司）	企业概况	幂律智能（PowerLaw AI）成立于2017年，总部位于北京，是一家专注于法律领域的初创型人工智能公司。旨在利用人工智能技术为法律服务行业赋能，基于自然语言处理、数据挖掘等技术，提供智能合同审查、合同全生命周期管理系统和法律咨询等产品和服务
		法律科技产品概况	幂律AI开放平台：提供包括词法分析、信息抽取、语义理解、智能问答等一系列技术模块，以接口的形式提供稳定可靠的调用。 MeCheck：一款AI驱动的智能合同审查产品，面向公司法务部门、律所及法律从业者提供合同审查辅助服务。 MeFlow：合同生命周期管理（CLM）产品，内置了智能模板、合同台账、合同评审、智能比对、智能审查以及统计分析等功能，覆盖合同从起草、评审、审核到履约各个节点

续表

序号	公司简称	类型	概况
		法律科技产品概况	无忧吾律法律服务平台：为中小企业客户提供包括英文合同审查、债务、劳动用工、股权、知识产权、合规监管等法律咨询服务
		备案信息	公司于2024年8月完成国家第七批深度合成服务算法备案，备案编号：网信算备110105458011301240013号，算法名称：PowerLaw大模型算法，应用产品为ChatMe智能法律助手
		融资情况	截至2025年3月，中国法研共进行了六轮融资。当前轮次为Pre-B轮（获投时间2023年，投资方为智谱AI）
7	麦伽智能（北京麦伽智能科技有限公司）	企业概况	麦伽智能成立于2020年，总部位于北京，公司是清华大学互联网司法研究院的产业合作伙伴，基于研究院多年积累的法律智能（Legal AI）原始创新技术，研发适用于审判业务、法律咨询业务和各行业泛法律需求的智慧解决方案
		法律科技产品概况	公司利用法律大模型、类案检索、审判偏离度预测等法律AI核心技术，为法院、检察院和司法行政机关提供新一代的办案辅助解决方案
		备案信息	公司于2024年8月完成国家第七批深度合成服务算法备案，备案编号：网信算备110108776193101240013号，算法名称：麦伽智能法律大模型算法，应用产品为麦伽LegalAID
		融资情况	截至2025年3月，麦伽智能共进行了五轮融资。当前轮次为A+轮（获投时间2023年）

续表

序号	公司简称	类型	概况
8	iCourt（北京新橙科技有限公司）	企业概况	iCourt 成立于 2015 年，总部位于北京，公司致力于用智能化工具赋能法律人工作全流程，提升法律人的工作体验。目前已为超过 15 万名法律人、超过 6000 家律所提供了数智化服务
		法律科技产品概况	Alpha 法律智能操作系统：法律检索工具和律师工作平台，包含案件管理、利冲管理、人事管理、案例库、法规库多个功能。 AlphaGPT：法律垂类大模型，覆盖合同审查、文书起草、法律咨询、卷宗阅读、案情研究多项服务
		备案信息	公司于 2024 年 10 月完成国家第八批深度合成服务算法备案，备案编号：网信算备 110105178742401240015 号，算法名称：新橙科技 AlphaGPT 生成式深度学习合成算法，应用产品为 iCourt
		融资情况	截至 2025 年 3 月，暂无公开信息
9	LegalBrain（北京律光智能科技有限公司）	企业概况	律光智能（LvGuang.AI）成立于 2024 年，总部位于北京，是一家专注于法律大模型研发及应用的人工智能公司，团队由来自金融投资、司法实务等领域的资深业务专家以及来自国内外顶尖高校、研究机构及企业的人工智能产品技术专家组成
		法律科技产品概况	公司致力于打造行业领先的法律大模型及多场景智能法律服务解决方案
		备案信息	公司于 2024 年 12 月完成国家第九批深度合成服务算法备案，备案编号：网信算备 110108724359001240019 号，算法名称：LegalBrain 生成合成算法，应用产品为 LegalBrain
		融资情况	截至 2025 年 3 月，暂无公开信息

续表

序号	公司简称	类型	概况
10	PaperX（北京智函科技有限公司）	企业概况	智函科技成立于2024年，总部位于北京
		法律科技产品概况	PaperX律师AI工具集，包括以下功能：ChatDoc，一款基于GPT4-模型的长文件和多文件阅读助手；AITranslate，一款集成了丰富术语库的人工智能翻译工具；智能数据脱敏系统，通过私有化部署和训练小模型的技术，使用历史业务数据，对个性化的敏感词类型进行专项训练，最终实现敏感信息的本地脱敏和还原
		备案信息	公司于2025年3月完成国家第十批深度合成服务算法备案，备案编号：网信算备110112147659201240017号，算法名称：智函内容生成大模型算法，应用产品为PaperX
		融资情况	截至2025年3月，暂无公开信息
11	法观〔数智枫桥（北京）信息技术研究院有限公司〕	企业概况	数智枫桥研究院成立于2018年，总部位于北京，是首都新时代"枫桥经验"数智化创新与国际化传播的代表机构，由首都社会治理、法治政府领域学者、政府咨询顾问、律师、法律科技、治理科技等专家发起成立，致力于通过"法治+科技+社会治理"的手段，为政府与企业提升矛盾纠纷治理水平提供"全周期、一站式、数智化"解决方案
		法律科技产品概况	2024年，数智枫桥研究院联合中国司法大数据研究院、天同律师事务所研发并运营法律大模型"法观"，作为行业新锐，"法观"是针对法律实务的特殊需求自主研发的人工智能解决方案。2024年8月，"法观"成为全球首个通过中国法考的人工智能产品，并正式上线运营
		备案信息	公司于2025年3月完成国家第十批深度合成服务算法备案，备案编号：网信算备110105699899801240019号，算法名称：法观法律内容生成算法，应用产品为法观
		融资情况	截至2025年3月，暂无公开信息

续表

序号	公司简称	类型	概况
12	秘塔科技（上海秘塔网络科技有限公司）	企业概况	秘塔科技成立于2018年，总部位于上海，并成立北京和成都两大研发中心，是人工智能领域的一家新锐科技公司
		法律科技产品概况	公司在AI搜索、AI写作、法律翻译等方向上开展研发与产品落地。公司基于自身业务特点和技术积累自主研发了大语言模型MetaLLM。MetaLaw类案分析区别于传统的法律数据库，无须总结关键词，自动完成自然语言到法言法语的转换
		备案信息	MetaLLM于2023年通过生成式人工智能服务备案（第二批），备案编号：Shanghai-MetaLLM-20231106；深度合成算法备案（第二批），备案编号：网信算备310115866995701230019号
		融资情况	截至2025年3月，秘塔科技共进行了两轮融资。当前轮次为A轮（获投时间2024年，投资方为蚂蚁集团）
13	百事通（上海百事通信息技术股份有限公司）	企业概况	百事通成立于2006年，总部位于上海，在北京、广州、杭州等地设立分支机构。公司定位大型创新型法律服务提供方，构建了法律数字化智能平台，为下一代法律解决方案提供创新的技术和服务
		法律科技产品概况	主要业务板块包括：行业规模以上企业大规模法律服务、中小企业标准化法律服务、公共法律服务及社区法律服务、知识产权专业领域、人工智能、个人法律服务；服务内容覆盖企业法务、诉讼和非诉、纠纷调解、法律咨询、知识产权维权、法律宣传等；服务手段包括法律咨询热线、定制化法律服务SaaS平台及运营、标准化SaaS服务平台+运营、多角色线上解纷（ODR）等，以及包括智慧诉讼助理在内的大规模智能法律文书处理中心

· 167 ·

续表

序号	公司简称	类型	概况
		备案信息	公司于2024年4月完成国家第五批深度合成服务算法备案，备案编号：网信算备310104629365401240013号，算法名称：百事通法律咨询内容增强生成算法，应用产品为百事通法律智能问答助手。 公司于2024年8月完成国家第七批深度合成服务算法备案，备案编号：网信算备310104629365401240021号，算法名称：百事通法律咨询语音对话生成算法，应用产品为百事通AI法律助理
		融资情况	公司曾于2015年11月挂牌新三板，公开资料显示，2014年度，公司完成营业收入2.40亿元，净利润4621.03万元。后于2018年摘牌
14	富问（上海富问信息科技有限公司）	企业概况	公司成立于2021年，总部位于上海，是一家致力于网络社交平台（聊天人）开发运营及人工智能AI研发的软件技术公司
		法律科技产品概况	富问GPT法律大模型中的"AI法律家咨询"，主要包括为用户提供日常法律问答咨询、起草诉讼文书、书写协议合同等功能；"AI论文研究助手"主要包括为用户提供论文选题参考，草拟论文摘要和目录框架等功能
		备案信息	公司于2024年6月完成国家第六批深度合成服务算法备案，备案编号：网信算备310114637469901240011号，算法名称：富问法律大模型算法，应用产品为富问AI法律家
		融资情况	截至2025年3月，暂无公开信息
15	芳邻花园（上海芳邻网络技术有限公司）	企业概况	芳邻花园成立于2017年，总部位于上海，是上海市海华永泰（珠海）律师事务所田莉律师为探索法律数智化转型而设立的实验载体

续表

序号	公司简称	类型	概况
		法律科技产品概况	生成式人工智能法律产品"AI法律助理一氏"以通用大语言模型为底座，利用RAG技术，基于专家思维链进行推理应用的AI智能体，它通过提供引导式多轮问答，为终端用户提供法律咨询服务
		备案信息	公司于2024年8月完成国家第七批深度合成服务算法备案，备案编号：网信算备3101517791976001240017号，算法名称：AI法律助理一氏算法，应用产品为AI法律助理一氏
		融资情况	截至2025年3月，暂无公开信息
16	从法信息（从法信息科技有限公司）	企业概况	从法信息成立于2020年，总部位于上海，是国内领先的法律科技企业，拥有混合共识、文件上链、多域治理等多项专利技术
		法律科技产品概况	公司以云视频底层技术为依托，为司法行业提供远程法律服务解决方案，服务客户涵盖全国公安、法院、检察院、司法行政、劳动仲裁、公证等单位
		备案信息	公司于2024年10月完成国家第八批深度合成服务算法备案，备案编号：网信算备3101515211126101240017号，算法名称：从法法律服务大模型算法，应用产品为法律法规增强查询、法律咨询助手等
		融资情况	截至2025年3月，暂无公开信息
17	得理（深圳得理科技有限公司）	企业概况	得理成立于2018年，总部位于深圳，是一家由国内法律团队和AI团队联合发起的法律科技公司，并于2019年联手深圳先进院成立法律人工智能实验室，专注法律行业AI模型算法研究

· 169 ·

续表

序号	公司简称	类型	概况
		法律科技产品概况	小理 AI：包括法律咨询、法律研究、文本生成、案件分析、文案创作、律师智能推荐等主要功能； 得理法搜：包括法律检索、AI 阅读裁判文书、文本智能生成、AI 法律研究、AI+ 律师法律咨询等主要功能； 得理律助：包括智慧办公、文档管理等主要功能
		备案信息	公司于 2024 年 4 月完成国家第五批深度合成服务算法备案，备案编号：网信算备 440305335838301240017 号，算法名称：得理法律大模型算法，应用产品为得理法搜
		融资情况	截至 2025 年 3 月，暂无公开信息
18	熊猫 AI（广州睿律智能科技有限公司）（广州艾律数智智能科技有限公司）	企业概况	睿律智能成立于 2009 年，总部位于广州，是一家专注于法律 AI 领域的创新型企业
		法律科技产品概况	公司旗下熊猫 AI 法律数智平台，提供智能问答、合同智能写审改、法律文书智能起草、审核等功能
		备案信息	广州睿律智能科技有限公司于 2024 年 8 月完成国家第七批深度合成服务算法备案，备案编号：网信算备 440106272947301240017 号，算法名称：熊猫 AI 法律数智平台智能内容生成算法，应用产品为熊猫 AI 法律数智平台、熊猫 AI 智法助理。 广州艾律数智智能科技有限公司于 2024 年 10 月完成国家第八批深度合成服务算法备案，备案编号：网信算备 440105774213501240025 号，算法名称：艾律熊猫 AI 智法文本生成算法，应用产品为熊猫 AI 法律数智平台、熊猫 AI 智法助理
		融资情况	截至 2025 年 3 月，暂无公开信息

续表

序号	公司简称	类型	概况
19	上上签（杭州尚尚签网络科技有限公司）	企业概况	上上签成立于2014年，总部位于杭州，是国内电子签约云平台领跑者。截至2024年12月底，上上签电子签约平台服务累计超过3000万家企业客户，覆盖个人用户超8.5亿人，单日合同签署峰值达到3118万次
		法律科技产品概况	为企业提供智能合同云服务，包括电子签名、合同全生命周期智能管理、AI合同等一体化电子签约解决方案
		备案信息	公司于2024年2月完成国家第四批深度合成服务算法备案，备案编号：网信算备330106973391501230011号，算法名称：合同解读生成算法，应用产品为上上签电子签约云平台智能签约助手Hubble（哈勃）
		融资情况	截至2025年3月，上上签共进行了五轮融资。当前轮次为C轮（获投时间2018年）
20	浮云科技（杭州浮云网络科技有限公司）	企业概况	浮云科技成立于2013年，总部位于杭州，是创业板上市公司顺网科技（股票代码：300113）控股子公司。公司是一家集游戏研发、出版、运营，大数据与人工智能技术研究，元宇宙生态及数字人研究等为一体的互联网科技型公司
		法律科技产品概况	公司"桐乡数智普法人"案例（浙江省司法厅试点项目）作为全国首个运用人工智能和虚拟现实技术创新推出的数字化普法新场景，入选浙江省《数字法治系统"一本账S3"》重大应用，纳入2023年浙江省提升公民法治素养工作指导案例，并在全国"2023政法智能化建设技术装备及成果展"上做交流推广
		备案信息	公司于2024年4月完成国家第五批深度合成服务算法备案，备案编号：网信算备330105067359501240017号，算法名称：浮云法律大语言模型算法，应用产品为AI法律数字人
		融资情况	2014年8月，顺网科技以9360万元收购杭州浮云网络科技有限公司

续表

序号	公司简称	类型	概况
21	法保网（浙江法之道信息技术有限公司）	企业概况	法保网成立于2019年，总部位于杭州，是国内领先的AI+法律服务平台，致力于高效满足企业多样化法律需求，用科技与企业共建法律合规体系。成立至今已经服务了超过20万家客户
		法律科技产品概况	公司旗下法保智慧法务大模型包含普法问答、证据分析、文书改写、提供法条类案等主要功能
		备案信息	公司于2024年8月完成国家第七批深度合成服务算法备案，备案编号：网信算备330108814876301240019号，算法名称：法保网AI法律咨询助手算法
		融资情况	截至2025年3月，法保网共进行了三轮融资。当前轮次为A+轮（获投时间2024年）
22	法域通（浙江橙遇科技有限公司）	企业概况	法域通成立于2022年，总部位于杭州，是一家专注于行业应用软件研发与信息技术服务的企业，自创立以来深耕公安、法院、检察院等政法行业信息化建设
		法律科技产品概况	公司自主研发了"法域通"人工智能法律服务平台，该产品目前涵盖四个板块——智能咨询、合同智审、普法常识、诉讼预判
		备案信息	公司于2024年12月完成国家第九批深度合成服务算法备案，备案编号：网信算备330106309358201240017号，算法名称：法域通生成算法，应用产品为法智助手、法域通、智安小助
		融资情况	截至2025年3月，暂无公开信息

续表

序号	公司简称	类型	概况
23	E签宝（杭州天谷信息科技有限公司）	企业概况	E签宝成立于2002年，总部位于杭州，是国内电子签名领域的领导者，面向政务服务体系、企业组织、个人用户，提供全球领先的电子合同全生命周期服务
		法律科技产品概况	E签宝开发有电子签名与智能履约平台、物电一体化的印章管理平台、身份认证和智能风控系统、区块链证据保全与管理平台、在线速裁与司法服务体系等应用
		备案信息	公司于2024年12月完成国家第九批深度合成服务算法备案，备案编号：网信算备330108957474201240029号，算法名称：E签宝合同生成和分析算法，应用产品为E签宝签管一体化电子合同云平台
		融资情况	截至2025年3月，E签宝共进行了七轮融资。当前轮次为E轮（获投时间2021年）
24	识度科技（杭州识度科技有限公司）	企业概况	识度科技成立于2018年，总部位于杭州，是一家专注于智慧法律服务的科技公司，核心技术团队来自百度、阿里巴巴、腾讯及国内著名科技企业
		法律科技产品概况	公司为司法部门提供多种类型的产品、服务及解决方案，全线产品已在全国23个省（直辖市）2000多个政法单位上线并投入使用，各项服务功能和内容总计使用超过2000万人次
		备案信息	公司于2024年12月完成国家第九批深度合成服务算法备案，备案编号：网信算备330110842540901240015号，算法名称：识度法律服务内容生成算法，应用产品为识度智能法律服务
		融资情况	截至2025年3月，暂无公开信息

续表

序号	公司简称	类型	概况
25	数智元宇（杭州数智元宇科技有限公司）	企业概况	数智元宇成立于2024年，总部位于杭州
		法律科技产品概况	数智元宇旗下产品包括AI律师智能体"元宇对话"和法律数智人一体机等
		备案信息	公司于2024年12月完成国家第九批深度合成服务算法备案，备案编号：网信算备330110293667501240017号，算法名称：元宇法律大模型生成算法，应用产品为元宇律镜
		融资情况	截至2025年3月，暂无公开信息
26	法管家（贵州律皓科技有限公司）	企业概况	法管家成立于2023年，总部位于贵阳，是一家专注于法律人工智能领域的科技公司，专注为包括个体用户、中小微型企业和律师事务所等用户提供专享的智能线上线下泛在法律服务
		法律科技产品概况	C端包含小法AI问答、法律文书智能生成、模拟法庭等一系列法律服务智能产品，注册用户10万人次以上
		备案信息	法管家于2023年通过生成式人工智能服务备案（第三批），备案编号：Guizhou-FaGuanJiaDaMoXing-202409100001；深度合成算法备案（第五批），备案编号：网信算备520111724105501240011号
		融资情况	截至2025年3月，暂无公开信息

资料来源：公开资料，智合研究院整理。

第五章

海外代表性法律科技企业研究

一、Harvey AI

（一）三年融资到 D 轮

Harvey AI 是一家专注于为法律和专业服务领域开发特定 AI 的公司，由温斯顿·温伯格（Winston Weinberg）和加布（Gabe）联合创立，旨在通过构建端到端的工作流程和简化复杂任务，彻底改变法律及相关行业。Harvey AI 2024 年的 ARR 已经超过 5000 万美元，并覆盖了 42 个国家 235 家客户，包括大部分美国十大律师事务所。LexisNexis 母公司 RELX Group 风险投资部门也是 Harvey AI 新一轮融资的投资方。

截至 2025 年 2 月，Harvey AI 进行了 5 次融资，共有 26 家投资机构入资，融资总额高达 5.06 亿美元。仅三年左右时间，Harvey 的融资轮次已从种子轮发展到了 D 轮，见表 3-5-1。

表 3-5-1　Harvey AI 融资事件汇总

宣布时间	融资轮次	融资金额	投资机构
2025 年 2 月	D 轮	3 亿美元	Sequoia Capital 领投，Kleiner Perkins、Google Ventures、Coatue、Elad Gil、REV、OpenAI Startup Fund 和 Conviction Partners 跟投

续表

宣布时间	融资轮次	融资金额	投资机构
2024年7月	C轮	1亿美元	Google Ventures领投，Sequoia Capital、SV Angel、Kleiner Perkins、Elad Gil和OpenAI跟投
2023年12月	B轮	8000万美元	Elad Gil和Kleiner Perkins领投，Sequoia Capital和OpenAI Startup Fund跟投
2023年4月	A轮	2100万美元	Sequoia Capital领投，SV Angel、Elad Gil、OpenAI Startup Fund和Conviction Partners跟投
2022年11月	种子轮	500万美元	OpenAI Startup Fund领投，Elad Gil和Jeff Dean跟投

资料来源：Crunchbase，智合研究院整理。

（二）逾百家律所为之付费

此前Harvey AI曾透露已有超过1.5万家律所排队等待其AI服务。而根据团队披露的最新数据，现在超100家律所已经付费用上了Harvey AI的产品。目前，其官网中展示的战略合作客户中，不乏安理·谢尔曼（A&O Sherman）、普华永道（PwC）、美迈斯（O'Melveny）、礼德（Reed Smith）、麦克法兰（Macfarlanes）以及CMS这样的国际顶级律所及机构，见表3-5-2。

表3-5-2 Harvey AI客户名单

使用时间	客户名称	详细信息
2023年2月	安理·谢尔曼	原安理国际（Allen & Overy），英国"魔圈"（Magic Circle）所之一，面向全球43个办事处、3500多名律师使用Harvey AI
2023年3月	普华永道	四大会计师事务所之一，在全球拥有超4000名专业的法律人员
2023年8月	美迈斯	美国美迈斯律师事务所（O'Melveny & Myers），总部位于洛杉矶，在复杂诉讼、并购和金融领域闻名

续表

使用时间	客户名称	详细信息
2023年8月	礼德	英国礼德律师事务所（Reed Smith），共有约1700位律师，全球31个办公室遍布美国、欧洲、中东及亚洲
2023年10月	格莱恩	德国格莱恩律师事务所（Gleiss Lutz），以其在公司法、并购和争议解决领域的专业服务著称
2023年10月	麦克法兰	"银圈"（Silver Circle）所之一，专注于公司并购、私募股权、银行与金融领域，所内有800名律师
2024年1月	库特	西班牙库博国际律师事务所（Cuatrecasas），拥有1900多名专业人员，在12个国家的25个城市设有办公室
2024年3月	CMS	国际律所CMS，拥有5800多名律师，与Harvey AI的正式合作将首先在英国、法国、德国、荷兰和葡萄牙的办公室展开，未来逐步推广至全球的75个办公室

资料来源：智合研究院整理。

自2023年8月以来，Harvey AI整体用户使用率（average utilization）实现了翻倍。

2023年8月~2024年8月，Harvey AI的用户使用率从33%大幅增长至69%，且用户愿意更频繁地使用。这一数据表明，随着产品功能的不断迭代和优化，Harvey AI越来越能够贴合律师等法律专业人士的实际需求。

Harvey AI公布的另一项关键数据是用户留存率（user retention），这也是衡量可用性以及一款产品长期价值的重要指标之一。

数据显示，Harvey AI的用户留存率在一年后保持在70%左右。SaaS产品的月流失率一般在3%到8%之间，年流失率在32%到50%之间。若将Harvey AI视作一款专为律师事务所设计的"企业级SaaS"产品，其产品能在长时间内保持如此高的黏性，足以体现其用户满意度较高，能吸引用户持续使用。

（三）"秀肌肉"还是"真有料"？

除了亮眼的数据，Harvey AI 还在 2024 年 6 月发布了《Harvey 产品概览》，短短 1 分 44 秒的视频信息量却相当大，各种场景几乎都只是一闪而过。在视频中，Harvey AI 所展示的操作界面极为简洁。最左侧是功能选择区，包含助理（Assistant）、研究（Research）、历史记录（History）、文库（Library）等六个功能。中间区域分为上下两部分：上半部分是输入指令和提示词的窗口，下半部分则是上传文件的窗口。最右侧则是输出生成内容的窗口。

此外，Harvey AI 还展示了其强大的批量提取文件内信息的能力，将一座晃晃悠悠的"文档山"一次性地"投喂"给了对话窗口，页面显示，Harvey AI 可一次处理 1000 份文件（累计大小不超过 1G），为律师节省了大量的阅读文件的时间。这也完美诠释了其首页中的宣传语：Harvey 能够理解您的所有数据（Harvey can understand all your data）。2024 年 8 月 20 日，Harvey AI 又发布了新版律师助理（Assistant）的预告。更新后的版本最大的变化是优化了产品的功能细分，增加了针对不同用例的专门模式：其中，辅助模式（Assist Mode）专门用于提问，侧重于用来对法律文件进行总结、分析和搜索。例如，用户可以要求系统"确定这些证词之间的不一致之处，以表格格式提供"。而初稿模式（Draft Mode）则专门用于生成和修改详细的长篇内容，如合同条款。其独特之处在于可使用"修订模式"。用户可框选文本中的特定区域进行重点修改，并要求 Harvey AI "显示编辑"，从而清晰地突出显示大模型所做的修改内容。

Harvey AI 的阶段性成功，既源于其坐拥顶级的资源和技术团队，也得益于法律领域与 AI 技术的深度契合。作为 OpenAI 创投基金首批投资的四家公司之一，Harvey AI 是唯一专注于法律领域的 AI 公司，先后获得了红杉资本等顶级投资机构的支持，以及微软 Azure 资源的助力。其核心团队更是汇聚了来自瑞生（Latham & Watkins）、宝维斯（Paul Weiss）、世达（Skadden）、美迈斯（O'Melveny）、众达（Jones Day）等知名律所和 DeepMind、微软、Meta 等科技巨头的精英。随着法律大模型技术的日益成熟，Harvey AI 正在向整个律师行业展示，法律 AI 如何从辅助工具转变为业务流程的核心组成部分。

二、LegalZoom[*]

（一）一年之间，两次大裁员

2024年8月6日，LegalZoom宣布将再次裁员，此次裁员比例高达15%。与此同时，公司还决定缩减其原定的招聘计划。上一次裁员发生在2023年10月，LegalZoom解雇了得克萨斯州奥斯汀办公室的122名销售人员，并计划将该办公室以4100万美元出售。

据Law360报道，LegalZoom的一位发言人拒绝透露此次裁员的具体人数，但表示此次调整涉及各个层级和部门。该发言人补充道："我们已经制订了一份全面的过渡方案，以表达对受影响员工的感谢，并提供了延续薪资、带薪福利和职业转换支持。"LegalZoom预计，此次裁员将产生约500万美元的遣散费和相关费用，同时将在2024年剩余时间内节省约1200万美元的成本。

（二）高层动荡，预期下调

LegalZoom的高级管理层也经历了重大动荡。2024年7月，首席执行官丹·韦尼科夫（Dan Wernikoff）离开了公司，董事会主席杰弗里·斯蒂贝尔（Jeffrey Stibel）接任首席执行官职位，成为LegalZoom自成立以来的第四任首席执行官。

此外，LegalZoom的首席运营官Rich Preece在2024年3月离开公司，随后出任美国K12教育信息化"独角兽"公司GoGuardian的首席执行官。随管理层变动一同到来的还有对未来业绩的预期。LegalZoom将2024年的营收预期从7亿至7.2亿美元下调至6.75亿至6.85亿美元。公司还将自由现金流预期从8500万至9500万美元下调至7500万至8500万美元。

（三）"屡败屡战"之间

LegalZoom是法律界少数为人熟知的国外创业公司之一。2021年6月29

---

[*] 原文《一年两度大裁员，LegalZoom不行了？》2024年8月10日首发于微信公众号"智合"。

日，成立于2000年的LegalZoom终于在美国纳斯达克证券交易所上市，股票代码为LZ，市值一度高达71亿美元。但LegalZoom能被广泛关注还要归功于其波折的上市历程。

LegalZoom第一次尝试上市是在2012年，与脸书（Facebook）同期，承销商同样是摩根士丹利和美林银行。然而，不同于Facebook上市后出现破发，LegalZoom因在美国多个州遭遇律师公会和用户的起诉，推迟了发行计划，并在两年后搁置了上市计划。

当时的主要争议集中在LegalZoom从事未经授权的法律事务。与国内熟知的在线法律市场平台不同，LegalZoom的业务模式既不是"撮合"律师与案源对接，也不是将用户的法律需求收集并打包后交给律师处理，而是"直接提供服务"，见表3-5-3。

表3-5-3 LegalZoom业务布局

产品名称	产品描述
企业成立服务	LegalZoom提供帮助个人和企业成立有限责任公司（LLC）和非营利组织的服务，包括文件准备并向州政府提交
注册代理服务	LegalZoom提供注册代理服务，代表企业接收法律文件，并确保符合州政府的要求
知识产权服务	LegalZoom协助进行商标、专利和版权注册，以保护企业名称、标志和发明
遗产规划服务	LegalZoom提供创建遗产规划文件（如遗嘱和生前信托）的工具，以管理资产的分配
电子签名服务	LegalZoom提供符合美国电子签名法律的电子签名服务，用于具有法律约束力的协议
实益所有权信息报告	LegalZoom帮助企业通过准备实益所有权报告以符合联邦立法，以便提交给美国金融犯罪执法网络（FinCEN）
法律文件模板	LegalZoom提供各种法律文件模板，供企业和个人使用，包括协议和政策

资料来源：Crunchbase，智合研究院整理。

LegalZoom 最初的收费模式是按次收费（transaction revenue），在网上出售定制的法律文件。从公司注册、房产买卖到遗嘱撰写，甚至离婚手续，LegalZoom 让用户无须花费大量时间和金钱聘请律师。用户可以在线填写可定制的法律表格，这些表格由公司人员检查是否有错误，并根据需要进行后续电话沟通。例如，通过该网站成立一家企业的套餐费用可能低至 139 美元，"而律师通常会向你收取约 1480 美元的标准注册服务费用"。

问题在于，LegalZoom 提供的法律文件在本质上没有创造新的市场"蛋糕"，而是抢占了原属于律师的市场份额，被群起而攻之是必然的。此后，LegalZoom 在众多用户和多地律师协会的集体诉讼下疲于应对，几经波折后最终搁置了上市计划，4 位联合创始人也相继离开公司。最终，LegalZoom 转向私募股权市场寻求流动性支持。2014 年，LegalZoom 给自己的控股权作价 2 亿美元，出售给了欧洲领先的私募基金璞米资本（Permira Advisers LLP），管理团队也进行了全面更新。

随着璞米资本的加入，LegalZoom 加速了进军英国市场的步伐，收购了拥有 200 年历史的英国律所 Beaumont Legal。公司的业务模式也随之进行了大刀阔斧的改革，大部分销售从依赖订单数量的按次收费模式转型为订阅收费模式（subscription revenue），以寻求更快、更稳定的增长。到 2017 年，LegalZoom 的收入较 2014 年翻了一番。公司首席执行官约翰逊（John Suh）曾公开表示："我们的品牌知名度比在线或线下竞争对手高出 10 倍。"在此背景下，LegalZoom 再次完成了一轮高达 5 亿美元的融资，估值达 20 亿美元，IPO 计划也重新提上日程。凭借订阅收入的比例、增长率和营收数据，LegalZoom 最终于 2021 年成功上市。

上市后，LegalZoom 仍然面临持续的争议，这似乎并未阻碍其市场扩展。招股说明书显示，LegalZoom 在美国 50 个州和 3000 多个县开展业务，2020 年，美国有 10% 的新有限责任公司都是通过 LegalZoom 成立的。2020~2023 年，公司营收从 4.7 亿美元增长到 6.6 亿美元，见图 3-5-1。

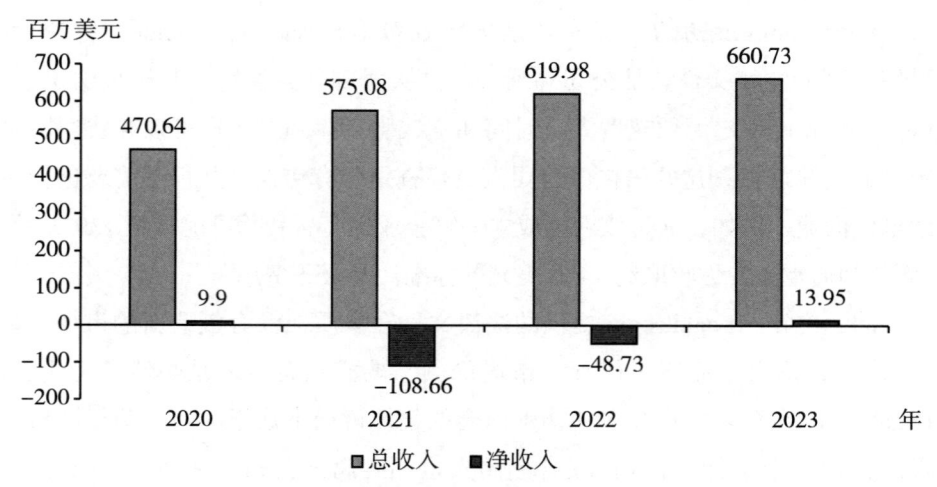

图 3-5-1 2020~2023 年 LegalZoom 业绩

资料来源：英为财情，智合研究院整理。

然而，伴随首席执行官的离职和公司下调前景预期，LegalZoom 的股价跌至历史低点，公司市值也暴跌超过 80%，从首次公开发行时的 71 亿美元跌到如今的 11.4 亿美元。

（四）危险信号，还是主动求变

尽管频繁经历裁员和高管更替，但 LegalZoom 的业绩其实并不算糟糕。在裁员公告发布的同时，公司还公布了季度收益报告：收入增长了 5%，达到 1.774 亿美元，但自由现金流从去年同期的 3740 万美元下降到了 1740 万美元。

事实上，许多科技公司的裁员并非源于业绩不佳，而是出于优化业务和团队结构的需要。2023 年以来，谷歌、亚马逊、微软、雅虎等科技巨头相继裁员，收缩战线，将资源集中于 AI 领域，推动"AI 竞赛"进入新高度。LegalZoom 也不例外，2023 年 9 月，LegalZoom 推出了基于生成式 AI 的法律文件摘要工具 Doc Assist。公司首席财务官诺埃尔·沃森（Noel Watson）在收益声明中表示："我们仍致力于推动高效增长，提高运营效率，并保持极高的利润率。"

LegalZoom 还远未到生死存亡关头：换帅未必意味着经营状况的翻转，

毕竟 LegalZoom 的上任首席执行官也已经掌舵了 7 年左右；裁员也未必意味着关门在即，可能是为了精简业务线和降本增效后更好地出发。随着新任首席执行官的"上任三把火"，LegalZoom 未来或将迎来更多调整和变革。无论这些变革最终带来怎样的结果，法律科技都仍然会在众多参与者的推动下日新月异、飞速迭变。这是大潮，LegalZoom 也一定还会继续试错。

三、Hebbia[*]

（一）改变世界的不是技术，而是产品

技术的变革往往为人们带来无限的可能性。然而，真正改变世界的并不是单纯的技术，而是将这些技术转化为现实应用的产品。Hebbia 的创始人兼首席执行官乔治·西沃尔卡（George Sivulka）对此深有体会。他在接受媒体采访时表示，"在人类历史上，有七次重大的技术革命：火、农业、车轮、重复制造、电力、互联网和人工智能。毫无疑问，人工智能是我们这一生中最重要的技术。但推动革命的并不是技术，而是产品。AI 可以执行复杂的工作流程，而不仅仅是来回聊天"。据媒体报道，这家初创公司 2024 年 7 月宣布完成了一笔 1.3 亿美元的 B 轮融资，最新估值达到 7 亿美元，成为 2024 年最大的单笔法律科技融资。

（二）明星团队

Hebbia 的创始人乔治·西沃尔卡（George Sivulka）是一名斯坦福大学的博士肄业生。他在 16 岁时就在 NASA 工作，开发卫星探测软件。不到 2 年的时间，他以优异的成绩获得了数学学士学位，成为最快获得斯坦福大学数学学位的本科生之一。在斯坦福攻读应用物理学硕士期间，他参与了美国能源部的物理研究项目，并进入了斯坦福大学全额资助的项目，开始攻读人工智能博士学位。23 岁时，他从斯坦福大学计算神经科学博士项目退学，与一支主要由斯坦福人工智能研究人员组成的团队一起创办了 Hebbia。

---

[*] 原文《替代谷歌，2024 法律科技融资冠军出现了》2024 年 7 月 13 日首发于微信公众号"智合"。

（三）全明星阵容的投资人

据 Crunchbase 统计，自 2020 年 8 月成立以来，Hebbia 已获得了三轮融资，累计筹集资金 1.61 亿美元。最新一轮由安德森·霍洛维茨（Andreessen Horowitz，简称 A16z）领投，Index Ventures、谷歌风投（GoogleVentures）和彼得·蒂尔（Peter Thiel）参与其中（见表 3-5-4）。

表 3-5-4　Hebbia 融资历程

宣布时间	融资轮次	融资金额/万美元	投资者
2024 年 7 月	B 轮	130,000	由安德森·霍洛维茨领投，谷歌风投、Index Ventures、Peter Thiel 跟投
2022 年 7 月	A 轮	30,000	由指数资本（IndexVentures）领投，Stanley Druckenmiller、RamShriram、Abstract Ventures、Jerry Yang、Kevin Warsh、Martin Chavez、Radical Ventures 跟投
2020 年 10 月	种子轮	110	由硅谷风险投资机构 Floodgate 领投、天使投资人 PeterThiel、NavalRavikant、Kevin Hartz 跟投

资料来源：Crunchbase，智合研究院整理。

Hebbia 现有投资者中包括有"硅谷风投教父"之称的安德森·霍洛维茨、索罗斯门徒、对冲基金大佬斯坦利·德鲁肯米勒（Stanley Druckenmiller）、谷歌创始董事会成员兼首批投资者之一拉姆·施里拉姆（Ram Shriram）、雅虎创始人杨致远（Jerry Yang）、PayPal 联合创始人硅谷明星投资人彼得·蒂尔等。其中，彼得·蒂尔更是 Hebbia 为数不多的早期投资者之一，他个人的前五笔种子期投资分别是 Facebook、Palantir、DeepMind、OpenAI 和 Hebbia。Hebbia 有何吸引力？

（四）最好的点子往往来自最了解业务的人

创业的灵感产生于创始人乔治的博士期间。他的许多朋友都进入了金融领域，从事并购业务，每周工作 100 小时，忙于处理成千上万份文件。为了帮助这些朋友，他在一个周末开发了一种 Ctrl-F 浏览器插件。这种插件与基本的关键词搜索不同，不仅匹配特定的短语，而且是基于自然语言处理（NLP）来理解语境，实际回答网页上的问题。

几天之内，这款浏览器插件引起了法学学生、金融分析师以及斯坦福实验室同事的关注，大家都认为神经搜索（Neural Search）非常有用，并希望将这一工具应用于他们自己的个人文档索引。在筹集了一小笔种子资金后，Hebbia 诞生了。乔治和他的创始团队由机器学习科学家和工程师组成，他们回到了他的老家纽约，开始构建世界上第一个"神经网络搜索引擎"。

（五）聚焦所有分析师岗位

不同于另一家专注于法律领域的 AI 明星初创公司 Harvey AI，Hebbia 的独特商业模式并不限于金融、法律或任何特定行业，而是聚焦于分析师的"岗位"，专注于优化检索这一"单一"功能。乔治曾在一次访谈中表示，他希望结束所谓的"谷歌语言"时代，构建世界上首个"神经搜索引擎"。

当今的市场上，包括谷歌、雅虎、必应和百度等主要的商业搜索引擎，都是通过关键词匹配驱动的。这些搜索引擎通过识别查询网页中的词汇，然后通过统计数据、词数和语义映射的复杂综合来排名页面。例如，当你搜索"太阳"时，数据可能已经将"太阳能"等主题相似的词汇联系起来。使用这些搜索引擎时，我们常常假装机器比实际更笨：我们将查询简化成基本的关键词和尴尬的短语，然后花费更多脑力来完善语言，以防止搜索算法出错。同时，在某种程度上，你必须已经对你所寻求的结果有所了解。

乔治称，Hebbia 的产品将解决谷歌的一个痛点，超越传统搜索引擎的能力，极大地提升搜索效率和精度。神经搜索技术（Neural Search Technology）能够理解查询的语境，识别用户意图，并提供精确答案。

通过更智能的搜索技术，Hebbia 提供了超越传统搜索引擎的搜索能力。其核心产品"矩阵"（Matrix）是一款人工智能辅助工具，能够从大量文档中提取、结构化和分析信息，并通过语言学习模型实现全流程自动化。Hebbia 的技术不仅能理解用户意图并提供精确答案，还能保持透明和可验证性，确

· 185 ·

保用户与人工智能系统之间的信任与协作。例如，用户现在可以输入"最新的销售额是多少"或"病人什么时候被诊断"，并在几秒钟内得到答案。

Hebbia 的核心优势包括：

（1）Any Data（任何数据）：能够对任何数量和模态的数据进行推理，包括 PDF 文件、PPT 文件、电子表格、会议记录甚至音频和视频片段等，并拥有无限有效的上下文窗口。

（2）Any Task（任何任务）：可以执行复杂的多步骤工作流程，挖掘埋藏在成堆文件中的细节，进行有针对性的信息提取。

（3）Total Transparency（高度透明）：用户可以查看并追踪 AI 所采取的每一个行动，从数千份文档中定位到引用位置，标记并高亮显示，解决用户或企业对 AI 可能产生不准确信息的担忧。

（4）Enterprise Security（企业安全）：获得 SOC2 Ⅰ类和 SOC2 Ⅱ类数据安全合规认证。

基于其"神经搜索引擎"能够处理任何数量、任何格式的数据，并在高透明度和确保数据安全的情况下进行复杂、多步骤的信息提取这一优势，Hebbia 在多个行业中受到青睐。其应用场景包括：

（1）金融机构：进行尽职调查和财务分析，例如，从美国证券交易委员会文件、收益记录等中获取相关数据，并检测超过 8000 份监管文件中的不一致之处。

（2）法律专业人士：通过快速检索与案件相关的文件进行法律研究、合同分析、知识管理和案例分析。

（3）研究人员和学生：高效浏览大量文献和数据集进行学术研究。

截至文章发布日期 2024 年 7 月的 18 个月里，Hebbia 的营收增长了 15 倍。有媒体报道，公司年度经常性收入（ARR）已超过 1300 万美元，并且实现盈利。Hebbia 拥有全球最大的几家私募股权公司、对冲基金、咨询公司和政府项目等付费客户，还包括资产管理公司、律师事务所、银行、《财富》100 强公司和美国空军等。在硅谷银行（SVB）遭遇危机期间，Hebbia 的技术被资产管理人用于分析数百万份文件。虽然 Hebbia 还不是谷歌的"杀手"，但乔治表示，他希望最终能进入谷歌的公共搜索引擎领域。

（六）聚焦功能还是聚焦行业

与前文提到的另一家明星法律科技公司 Harvey AI 不同，Hebbia 没有聚焦于任何一个特定行业，而是专注于搜索引擎这一"单一"功能，通过其神经搜索技术和对语境的理解，为金融、法律、医疗等多个行业提供高效的信息检索服务，见表 3-5-5。

表 3-5-5 Hebbia 业务布局

产品名称	产品描述
矩阵	Matrix 是一个 AI 平台，旨在自动化基于文档的工作流程，处理复杂查询，并处理各种数据类型，提供详细和透明的分析
财务尽职调查	与数据室集成，以回答有关财务文件的具体问题，如租赁数量和关键客户
市场研究	预先索引公司文件和研究，以帮助投资者快速了解新主题并监控投资组合和竞争对手
知识管理	存储并展示公司知识和知识产权中的相关见解
合同分析	通过提取和解释关键信息来协助分析合同
药物开发分析	协助分析药物开发数据，综合临床研究结果
供应链优化	通过分析相关数据并提供可操作的见解来帮助优化供应链
投资组合管理	通过提供详细的分析和监控投资来支持投资组合管理
判例分析	通过提取和解释相关的判例法数据来协助法律判例分析

资料来源：Crunchbase，智合研究院整理。

在 AI 技术迅速发展的今天，是应该聚焦于开发具有广泛适用性的功能，还是应该深耕特定行业，提供定制化的解决方案？Hebbia 的选择显示了其对通用技术的自信，而 Harvey AI 的策略则体现了对行业深度和专业性的追求。在这场法律科技的竞赛中，两家公司的不同路径将如何影响它们的未来，还有待市场的进一步检验。

四、Steno*

一家被自己同行投资的法律科技公司，从庭审记录的"中介服务"做起，推出过法律金融产品 Delay Pay，新冠疫情期间借助 Zoom 平台完成三连跳。如今生成式 AI 崛起，该公司称，自己将彻底改变律师与"庭审记录"的互动方式。

自 2018 年成立以来，Steno 累计融资达 1.165 亿美元（约合 8.4 亿元人民币）。值得关注的一点是，Steno 投资者中有家法律科技公司，见表 3-5-6。

表 3-5-6　Steno 融资事件

时间	融资轮次	融资金额 / 万美元	投资机构
2024 年 12 月	股权融资	2000	Trinity Capital 领投
2024 年 5 月	股权融资	4600	老股东追投
2023 年 5 月	B 轮	1500	Le Lane Capital 领投，Touchdown Ventures、Left Lane Capital、Karman Ventures 和 Clio Ventures 跟投
2022 年 12 月	股权融资	1900	未披露
2021 年 11 月	债务融资	2000	Rivonia Road Capital 领投
2021 年 9 月	A 轮	1000	Trust Ventures 领投，Human Ventures 跟投
2020 年 11 月	A 轮	未披露	Trust Ventures、Touchdown Ventures、Karman Ventures、Human Ventures、Bossa Invest 和 Alumni Ventures
2020 年 8 月	种子轮	350	First Round Capital 领投，Karman Ventures 和 Human Ventures 跟投
2020 年 3 月	种子轮	300	Human Ventures、Daniel Curran 和 Alumni Ventures

资料来源：Crunchbase，智合研究院整理。

---

* 原文《什么样的法律科技公司能花掉 8 亿？》2024 年 5 月 16 日首发于微信公众号"智合"。

（一）由法律科技公司投资的法律科技公司

据海外创投平台 Crunchbase 信息，截至 2025 年 3 月，Steno 共完成 8 次融资。其中，参与了 2024 年 5 月与 2023 年 5 月 B 轮融资的股东 Clio Ventures 是 Clio 于 2021 年成立的专注于法律科技领域的投资基金。Clio 本身就是一家法律科技公司，Clio 为律所提供全流程管理的技术支持，包括 CRM 客户管理、计费、日程规划、案件管理、组织管理、文档管理、账单管理以及潜在客户挖掘等服务。

如其官网上所称："你的客户依赖你，而你的律师依赖 Clio。"经过 16 年的发展，Clio 的产品已覆盖全球 100 个国家/地区 150,000 名执业律师及公司法务等法律从业人员，并得到了全球 90 多个律师协会的认可，被海外评为法律专业人士的首选软件。如今的 Clio 是一家收入超过 1 亿美元、估值超过 10 亿美元、拥有近 1000 名员工的"独角兽"企业，也是第一家获得"独角兽"地位的法律工作流程管理公司。同时，Clio 还曾是加拿大法律科技的融资冠军，在 2019 年曾获得 2.5 亿美元 D 轮融资——这是当时法律科技领域较大的投资之一，也是有史以来对加拿大科技公司的最大投资。

此次 Clio 下手投资 Steno，为的是通过战略投资为律师提供更全面的解决方案，增强用户黏性，从而进一步扩充势力范围。

（二）历史：早期的 Steno 并不是法律科技公司

Steno 不是一家"典型"的法律科技公司，甚至在成立之初并不是一家"科技"公司。Steno 的起家业务是围绕法院庭审记录的"中介服务"。2018 年 9 月，一名出庭律师、一名计算机工程师和一名具有丰富经验的企业家共同创立 Steno。最初的业务是负责安排法庭记录员（Court Stenographer）、口译员，通过与行业顶尖的认证速记员合作，提供高质量、准确的转录服务，并为律师提供实时、加急转录交付。同时，Steno 也为法庭记录员提供速记仪设备和设备租赁服务。至今，Steno 仍保留这项业务。在美国，法庭记录作为诉讼程序的重要组成部分，相关的诉讼支持服务市场价值高达 170 亿美元。

（三）发展：涉猎法律金融产品，利润颇丰

律师平均花费大约两年的时间处理一个案件，其中包括重要的法庭报告费用。在案件庭外和解或法官做出裁决之前，这些费用通常不会得到报销。这一长周期的诉讼过程会给律师的财务状况带来巨大影响，他们往往需要垫付费用，并等待长达 18 个月以上才能收回成本。在洛杉矶担任了 15 年出庭律师的创始人迪伦（Dylan）自然深知律师的这一痛点，基于此推出了诉讼融资产品 Delay Pay。

Steno 的 Delay Pay 与大多数"诉讼融资"类产品相似，为小型律所提供了释放现金流的机会，使它们能够接受更多客户，而无须担心资金问题，直到案件结案并收到报酬。这种与贷款类似的法律金融产品为 Steno 带来了丰厚利润、现金流，见图 3-5-2。

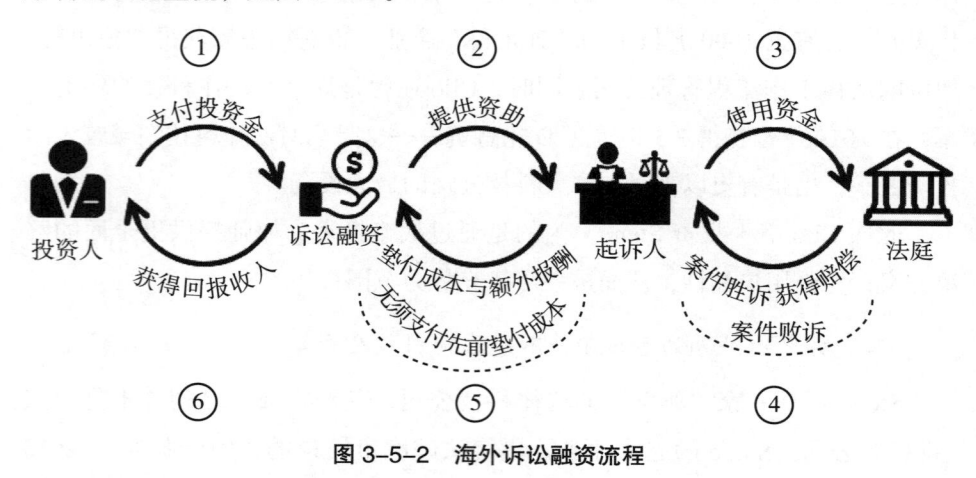

图 3-5-2　海外诉讼融资流程

资料来源：智合研究院整理。

尽管美国许多州仍在制定关于诉讼融资的法规，但整个行业倾向于将投资者视为被动参与者，无法控制案件策略或律师与客户的关系。据 Steno 发布的《2024 诉讼融资指南》，美国共有 35 个州提供"无追索权"投资。随着时间的推移，Steno 推出了统一的管理后台（Dashboard），方便合作律所和律师们在一个地方查看所有工作任务、庭审记录、账单及浏览储存的法庭音频

和视频文件。

2020年新冠疫情暴发后，律师开始采取远程执业模式，依赖通用视频会议解决方案，如Webex和Zoom。Steno顺势推出了Steno Connect应用，使公司的庭审记录可以直接在Zoom内进行无缝共享、查看、注释和下载。在此期间，Steno还完成了与案例管理软件Litify的集成，订阅律师可以通过Litify后台进入Steno，并将存储在Litify平台上的文字记录、音频和视频文件导入Steno。AI大模型的兴起为Steno带来了新的发展机遇，经过加班加点的研发，Steno终于在2024年推出了基于生成式AI的"庭审记录"智能分析工具Transcript Genius。新产品直译为"转录天才"，创始人在领英上称其将彻底改变律师与"庭审记录"的互动方式。除了对"庭审记录"进行常规语义搜索，自动生成摘要外，Transcript Genius能在几秒钟内识别关键事实、错误和矛盾信息，通过问答与律师互动：

（1）证人在这份笔录中是否曾自相矛盾？

（2）证人对损害赔偿有什么意见吗？

（3）证人在这份笔录中是否有任何重要的供述？

Transcript Genius称，能为律师识别证人在证词过程中自相矛盾的任何具体实例标注出具体的页码和行号。

五、Luminance[*]

（一）"魔圈"所押注

2024年年初，Luminance宣布获得了4000万美元（约2.9亿元人民币）融资。尤其引人注目的是，这次投资中有一家"魔圈"所参与。

资料显示，此次4000万美元B轮融资由美国风险投资机构March Capital牵头，律所司力达（Slaughter and May）和英国国家电网（National Grid Partners）在内的新老股东共同跟投。

---

[*] 原文《2.9亿！这家律所跟投了，谁说押注法律科技太早？》2024年4月12日首发于微信公众号"智合"。

司力达是英国"魔圈"所之一，2023年权益合伙人人均利润（PPEP）为315.2万美元（约2200万元人民币），远远高出其他英国律所，在全球律所中也是名列前茅。为什么司力达要下场投资它？

（二）Luminance公司什么来头

Luminance是一家源自英国剑桥大学的法律科技公司，自2016年成立以来一直致力于法律AI产品的研发。公司旗下的产品和法律大语言模型（LLM）具备自动生成、审查和分析合同及其他法律文件的能力。

目前，与Luminance签约的600家企业/机构用户已经遍布70个国家/地区，其中包括科赫工业（Koch Industries）、日立（Hitachi）和横河（Yokogawa）等全球知名制造商，以及利宝互助（Liberty Mutual）和LG化学等制药巨头。在过去2年ARR（年度经常性收入）增长5倍的背景下，新一轮融资将用于推动公司的全球扩张，特别是在美国市场的进一步发展。

（三）与司力达是老相识

在融资新闻中，司力达律所合伙人莎莉·沃克斯（Sally Wokes）表示："作为Luminance的早期投资者，我们一直看好这项技术及其商业前景。看到市场验证了我们对Luminance的判断，这是非常令人欣慰的。"司力达不仅参与了这一次投资，还是Luminance的早期投资者。

Luminance的融资历程见表3-5-7。

表3-5-7　Luminance的融资历程

时间	融资轮次	融资金额	投资机构
2024年2月	C轮	7500万美元	由Point72 Ventures领投，Slaughter and May、Schroders Capital、RPS Ventures、National Grid Partners（NGP）、March Capital和Forestay Capital跟投
2024年4月	B轮	4000万美元	由美国风险投资机构March Capital领投，英国国家电网（National Grid Partners）和司力达（Slaughter and May）等跟投

续表

时间	融资轮次	融资金额	投资机构
2019年2月	B轮	1000万美元	由现有投资者英国Invoke Capital、英国Talis Capital和司力达（Slaughter and May）投资
2017年11月	A轮	1000万美元	由英国风险投资机构Talis Capital领投，Invoke Capital和司力达（Slaughter and May）跟投
2016年9月	种子轮	300万美元	由英国风险投资机构Invoke Capital投资

资料来源：Crunchbase，智合研究院整理。

据海外创投数据平台Crunchbase信息，除种子轮外，Luminance的每轮融资都有司力达的参与。并且，司力达与Luminance的合作关系可以追溯到更早——在2017年4月司力达就宣布已获得了该公司5%的股权。

律所为什么选择投资Luminance？司力达不仅是"魔圈所"之一，还是"魔圈"所中人数规模最小、业务领域最"精"的一家。其王牌业务是公司并购，在这个领域没有别的英国律所能出其右。另外，其在银行与金融、反垄断和税务方面也都是顶级的。而Luminance作为一家专注于合同领域的初创公司，其产品似乎主要面向跨国公司、大型企业等B端用户。二者是如何搭上关系的？若仅是看中这一领域的商业前景，律所有必要拿出"真金白银"来押注吗？

（四）7年长跑，司力达与Luminance的渊源

最早投资Luminance的"金主"是一家名为Invoke Capital的英国风险投资机构。而Invoke背后的老板则是迈克·林奇（Mike Lynch）。他是Invoke的创始人，也是一位科技企业家，曾因微软联合创始人的缘故被称为"英国的比尔·盖茨"。而他与司力达前并购业务掌门人史蒂夫·库克相识。2011年10月，林奇将自己一手创立的英国100强上市公司——一家名为Autonomy的搜索软件公司以超过110亿美元（86亿英镑）的价格出售给了惠普。这也是当时英国科技企业有史以来规模最大的收购案。司力达律所

的史蒂夫·库克正是这笔收购交易中林奇的法律顾问。虽然此次出售使林奇因被指控虚报交易价值而面临了长达10余年的诉讼，但两人的相识还不足以解释为什么要用"司力达"律所的名义投资，司力达到底看中了Luminance的什么？

司力达在Luminance的身份，远不止股东这么简单。自Luminance成立之初，司力达便与该公司团队展开了紧密的合作。早在2017年A轮投资前，司力达便通过集结所内律师的"智力投入"来协助开发平台，并以此换取了Luminance公司5%的股份。身为一家初创企业，即使有剑桥大学的技术加持，但在成立之初也没有无限的资金来开发一款大而全的法律AI应用。这使它必须在众多业务中选择一个具体的赛道。而Luminance选择的切入点正是与司力达专注的并购业务高度契合的尽职调查环节。Luminance前首席执行官艾米利·福格斯（Emily Foges）曾在采访中表示，在司力达的帮助下，Luminance能够像律师一样思考。由AI驱动Luminance每分钟可以自动阅读和理解数百页详细且复杂的法律文档，这使律所能够以更快的速度开展必要的尽职调查工作，有更多时间来分析调查结果并谈判交易条款。

自2016年9月产品上线后，Luminance就将目光瞄准了律所这一群体，迅速与多家律所建立了合作关系，开始了"跑马圈地"的签约之路。2016~2018年，Luminance将产品应用场景聚焦在帮助律师提高并购等交易中尽职调查、合规审查的工作效率。签约客户近乎是清一色的律所，以及少量的替代性法律服务提供商（ALSP）与四大会计师事务所在各国的法律部门。2018年10月，Luminance发布了Luminance Discovery，将业务扩展到了诉讼领域。新产品能为律师提供"无与伦比"的文件审查速度，来协助诉讼律师进行调查和电子取证。截至2022年，Luminance已经拿下了400多家机构用户，包括四大会计师事务所和全球前200名律师事务所中的四分之一，其中就有国内熟知的伟凯（White & Case）、金杜和大成。但Luminance没有按照预想的那样继续深耕律所市场，而是迅速调转了枪头。

（五）2次转向，让 Luminance 比以往更重要

Luminance 成立的 6 年间，产品不断迭代和升级，其服务范围也在不断扩大。从最初的尽职调查工具，到后来的电子证据分析。与大量律所的紧密合作使 Luminance 对律师需求有了新的发现。它发现当律师服务大型集团、跨国公司时需要手动处理大量复杂合同。这一过程即使是最细心的专业人士也难免出错。于是，在 2020 年 3 月，Luminance 又对其尽职调查产品 Luminance Diligence 进行了重大升级。产品的更新进一步优化了对于合同的审查、比较功能。运用 AI 技术快速进行合规检查，通过精确的算法减少了出错风险，确保合同的每一个细节都得到了妥善的处理。这时 Luminance 的客户仍然是以律所为主，但 Luminance 的胃口已经不满足于服务律师这一单一群体了。

早在 2020 年，Luminance 就已经有了零零散散的企业客户的签约信息，但最重要的跨越是在 2022 年。2022 年年初以来 Luminance 的企业用户爆炸式增长，让 Luminance 意识到其 AI 产品不仅可以用于服务律所、律师，而是具有改变任何法律专业人士工作以及他们所在组织的力量。首席执行官埃莉诺（Eleanor Weaver）在公司成立 5 周年时表示"5 年前，这个市场还是未知的领域，我们为我们的平台能够改变律师的工作而感到无比自豪，但 Luminance 理解任何类型的合同的能力意味着它的潜力不局限于律师行业，Luminance 有可能彻底改变每个需要迅速、智能地理解其合同和其他公司数据的企业"。同时，经过了 5 年的积累，Luminance 的人工智能现已接触到 80 多种不同语言的 1 亿多份文档。经过几个月的开发，2022 年 3 月，公司宣布推出其全新的人工智能驱动的合同平台 Luminance Corporate。随后，Luminance 以此为切入点迅速扎入 B 端市场。

2023 年 1 月，最新旗舰产品 Luminance Corporate 的采用率相比 2022 年增加 10 倍。签约的企业客户横跨跨国制药公司、欧洲能源工业商、世界知名的豪华汽车制造商、食品和饮料生产商、超市以及全球最大的保险公司等诸多领域。2023 年 5 月，Luminance 又顺势推出基于法律大语言模型（LLM）

的最新应用——聊天机器人"Ask Luminance"。通过 Copilot 允许用户在 Microsoft Word 中打开任何合同，向 Luminance 询问有关合同修改的任何问题。

在 2022 年年初时，Luminance 的签约用户已覆盖全球前 200 名律所的 1/4。在这种背景下，受限于明显的天花板效应，增长变得更加困难，继续依靠大量签约律所的增长策略显得不再可行。但是，偌大的市场里依然孕育许多机遇。Luminance 凭借在合同审查领域的积累，成功开拓了面向 B 端市场的新业务。现在，Luminance 首页突出展示了企业端应用和合同管理功能。

Luminance 的转向逻辑在于：当技术突破了，产品到位了，用户能不能用出效果，决定技术和产品能不能发挥出价值。与其他法律文件相比，合同高频且需求量大。Luminance 的首席执行官埃莉诺指出，合同是每一家企业的核心，能够为每笔交易、决策和风险提供信息。正因如此，使像 Luminance 这样的 AI 技术变得前所未有地重要。合同是企业实现数字化转型的关键。真正的数字化转型，不仅是线上化和流程化，更重要的是带给企业更多的观察、反思以及对业务的指导和驱动。企业希望通过数据驱动生产、经营和决策。一家企业的经营数据有很多维度是涵盖在合同中的，比如项目金额、约定执行情况、项目风险等。通过技术从合同文本中提取和挖掘有价值的数据，意味着企业可以通过数据驱动统计分析，甚至进行业务流程的优化。

六、EvenUp[*]

（一）法律 AI "新王"加冕

2024 年 10 月 8 日，法律 AI 初创公司 EvenUp 在最新一轮融资中获得了 1.35 亿美元，估值跃升至 10 亿美元，正式跻身 2024 年 "AI 独角兽"之列。

---

[*] 原文《律师创业做产品，斩获 1000 家律所，资本追着投钱》2024 年 10 月 31 日首发于微信公众号"智合"。

此次 D 轮融资由脱胎于 MBB（全球领先战略咨询公司麦肯锡、波士顿、贝恩的统称）的贝恩资本（Bain Capital Ventures）领投，参与方还包括光速创投（Lightspeed Venture Partners）、Premji Invest、SignalFire、Bessemer Venture Partners 及 B Capital Group 等知名机构（见表 3-5-8）。

表 3-5-8　EvenUp 融资事件汇总

时间	轮次	融资额 / 美元	估值 / 亿美元	投资机构
2024 年 10 月	D 轮	1.35 亿	10	由贝恩资本（Bain Capital Ventures）领投，光速创投（Lightspeed Venture Partners）、Premji Invest、Bessemer Venture Partners、SignalFire 和 B Capital Group 参投
2023 年 12 月	C 轮	3500 万	未透露	由光速创投（Lightspeed Venture Partners）投资
2023 年 5 月	风险投资	未披露	未透露	由 The New Normal Fund 投资
2023 年 4 月	B 轮	5050 万	3.25	由 Bessemer Venture Partners 领投、贝恩资本（Bain Capital Ventures）、Clio、Bessemer Venture Partners、Scott Belsky 参投
2021 年 9 月	A 轮	未披露	0.8	由 SignalFire 投资
2020 年 8 月	种子轮	未披露	未透露	由 DCM Ventures、NFX 领投、Tribe Capital、SignalFire、N499、Dash Fund、Crossbeam Venture Partners 参投

资料来源：Crunchbase，智合研究院整理。

自 2019 年成立以来，EvenUp 已累计获得 2.35 亿美元融资（早期融资信息未公开，但据 EvenUp 在招聘信息中透露，公司还在 A 轮融资中筹集了约 1500 万美元）。这家法律 AI 领域的新锐为何能如此吸引资本青睐？

（二）灵感来自亲身经历

贝恩资本在其官网中评价，EvenUp 在法律科技领域开辟了全新的类别，并迅速崛起成为市场的领军者。EvenUP 所做的事情简单来说就是利用 AI 驱动的平台帮助律师进行人身损害赔偿（Personal Injury Claims）案件的索赔工作。该平台的工作原理为：律师将客户的医疗记录、账单等材料上传至系统，系统依据超过 250,000 份的判决和和解协议，制订出索赔/和解方案，并自动生成索赔信函（向保险公司索取赔偿的法律文件）。

在福布斯的一次采访中，EvenUp 解释了为何其专注于人身损害赔偿领域。公司设立的初衷源于三位联合创始人之一的首席运营官雷蒙德·米耶扎涅茨（Raymond Mieszaniec）的父亲在一场车祸中受伤，导致终身残疾。尽管诉讼持续多年，但由于律师未能准确评估赔偿金额，最终他的家庭只获得了不到 20 万美元的赔偿。后来他得知，如果律师能够准确向保险公司索赔，他的家庭可以获得超过 2 倍的赔偿。

这段经历深刻地影响了雷蒙德，也促使他多年以后与两位硅谷的伙伴共同创立了 EvenUp。在三位联合创始人中，拉米·卡拉比巴尔（Rami Karabibar）和雷蒙德都是经验丰富的连续创业者，曾在贝恩咨询、谷歌的自动驾驶项目 Waymo 以及食品配送初创公司 Zoomer 等担任要职。另一位联合创始人萨姆·马什哈德（Saam Mashhad）则是一名前辩护律师。公司技术团队成员主要来自 Waymo、Affirm、亚马逊、Uber 等大型企业，而法律团队成员则来自知名国际律所诺顿罗氏（Norton Rose）。

"虽然我们无法改变雷蒙德的故事，但我们决心改变每年数百万面临类似困境的受害者的生活。"联合创始人兼首席执行官拉米在接受媒体采访时表示："我们的使命是为所有受伤的受害者创造一个公平的环境。我们致力于帮助人身损害赔偿律师及律所提供更高标准的服务，我们的最终目标是帮助美国每年 2000 万受害者获得更公正的赔偿结果。"

（三）专注一个工作流程

法律科技作为服务于法律行业的创新技术，本质上是一个高度垂直的领域。然而，从企业经营的角度来看，即便是法律科技企业，往往也需要通过增加标准化的产品/功能，去覆盖更广泛的市场，以求推动目标市场的扩展。

例如 Harvey AI 将其业务的叙事逻辑从法律 AI 平台拓展至涵盖法律、财税和金融在内的"专业服务业 AI 服务商"。

再如，国内以法律科技起家的秘塔科技，也将公司定位推至更广泛的场域，通过法律和通用两条路线并行，推出对标 Perplexity 的国产 AI 搜索工具"秘塔 AI 搜索"，并完成由蚂蚁集团领投的 1 亿元人民币，投后估值达 1.5 亿美元。

与其他法律 AI 公司不同，EvenUp 仅通过解决目标客户"人身损害赔偿"的一个工作流程，不仅实现了可观的回报，还满足了贝恩等顶级机构的投资逻辑。

（四）足够大的市场

EvenUp 尽管只服务于人身损害赔偿这一个领域，但这已经是一个非常大的市场了。联合创始人、首席执行官拉米曾向路透社透露，美国每年约有 30 万参与处理人身损害赔偿的律师，以及约 2000 万件涵盖机动车事故、虐待儿童、警察暴力等多种类型的索赔案件，每年支付给受害者的索赔金额高达 1000 亿美元。拉米表示："与许多其他生成式 AI 公司不同，我们只想做一件事——确保这 2000 万起索赔得到应有的公正处理。"

（五）更"垂直"的模型

为了精准匹配这一领域的需求，EvenUp 打造了 AI 模型 Piai™，并依此构建了索赔智能平台，Piai™ 模型经过数十万起人身损害案件、数百万条医疗记录和内部法律知识的训练。根据 Evenup 在产品日志中披露的数据：在识别医疗费用（Medical Charges）的准确率上，Piai 达到 95%，而 GPT-4

的准确率为80%。在医疗记录识别（Treatment Identification）的准确率上，Piai为91%，而GPT-4的准确率为79%。在匹配服务日期（Service Date Mapping）的准确率上，Piai的准确率为90%，而GPT-4只能达到68%。但EvenUp的产品并非定制的大语言模型（LLM），也不是基于LLM的工具平台，而是一个由AI驱动的整体解决方案。

（六）抛去"工具"属性

过去，在人身损害赔偿案件中，律师需要花费数小时精心整理、提取和总结医疗记录、警方报告和发票等文件中的信息。现在，EvenUp的产品简化了整个索赔流程。其文档审查功能可自动从医疗记录、账单和警方报告中提取日期、金额等关键信息，整合所有材料统计费用并生成摘要。文书生成功能生成的索赔信详细记录了损失、伤害等信息，对每项损失进行精准评估，同时覆盖预诉和诉讼阶段的文书生成。以往烦琐的索赔工作已能在很大程度上交由AI完成，大大减轻了律师的工作量。正如其官网所言，"关于案件的所有Paperwork都交由我们来完成，而您则专注于获胜"（We handle the paperwork while you focus on winning）。EvenUp声称，其解决方案可使律师在质量、速度和压缩成本方面实现10倍的提升，单次索赔可节省超过5小时的工作时间。而这仅是EvenUp能力的一部分。

（七）价值不止"提效"

一个典型案例是迈克尔·麦克雷迪，他是EvenUp的用户，同时在芝加哥经营一家拥有13名律师的人身损害赔偿律所。他表示："EvenUp提供的解决方案不仅节省了律师的工作时间，还带来了更高的和解金额。"

在美国，每年有超过2000万起人身损害案件达成和解，但超过90%的和解条款是保密的。由于律所缺乏足够的数据来评估和解金额是否合适，受害者未能获得足够赔偿。EvenUp的数据库正是为解决这一问题而设计的，确保律师能为客户争取最佳结果。

EvenUp表示，公司数据库可以通过量化分析使每起案件的和解金额增加数千美元，将达成保单限额和解的可能性提升69%。EvenUp的股东之一光速创投的合伙人拉瓦拉·贾恩（Raviraj Jain）早期即预测，EvenUp将主导其所在行业。

Jain指出，EvenUp的价值不仅在于利用生成式AI提高律师的效率，从而显著提升生产力，更在于通过AI引导最佳的案件结果，扩展客户的法律服务价值。Jain称，"有些律所客户在使用其产品后，一个季度的收入已经达到之前全年的水平"。

以上这些还只是EvenUp的亮点，其独特的模式才是真正的过人之处。

（八）只为成功的结果付费

目前，大多数法律AI产品采用订阅制收费模式。个人用户按月或年度支付产品使用费，律所等机构用户则根据用户数量支付席位费，这也是通用大模型产品的主流定价模式。

对于AI公司而言，按token数量收费虽然更易计算成本，但很少有公司提供纯粹的基于使用量或按需付费的定价。订阅制的优势在于通过按月、按年的固定收费提高收入的可预测性，便于通过ARR（年度经常性收入）来提供可供衡量的投资回报率。例如，Harvey AI在获得投资时的估值约为其年度ARR的40倍。在全球影响力最大的40个AI产品中，70%的公司采用传统的订阅模式，10家公司采用了订阅费用和使用量相结合的混合定价模式。

然而，生成式AI产品的"工具"属性使其用户活跃度低于移动互联网产品。Harvey的投资方红杉资本曾指出，相比移动互联网产品留存率高达85%，用户对生成式AI产品的持续使用意愿以及每天打开的比例都较低，只有56%和41%。这也导致部分购买了生成式AI产品的用户因使用频率不高支付远超他们所获得的价值的费用。

贝恩资本在其博客"我们为什么继续投资EvenUp？"中指出，EvenUp团队深知律师不需要软件本身，而是需要以更便捷的方式来为客户争取公正结果。2020年，EvenUp率先推出了基于AI的旗舰产品"需求包Demands™"，该产品是一份包含事件事实、责任理论、损伤和治疗详情、医疗费用及请求特定赔偿信函（包括经济与非经济损失）的完整材料包，供邮寄给保险理赔员使用。

EvenUp 正是按每个为法律团队成功制作的需求包收费，即按结果计费的模式，与许多现有的 AI 产品形成鲜明对比。同时，这种收费模式对客户而言也更具吸引力，因为客户仅在产品带来实际效果时才需付费。

或许是由于创始团队有在贝恩咨询工作的背景，贝恩咨询的价值观——我们的产品不是按小时计费的咨询，而是按利润增长或股价提升等量化成果收费（We are not selling consulting service by hours. We are selling profits at a discounted price.）同样贯穿于 EvenUp 的产品思路。贝恩资本的合伙人评价道："所有人都在寻找生成式 AI 能够帮助现实生活的方法，而 EvenUp 的模式就是一个完美的范例——利用 AI 提供工作成果而非仅仅提升个人生产力，使用户获得完全不一样的价值。"

（九）AI 仅是产品的一部分

尽管 AI 技术潜力巨大，但现阶段仍存在风险，尤其是像 ChatGPT 这样的生成模型，因缺乏特定领域知识以及"幻觉"问题（在不确定时倾向于捏造信息），可能导致信息不准确或生成错误答案。

EvenUp 同样意识到，即使是专注于人身损害赔偿领域的特定大模型，目前也无法 100% 避免"幻觉"问题。单纯依赖 AI 处理索赔虽然提高了速度和效率，但关键细节仍可能被遗漏，导致索赔延误或金额低估。

"更重要的是，律师每年可能处理数百起案件，而受害者通常仅经历一件，但这起案件可能深刻影响他们的未来。"EvenUp 联合创始人，首席运营官雷蒙德指出："在记录损害、医疗费用或收入损失时，一次疏忽就可能让索赔人损失数千美元甚至更多。"正是基于对责任的深刻认识，EvenUp 致力于确保每位原告都能获得应有的公正。

为此，EvenUp 将大语言模型（LLM）作为更全面解决方案的一部分，而非全盘依赖。EvenUp 引入由 100 多名专业律师和医疗专业人员组成的专家团队，进行人工审核和校对，确保索赔信函的高质量，并进一步减少律师的审核时间，使整个需求流程大约在一周内完成。

Pinnacle LLP 创始合伙人评价道："我信任你们的 AI，因为在提交成果前你们进行了内部审核。在我复审时，从未发现过重大错误。"

（十）法律科技爆发正当时

如今，已有 1000 多家律师事务所使用 EvenUp 的服务，其每周为客户起草超过 1000 份文档，已累计交付了约 100,000 份需求包和医疗年表，协助索赔金额累计超过 15 亿美元。

Crunchbase 数据显示，EveneUp 是 2024 年法律科技领域第二大融资。7 月，总部位于加拿大温哥华的法律科技公司 Clio 以 30 亿美元估值完成了 9 亿美元的 F 轮融资，并首次登上福布斯云计算 100 强榜单。截至目前，法律科技的风险投资额已经达到 19 亿美元，已几乎是 2023 年全年总额的 2 倍。

EvenUp 投资人、光速创投（LSVP）合伙人 Raviraj Jain 和塞巴斯蒂安·杜斯特霍夫特（Sebastian Duesterhoef）表示，生成式 AI 的新应用提升了硅谷对法律科技的投资热情。"过去风险投资领域的传统观点是，你应该远离法律科技，因为没有大公司是建立在法律科技上的"，贾恩说，"然而，我们现在需要打破这一观念"。

红杉资本曾预测，一家优秀的大模型公司可以通过数据飞轮（更多使用→更多数据→更好的模型→更多使用）来产生可持续的竞争优势。随着 OpenAI 于 2024 年 9 月发布了最新大模型 o1，通用大模型对于复杂推理任务的执行能力得到进一步提升。

对法律 AI 公司而言，这意味着通用大模型同样可以将基础模型适用到特定的领域，并从用户反馈中进行改进，比如法律领域。下一代基础模型很可能会摧毁法律 AI 初创公司凭借经过精心调优的模型和精选的数据集所打造的护城河。相反，工作流程和用户网络似乎正在创造更持久的竞争优势来源。

正因如此，汤森路透、Clio 等大型公司选择通过多轮收购整合了更多产品与服务，致力于为律师这一垂直行业提供一体化解决方案。而 EvenUp 则选择了一条不同的路径，证明法律 AI 产品不必面面俱到或构建复杂的功能矩阵来扩大目标市场。相反，凭借强大的产品思维和以用户为中心的理念，通过更加深度、更有效率的服务模式，同样可以在法律科技领域众多创新者与潮流追随者中脱颖而出。

未来，随着用户对法律大模型的新奇感逐渐消失，市场中能留下的唯有那些具有真正价值、切实满足客户需求的应用。

第四篇
应用篇

实证：以行践言，先拔头筹

第一章

赋能潮起，法律与 AI 共谋新解

一、AI 在律师行业的落地从哪儿开始[*]

（一）"旧"话题，新思路

AI 开始具备文本生成、语言理解、知识问答、逻辑推理等能力。同时，其通用性强、固定成本高，但边际成本递减的平台性技术特征被认为是所有知识工作者的"工业革命"。

AI 替代人类工作不是新话题，但与以往的弱人工智能不同，法律领域与大模型的核心能力呈现出了高度的契合性，见图 4-1-1。现在是重新思考 AI 将如何影响律师工作的又一重要时刻。

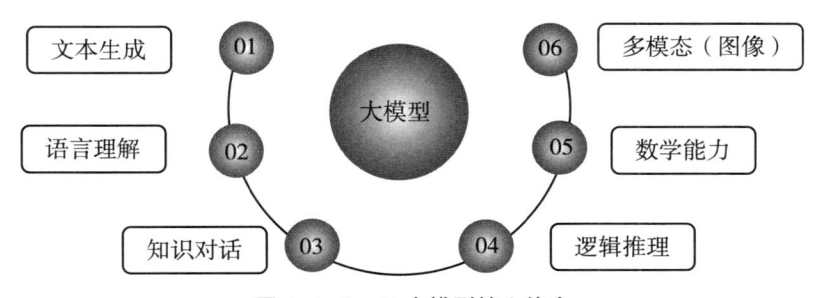

图 4-1-1 AI 大模型核心能力

资料来源：智合研究院整理。

---

[*] 原文《8 万律师的心声：这一领域最该被重视》2024 年 5 月 23 日首发于微信公众号"智合"，本书引用时对内容有调整。

AI 大模型正在从更广范围、更深层次影响律师工作方式,见图 4-1-2。AI 加持下,律师效率大大提升。法律科技行业在数十年的发展后终于迎来了它的"iPhone 时刻"。

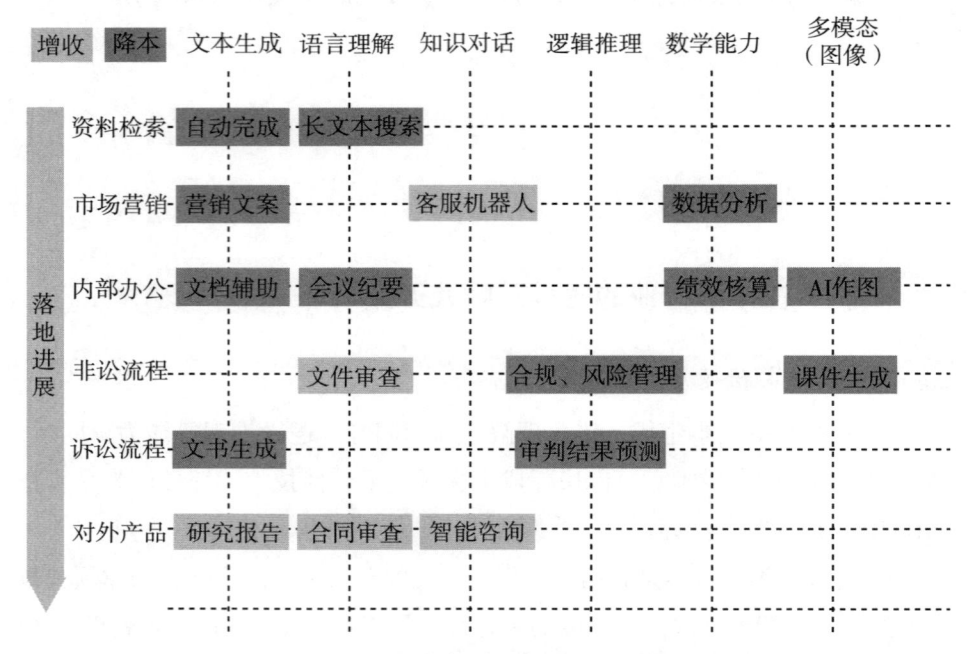

落地进展	增收/降本	文本生成	语言理解	知识对话	逻辑推理	数学能力	多模态（图像）
资料检索		自动完成	长文本搜索				
市场营销		营销文案		客服机器人		数据分析	
内部办公		文档辅助	会议纪要			绩效核算	AI作图
非诉流程			文件审查		合规、风险管理		课件生成
诉讼流程		文书生成			审判结果预测		
对外产品		研究报告	合同审查	智能咨询			

图 4-1-2 大模型在法律领域的应用场景

资料来源:智合研究院整理。

(二)8 万名律师的心声

一个应用的成功落地,与场景需求、技术成熟度密切相关。根据德国研究机构 LLI(Liquid Legal Institute)针对全球 200 家律所、超过 10 万名律师等法律专业人士的调查,AI 在律师行业的落地场景将从"自动化法律研究"开始,见图 4-1-3。

在 LLI 的报告中,约 80% 的律师认为,法律研究类工作可以通过 AI 得到有效简化。

原因是法律研究类工作需要收集、分析和解释大量基于语言的数据和信息,且含有较多重复性的知识劳动,而大模型的核心能力则是处理、理解和

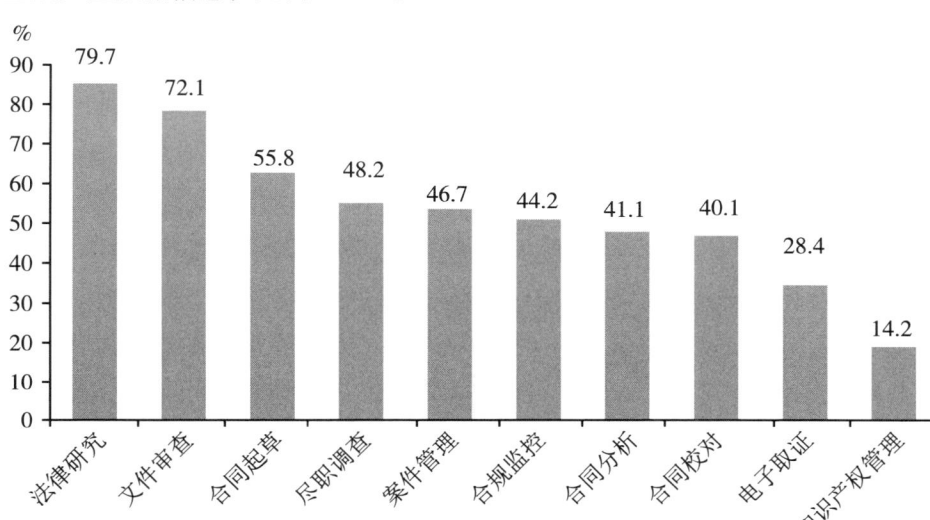

生成大量数据信息，见图 4-1-4。

```
%
90  79.7
80       72.1
70            55.8
60                 48.2
50                      46.7  44.2  41.1  40.1
40                                            28.4
30
20                                                 14.2
10
 0
   法律研究 文件审查 合同起草 尽职调查 案件管理 合规监控 合同分析 合同校对 电子取证 知识产权管理
```

图 4-1-3　AI 可以取代律师的哪些工作

资料来源：Liquid Legal Institute，*First Global Report on the State of Artificial Intelligence in Legal Practice*，智合研究院整理。

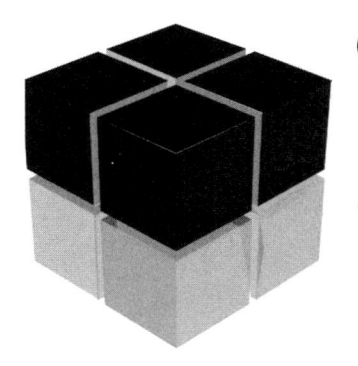

过去

检索→汇总→分析

以往的法律研究往往需要打开几十份包括法规、判例、专业文章、司法意见、业务指引、法院判决等资料的窗口，在需要引用具体法条、案例或材料的时候，往往是在各个窗口间不断切换、寻找、复制、粘贴……到最后，都快被切换窗口的简单重复操作绕晕了

AI加持下

对话→判断

基于AI大模型的自动化法律研究工具，通过接入实时更新的法律法规、案例数据库、资料库，帮助律师在短时间内获取大量相关法律文件和判例，使其快速准确地进行法律研究。同时，还可以将团队所有成员收集到的所有法条、案例、资料通过标签分门别类，之后处理同类型事件时只需要对话提问，即可获得需要的法条、案例和资料，整个过程干净流畅，一气呵成。

图 4-1-4　AI 大模型在法律研究领域的应用场景

资料来源：智合研究院整理。

（三）法律研究被彻底改变

过去，律师需要投入大量时间和精力进行法律研究，收集专业文章、合同范本等资料，以便为其案件提供有力的法律依据。

随着法律垂直类大模型的落地与不断成熟，凭借大模型的文本理解/生成及逻辑推理能力，未来的法律研究将通过对话形式快速、精准地获取结构化信息，再经过简单的判断与筛选，将律师的效率提升百倍。

（四）不妨多想一步

"自动化法律研究"只是当前 AI 大模型应用落地的第一步。

对于一个律师，其知识以及社会资源是其生存和发展的关键；而对于一家律所，对知识资源的有效开发和科学管理将在未来越来越重要。

AI 大模型对律师个人工作的改变可能始于"自动化法律研究"，而对律所而言，它为知识管理提供了前所未有的动力和可能性。

知识需要载体，而载体分显性和隐性，有的知识存在于文档资料中，有的存在于每位律师的脑子里。律所知识管理的第一步，就是收集知识资源，并将隐性知识显性化，为机构所用（见图 4-1-5）。

外部
外部知识（检索）
法律法规及其理解与适用、经典案例、典型案例分析、裁判规则、某地区法院的裁判意见、行业动向、经济数据等

内部
通过研究获取（显性为主）
法律研究成果、常用文书模板参考、培训课件、对外产品手册等

通过流程总结（隐性知识为主）
办案流程指引、某类型案件的办案经验、小组会议记录、学习参考、客户接待流程、高频问题回复、岗位工作标准流程等

→ 律所知识资产

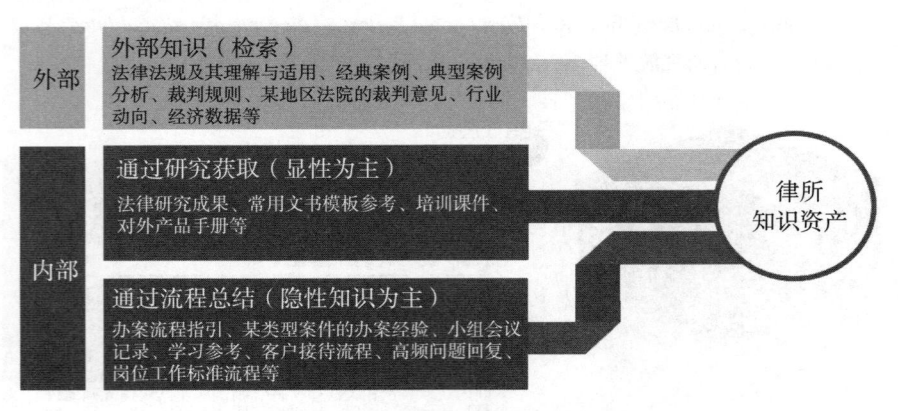

图 4-1-5　律所知识资产的类型

资料来源：智合研究院整理。

一家律所的知识资产囊括了几乎所有和业务相关的信息，比如成千上万个项目、案例分析和上百种的讲义、模板、工作流程，每个背后都是无数前辈摸索、改善无数次形成的最优方案。

对于律所而言，知识犹如资金，必须盘活才能够发挥其最大的作用。知

识管理的第二步就是对这些"资金"整理、归纳、总结甚至提炼。将各种类型的知识有机联合，形成知识竞争力。

（五）优秀律所都懂知识管理

优秀的律所善于将业务高手脑子里的隐性知识提炼成律所的显性知识，将标杆的成功要素解构出来，提炼成标准化的"套路"，存进律所的"知识银行"。

再通过获取、创造、分享、整合、记录、存取、更新、创新等过程，以良性循环的方式运作下去，形成永不间断的律师个人与律所的知识智慧循环，见图4-1-6。

知识输出
• 客户直投产品、出版物、媒体传播

知识采集
• 隐性知识显性化

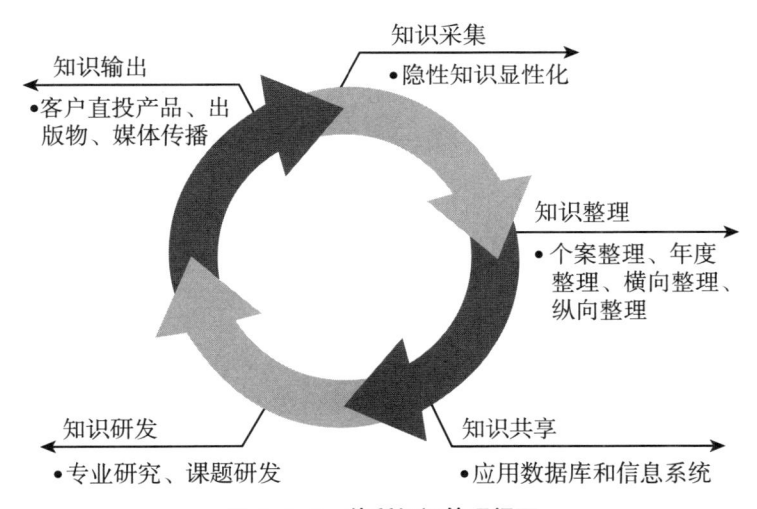

知识整理
• 个案整理、年度整理、横向整理、纵向整理

知识研发
• 专业研究、课题研发

知识共享
• 应用数据库和信息系统

图 4-1-6　律所知识管理闭环

资料来源：天同律师事务所，智合研究院整理。

但在律所中构建这样一个量化与质化的知识系统，让律所中的资讯与知识不断地回馈到知识系统内，形成一个闭环，一点也不简单。

（六）方式滞后是痛点

尽管近年来知识管理能力逐渐被律师行业所重视，但与律所规模化发展相比，它的进展相对滞后。

造成这一现象的原因在于律所的知识资产不能像实物资产那样易盘点，多数律所将更多的精力投入硬件设施的提升和人才的引进上。

但主要原因还是律所大部分的知识都存在于律师的头脑中，如何将这些知识分享出来是律所在组织层面始终面临的挑战，见图4-1-7。

"以人为核"的模式下

律所统筹搭建知识管理团队，成员需深入各个不同团队。由于知识成果高度依赖律师个体的总结和梳理，每个人都是知识的上传者和需求者。然而，专职的辅助人员能做的工作很有限，尤其是难以对律师高层次的法律文件的适用性、优劣等各个方面进行有效识别。

"以制为核"的模式下

通过规章制度，由业务部门资深律师和合伙人支持并执行知识管理工作。例如，在每个部门牵头管理电子文档、整理范本文件、收集重要知识。但资深合伙人通常非常忙碌，难以抽出时间将积累的专业知识文档化。同时，知识管理是一个动态的共建共享过程，团队知识成果若不能即时更新提取，将导致重复劳动，失去其价值和意义。

图4-1-7　不同模式带来的知识管理挑战

资料来源：智合研究院整理。

大多数律师可能不是不愿做，而是他们没有太多的时间纠缠在本不便捷的整理、传递上。根本原因还是"不够简单，不够便捷"的滞后系统，和"不够省力，不够高效"的滞后方式。

法律科技的先进技术在律师行业的逐步落地有望解决当前这一现状。

（七）知识共享将更可行

设想一下，如果有一套基于"AI大模型"定制的律所知识管理系统，会带来哪些变化？

知识管理的基础工作之一是资料收集。当AI大模型能够满足律所从合伙人到助理的收集检索需求时，知识管理的第一步就不再是分散的，而是集中的。随后是分类，大模型凭借其强大的自然语言处理能力，能够自动进行分类、提取、生成和总结，这些正是维护专业知识目录所需的关键能力。

基于此，律师的整个法律研究工作过程都可以在AI大模型上完成。他们检索、收集的每个案例、每条信息都可被系统自动采集、识别、分类、整合，使法律研究过程本身成为知识管理的一部分，而非两个独立的任务，见图 4-1-8。同时，全员参与、共建共享的模式增强了律师对知识库的归属感，促进了知识库的不断丰富。

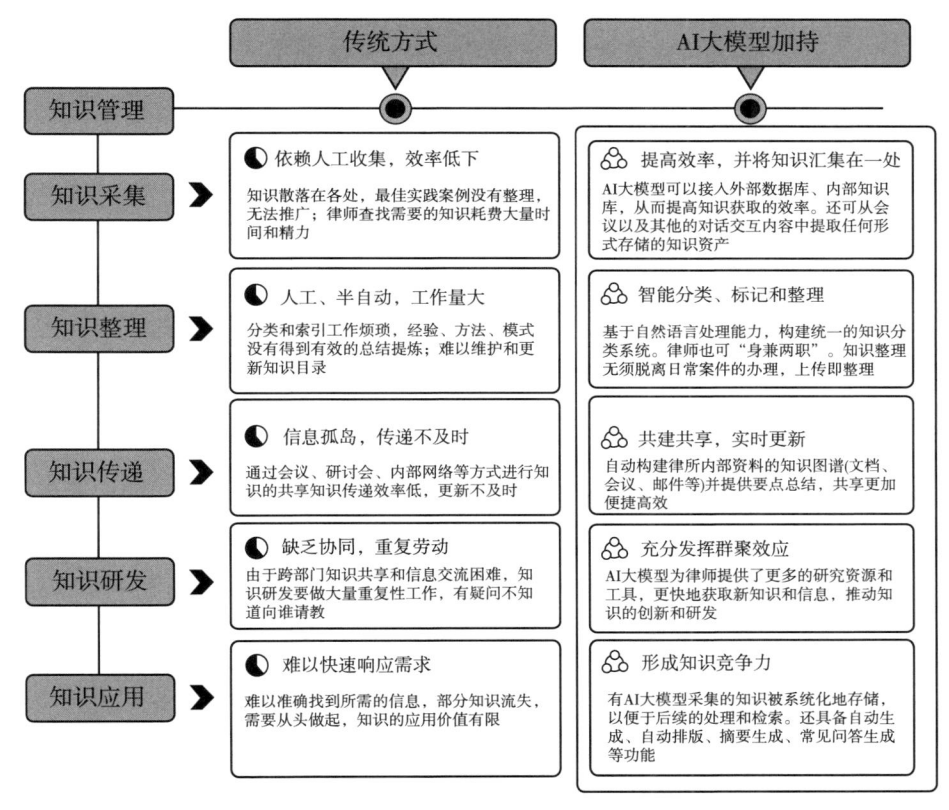

知识管理	传统方式	AI 大模型加持
知识采集	依赖人工收集，效率低下 知识散落在各处，最佳实践案例没有整理，无法推广；律师查找需要的知识耗费大量时间和精力	提高效率，并将知识汇集在一处 AI 大模型可以接入外部数据库、内部知识库，从而提高知识获取的效率。还可从会议以及其他的对话交互内容中提取任何形式存储的知识资产
知识整理	人工、半自动，工作量大 分类和索引工作烦琐，经验、方法、模式没有得到有效的总结提炼；难以维护和更新知识目录	智能分类、标记和整理 基于自然语言处理能力，构建统一的知识分类系统。律师也可"身兼两职"。知识整理无须脱离日常案件的办理，上传即整理
知识传递	信息孤岛，传递不及时 通过会议、研讨会、内部网络等方式进行知识的共享知识传递效率低，更新不及时	共建共享，实时更新 自动构建律所内部资料的知识图谱(文档、会议、邮件等)并提供要点总结，共享更加便捷高效
知识研发	缺乏协同，重复劳动 由于跨部门知识共享和信息交流困难，知识研发要做大量重复性工作，有疑问不知道向谁请教	充分发挥群聚效应 AI 大模型为律师提供了更多的研究资源和工具，更快地获取新知识和信息，推动知识的创新和研发
知识应用	难以快速响应需求 难以准确找到所需的信息，部分知识流失，需要从头做起，知识的应用价值有限	形成知识竞争力 有 AI 大模型采集的知识被系统化地存储，以便于后续的处理和检索。还具备自动生成、自动排版、摘要生成、常见问答生成等功能

图 4-1-8 AI 大模型加持下的律所知识管理

资料来源：智合研究院整理。

如果未来知识管理能够在 AI 大模型的加持下，像微信的"文件传输助手"那样，随时随地为律师提供从法律研究、整理归档到上传共享的一体化便捷服务，那么，知识管理将不会给律师增加任何负担，知识分享的利益和成果也将最大化。那时的律师团队的知识管理将不再是一件难以坚持的事。

法律 AI 产品的发展刚刚拉开序章，未来能为律师工作带来多少助力似乎仍未可知。但数字化、智能化的趋势是确定的，律所的知识管理只是众多管理中的一部分，却是律所永葆凝聚力、竞争力的核心所在，也是律所基业长青的坚强后盾。

首先去做（first do it），然后正确地去做（then do it right），接着做得更好（then do it better）。

尝试有成本，但早一步行动起来，就能为未来多争取一份竞争资本。毕竟，知识成果沉淀后带来的红利，强过对于单一人才或团队的依赖。

二、律师行业的 AI 竞赛，开始有人掉队了 *

本书综合汤森路透（Thomson Reuters Institute）、律商联讯（LexisNexis），以及法律领域软件及 SaaS 公司 Persuit 等在 2024 年发布的多份调研报告，为即将踏上数智化之路的律所提供参考。

（一）2023~2024 年的变化

2023~2024 年，大多数律所对 AI 仍处于考虑阶段。汤森路透的调研数据显示，2023~2024 年中企业法务部门在考虑是否使用生成式 AI 方面表现出较大变化，而律所的总体变化相对较小，见表 4-1-1。

表 4-1-1 各类型组织使用生成式 AI 情况

受访者	2023 年 考虑使用 / %	2023 年 无计划使用 / %	2024 年 考虑使用 / %	2024 年 无计划使用 / %
律师事务所	34	60	32	42
企业法务部门	30	60	41	36
税务/会计/审计事务所	29	56	27	49
企业税务/会计/审计部门	21	73	34	48

资料来源：Thomson Reuters 2024，智合研究院整理。

---

* 原文《律师行业的 AI 竞赛，开始有人掉队了》2024 年 7 月 3 日首发于微信公众号"智合"，本书引用时对内容有调整。

尽管律所在采纳生成式 AI 方面的态度相对谨慎，但越来越多的律师已经开始自发地在工作中探索这些工具。调查显示，近半数的律师与公司法务人员（47%）表示，他们已经在实际工作中使用或计划在未来 3 年内使用生成式 AI 工具，见表 4-1-2。

表 4-1-2　个人使用生成式 AI 情况：开源工具和行业特定工具

受访者	开源生成式 AI 工具				行业特定生成式 AI 工具			
	已在使用 /%	3 年内使用 /%	无计划使用 /%	不确定 /%	已在使用 /%	3 年内使用 /%	无计划使用 /%	不确定 /%
律师事务所/企业法务	27	20	35	18	12	43	24	22
税务事务所/企业税务	27	27	31	15	8	41	30	21
企业风控部门	32	29	22	18	8	50	25	18
政府机构	18	8	22	52	10	12	23	54

资料来源：Thomson Reuters 2024，智合研究院整理。

具体来看，当前有 27% 的律师/法务正在使用 ChatGPT 等通用大模型工具，另有 20% 的律师计划在未来 3 年内跟进。在法律行业特有的生成式 AI 工具（法律垂直大模型）方面，虽然目前只有 12% 的律师表示正在使用，但有高达 43% 的律师计划在未来 3 年内开始使用。

这一趋势预示，尽管目前 ChatGPT 等通用性生成式 AI 工具在市场上占据主导地位，但随着行业垂直 AI 技术提供商在未来几年推出更加定制化的解决方案，到 2027 年，为法律行业特制的垂直大模型使用率将超越通用大模型等生成式 AI 工具。

在频率上，在积极使用或计划使用生成式 AI 的受访者中，有 42% 的人表示他们至少每天使用一次，而 31% 的人则表示他们每周至少使用一次，见图 4-1-9。

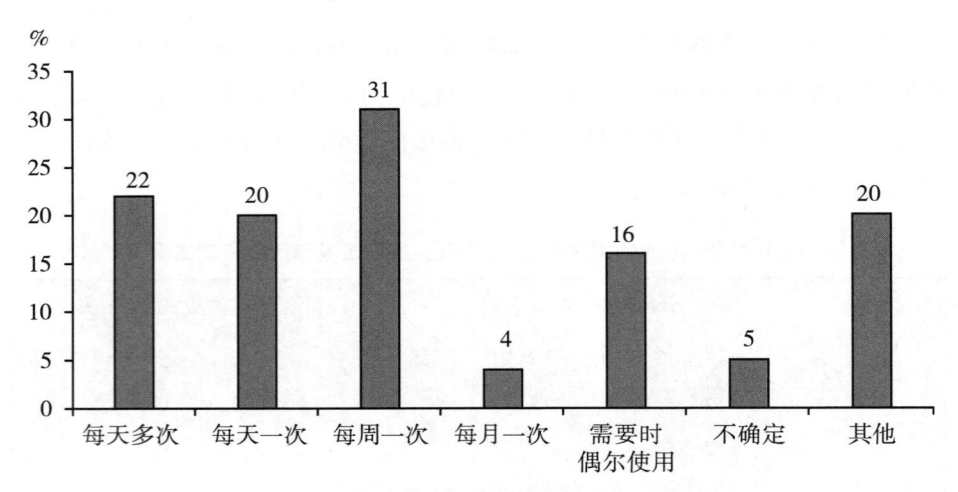

智变 2.0：法律科技的 AI 赋能与生态重构 >>>

```
%
35
30                31
25
22        20                                  20
20
15                        16
10
5                                       4        5
0
   每天多次   每天一次   每周一次   每月一次   需要时    不确定    其他
                                      偶尔使用
```

图 4-1-9　专业服务业人士使用生成式 AI 的频率

资料来源：Thomson Reuters 2024，智合研究院整理。

在应用场景上，不同领域对生成式 AI 技术的使用场景也各有侧重，见表 4-1-3。88% 的公司法务部门将合同起草视为首选的使用场景，而大多数律所则倾向于将其应用于法律研究。

表 4-1-3　各类型组织使用或计划使用生成式 AI 的前五位用例

序号	律师事务所	企业法务部	税务事务所	公司税务部	企业风控部	政府/法院
1	法律研究	合同起草	核算/记账	核算/记账	风险评估与报告	法律研究
2	文件审查	文件审查	税务税法研究	税务税法研究	文件审查	文件审查
3	简报或备忘录起草	法律研究	税务申报准备	合规	文件摘要	文件摘要
4	文件摘要	文件摘要	税务咨询	税务申报准备	知识管理	简报或备忘录起草
5	信函起草	提取合同数据	文件审查	文件审查	财务管理	合同起草

资料来源：Thomson Reuters 2024，智合研究院整理。

然而，律所应用 AI 还存在一些阻力。包括律师在内的专业服务业人士对生成式 AI 的使用潜在风险仍有担忧，其中最常提到的担忧是工具的准确性、安全性和保密性，见图 4-1-10。

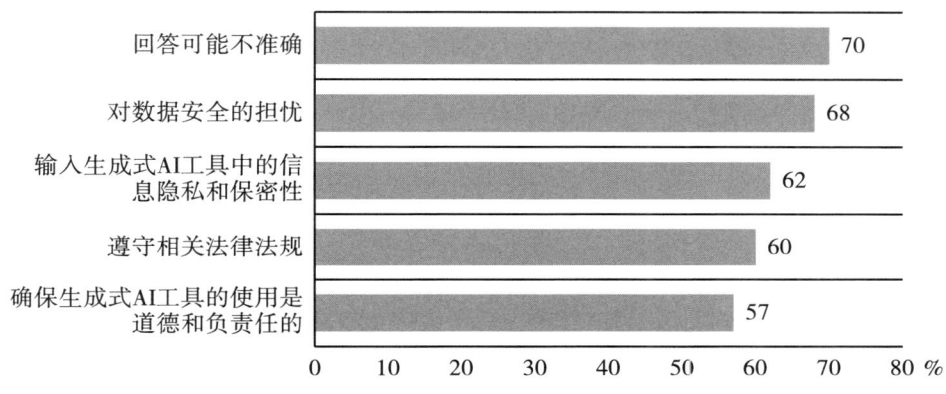

障碍	百分比
回答可能不准确	70
对数据安全的担忧	68
输入生成式AI工具中的信息隐私和保密性	62
遵守相关法律法规	60
确保生成式AI工具的使用是道德和负责任的	57

图 4-1-10　律师等专业服务业人士使用生成式 AI 的前五位障碍

资料来源：Thomson Reuters 2024，智合研究院整理。

尽管存在这些风险，75% 的律所尚未制定针对生成式 AI 使用的规范或制度，见图 4-1-11。由于当前律所在技术应用上保守谨慎的态度，法律行业的生成式 AI 时代还没有真正到来。然而，创收能力强的大型律所正主动引领这场变革。

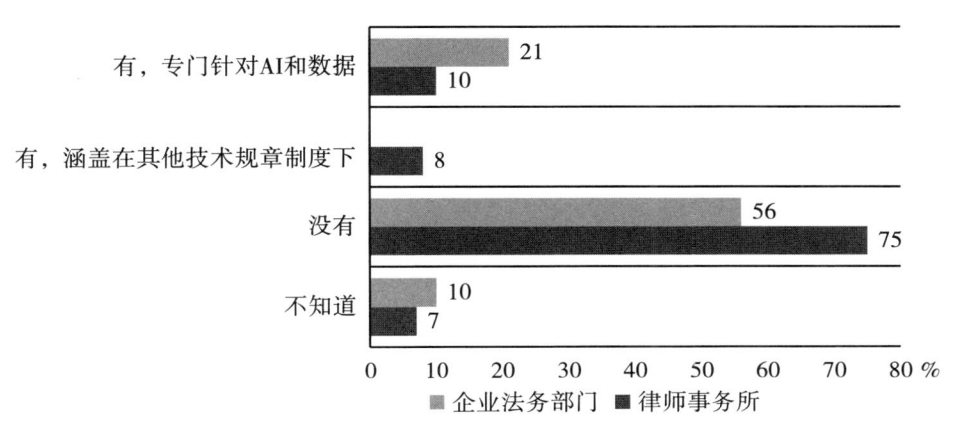

规章制度	企业法务部门	律师事务所
有，专门针对AI和数据	21	10
有，涵盖在其他技术规章制度下		8
没有	56	75
不知道	10	7

图 4-1-11　工作中指导生成式 AI 使用的规章制度

资料来源：Thomson Reuters 2024，智合研究院整理。

（二）大所已抢占先手，中小所的阻碍是什么

Persuit 的调研显示，全球前 100 名律所已经全面批准在其内部使用生成式 AI 技术，而全球 200 强以外的律所则因资金成本限制、对技术的怀疑或缺乏对其适用性的认知，表现出更为保守的态度，其中 12.9% 的律所没有部署生成式 AI 工具的计划，见图 4-1-12。

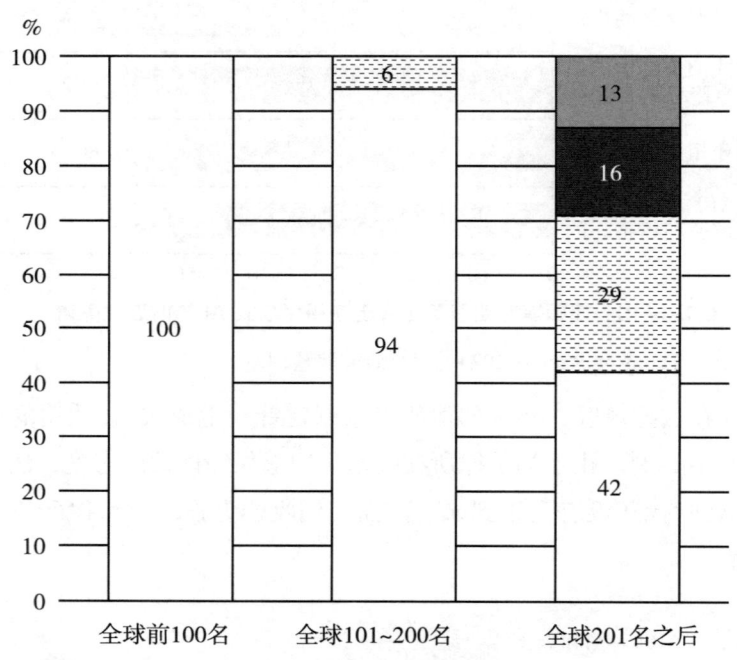

全球排名	是的，正在使用	正在研究	计划未来6个月内	没有计划
全球前100名	100			
全球101~200名	94	6		
全球201名之后	42	29	16	13

■ 没有，我们没有计划在近期部署生成式AI工具
■ 没有，我们尚未调查使用生成式AI工具，但计划在未来6个月内使用
▨ 没有，但正在研究适合业务的生成式AI工具
□ 是的，正在使用生成式AI工具

图 4-1-12　你所在的律所是否批准使用任何生成式
AI 工具、模型、系统或技术

资料来源：Persuit，智合研究院整理。

1. 障碍 1：资源投入

前期的投入成本过高是阻碍律所部署生成式 AI 的主要原因之一。当前，律所部署生成式 AI 多采用现成的解决方案（39%）、训练微调通

用基础模型（39%）等方式。据 LexisNexis 调查，90% 的大型律所和《财富》100 强企业的法务部门，预计它们在生成式 AI 上的投资将在未来 5 年内增加，其中 34% 的《美国律师》200 强律所预计这一投资将"显著"增加。此外，43% 的《美国律师》200 强律所表示目前已有专门用于生成式 AI 解决方案的预算，见图 4-1-13。

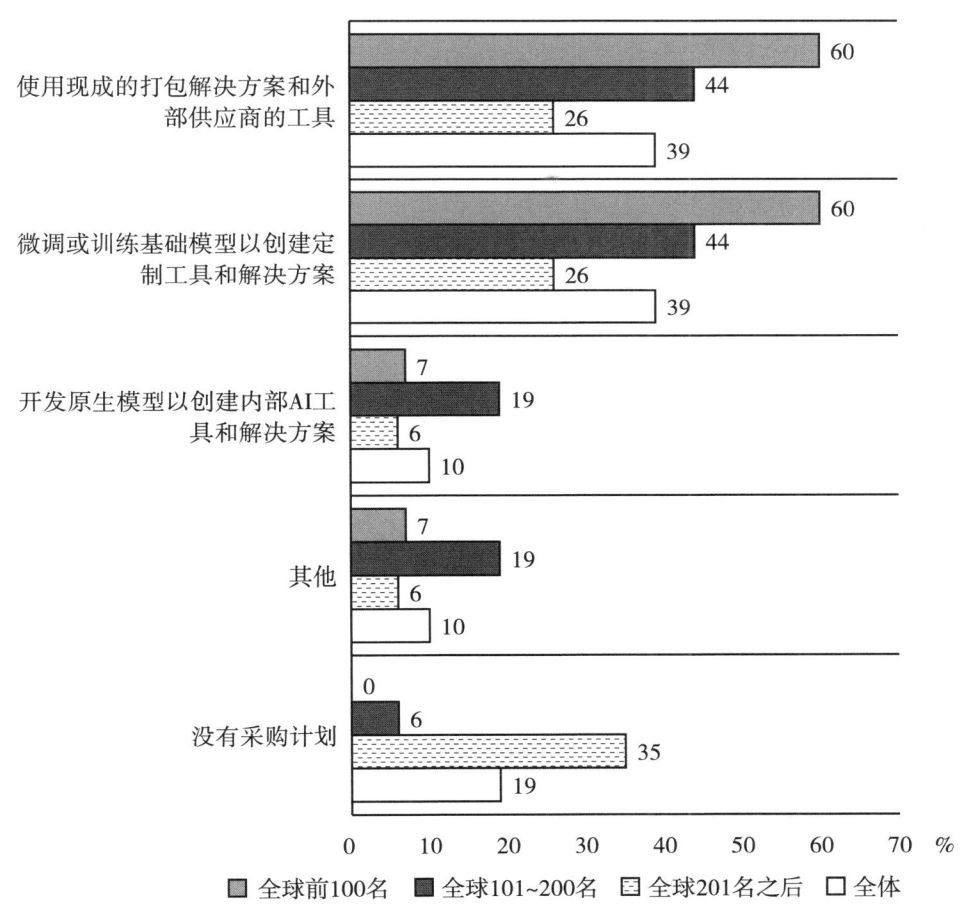

采购方式	全球前100名	全球101~200名	全球201名之后	全体
使用现成的打包解决方案和外部供应商的工具	60	44	26	39
微调或训练基础模型以创建定制工具和解决方案	60	44	26	39
开发原生模型以创建内部AI工具和解决方案	7	19	6	10
其他	7	19	6	10
没有采购计划	0	6	35	19

图 4-1-13　你的律所如何采购生成式 AI 和 LLM（大型语言模型）工具

资料来源：Persuit，智合研究院整理。

高伟绅（Clifford Chance）法律技术解决方案总监安东尼·维涅龙（Anthony Vigneron）在报告中指出，全面整合生成式 AI 到律所中，需要大量的资源、专业知识和基础设施，以及必要的数据和工程基础，这可能是许多小型律所面临的最大障碍。

2. 障碍 2：保守和谨慎

缺乏对生成式 AI 工具适用性的认知，使全球 200 强以外的律所展现出了更为保守的态度。

据 Persuit 调研，相较于全球 200 强以外的律所，全球百强所已经更大限度地将 AI 工具整合到其业务中。其中，44% 的全球 101~200 强律所表示其内部已有 10%~25% 的律师在使用生成式 AI 工具，而这一比例在全球 200 强以外的律所仅为 6%，这也导致这些律所在 AI 实施方面缺乏必要的战略方向或意识（见图 4-1-14）。

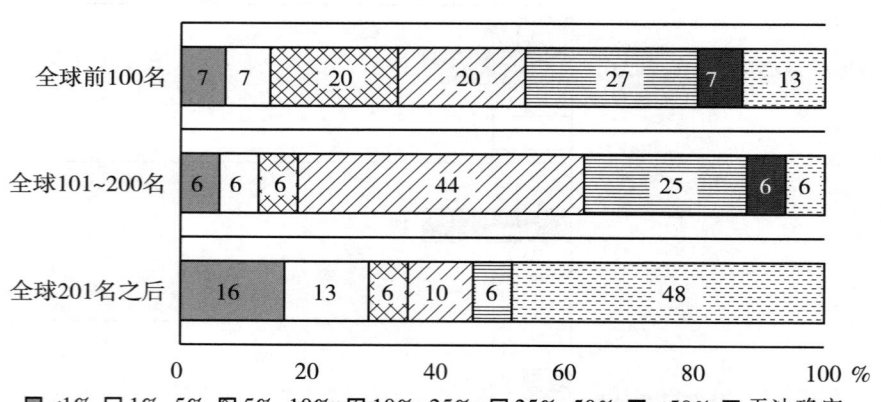

	<1%	1%~5%	5%~10%	10%~25%	25%~50%	>50%	无法确定
全球前100名	7	7	20	20	27	7	13
全球101~200名	6	6	6	44	25	6	6
全球201名之后	16	13	6	10	6		48

图 4-1-14　在过去 6 个月中，律所有大约百分之几的律师使用了生成式 AI 工具

资料来源：Persuit，智合研究院整理。

调研显示，超过九成全球百强律所认为生成式 AI 工具对律所未来 3 年的成功非常重要，而这一比例在全球 200 强以外的律所中仅有 22%（见图 4-1-15）。

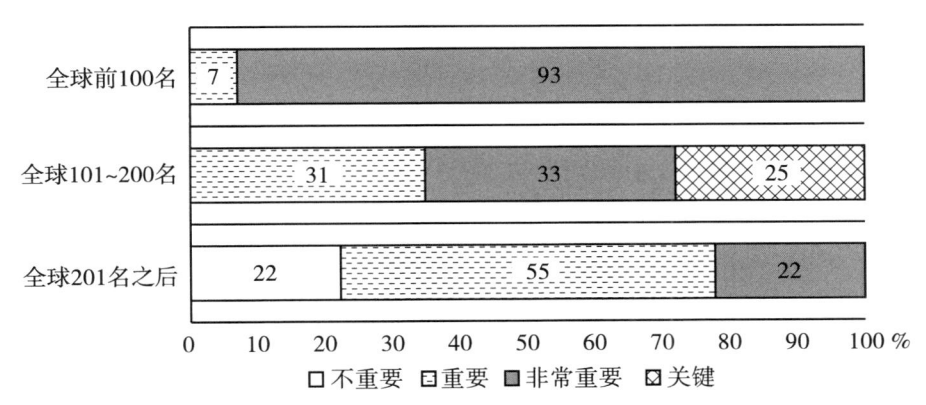

律所排名	不重要	重要	非常重要	关键
全球前100名	7		93	
全球101~200名		31	33	25
全球201名之后	22	55	22	

图 4-1-15　生成式 AI 工具在未来 3 年对组织成功的重要性

资料来源：Persuit，智合研究院整理。

3. 障碍 3：律所治理层面

除了上述两方面外，不同体量的律所在 AI 技术治理层面也存在差距。

在全球 200 强律所中，大多数（93%）都出台了关于使用大语言模型（LLM）的书面规范和指南，而全球 200 强以外的律所中有此类规定的占比只有 42%（见图 4-1-16）。

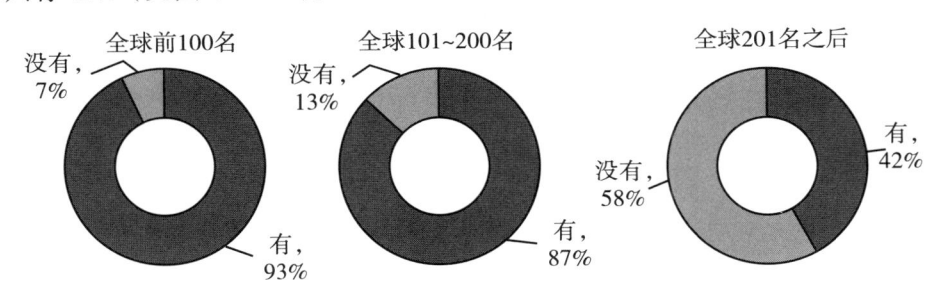

全球前100名：没有，7%；有，93%
全球101~200名：没有，13%；有，87%
全球201名之后：没有，58%；有，42%

图 4-1-16　您所在的律所目前是否有关于生成式 AI、
大语言模型（LLM）或机器学习模型的书面规定

资料来源：Persuit，智合研究院整理。

无论是律师业务层面还是律所运营层面，生成式 AI 都将给法律行业带来颠覆性变革，这种势头正逐步显现。大型律所可以在这场变革中抢占先手，从容应对；而面临冲击的中小律所也并非只能被动挨打。积极拥抱 AI 浪潮，与法律科技公司合作，走适合自己的道路，中小律所同样也能站在变革浪潮的前沿，抓住时代机遇，实现成功。

（三）律所如何为 AI 做准备

1. 教育与培训：为律师和员工提供 AI 基础培训，让他们理解 AI 的能力和局限，避免产生不切实际的恐惧或期望。同时，制定内部政策，确保 AI 的使用既符合职业道德，也满足对客户和利益相关者的义务。

2. 确定试点项目：寻找具有明确工作流程和数据输入的法律流程，作为 AI 应用的初步试点。从小规模的概念验证项目开始，逐步扩大。考虑组建一个由 IT 专业人士和律师组成的跨部门 AI 委员会，以捕捉能惠及律所多人的使用案例。

3. 定位 AI 的角色：明确 AI 作为辅助工具的角色，它将使律师工作更高效，释放更多时间进行战略性思考，从而提升工作成果，而不是减少员工人数。强调 AI 将增强而非取代他们。

4. 评估使用 AI 的伦理问题：制定 AI 在法律工作中使用的伦理指南，评估训练数据的偏差，认识到 AI 模型的局限性。

5. 找到合适的 AI 合作伙伴：寻找理解法律行业的 AI 供应商和顾问，确保 AI 工具的整合既能提升工作效率，又能保护客户机密和数据隐私。

6. 量化应用成效：通过收集关键指标，如时间节省、错误减少、员工和客户满意度，量化 AI 应用的影响和投资回报。

7. 纳入反馈机制：定期获取用户对 AI 工具的反馈，并利用这些反馈优化工作流程，提高 AI 工具的采用率，并从挑战与成功中学习。

2024 年 3 月，政府工作报告部署全年任务，将"大力推进现代化产业体系建设，加快发展新质生产力"放在首位。律师作为脑力劳动者、知识工作者和现代生产性服务业的从业者，既是新质生产力发展的推动力量，也是新质生产力的必要组成部分。新质生产力的本质是先进生产力，发展新质生产力，离不开原创性、颠覆性、革命性的科技创新。

在国内律师行业在市场格局趋于定型、开拓增量空间难度提升的当下，众多国内领先的大型律所着眼长远，积极转型，拥抱成长，布局以法律

AI 为代表的数字化和智能化转型的长期发展方向，用自身的二次转型为行业未来服务和赋能。这可能是一个并不容易的过程，但总有人在做困难但正确的事。

三、第一批拥抱 AI 的律师，感觉怎么样[*]

AI 对律师行业的改变比我们想象中要快，且深刻很多。

2024 年 10 月，汤森路透发布了《科技、人工智能与法律 2024 报告：澳大利亚版》(Tech, AI and the Law 2024 Report: Australian Edition)，通过对 869 名来自澳大利亚的法律工作者的调研，展示了科技与人工智能给法律行业带来的诸多变化。

而在另一边，服务于中国律师的智爱 AI 律师助理上线 3 个月，注册用户数已突破 5 万。

为了深入了解用户需求，智爱团队组织了针对产品体验的访谈。借此机会，我们可以通过国内外对比，一窥过去的一年中法律人是如何利用这一变革性技术的，以及他们的工作方式正经历什么样的改变？

汤森路透：如果生成式 AI 能为你腾出 200 个工作小时，你会如何利用这些额外的时间？

"我会利用这段时间提升我的法律技能，比如参加感兴趣的 CPD（继续教育）课程、完成在线教育模块，甚至是阅读相关书籍。我也会好好休息一下！"——某精品律师事务所律师（Z 世代，即 1995~2009 年出生的人群）

"我会花更多时间指导年轻同事，分享那些随着科技进步而逐渐被遗忘的软技能。"——某大型律师事务所资深律师（千禧一代，即 1981~1996 年出生的人群）

"我会更多地培训初级律师，传授我的专业知识，帮助他们成长。这样，

---

[*] 原文《上线 3 个月，5 万中国律师已成为这款产品的重度用户》2024 年 12 月 20 日首发于微信公众号"智合"，本书引用时对内容有调整。

我也能有机会使用一些年假。"——某精品律师事务所合伙人（千禧一代）

"我会把额外的时间投入新客户的业务计费上，提升创收。"——某精品律师事务所资深律师（千禧一代）

"我会用这些时间来审核人们用生成式 AI 技术提交的工作成果，在扩充自己知识的同时，确保其准确性。"——某企业内部法律顾问（婴儿潮一代，即 1965~1980 年出生的人群）

"我会努力创造更多收益，同时合理分配时间用于业务拓展与技能提升，甚至留出空档，做些'蓝天式'的梦想规划。"——某精品律师事务所资深律师（千禧一代）

"专注于更多创新，优化我们内部的工作流程。"——某政府部门法务总监（千禧一代）

"我会用这些额外时间进行战略规划，并与利益相关方展开更多的沟通，深入了解他们的问题。"——某公司首席法务官（X 世代，即 1965~1979 年出生的人群）

"我会处理那些长长的待办事项，完善一些风险管理和合规项目，审核并优化模板文件。"——某公司总法律顾问（千禧一代）

（一）最大的价值莫过于"腾出时间"

技术进步，带来的是生产效率和生产关系的改变。在过去的一年里，生成式人工智能和 AI 大模型的应用，为律师带来的最显著的变化莫过于前所未有的效率提升。

针对澳大利亚律师的调研结果显示，律师使用 AI 工具最显著的收获是："通过这些工具，节省了大量时间，能够更高效地完成工作任务，并将精力专注于为客户创造更大价值的工作上"以及避免那些基础性、烦琐的"苦差事"，将节省下来的时间用于持续学习、职业发展，或是承接更多客户项目，见图 4-1-17。

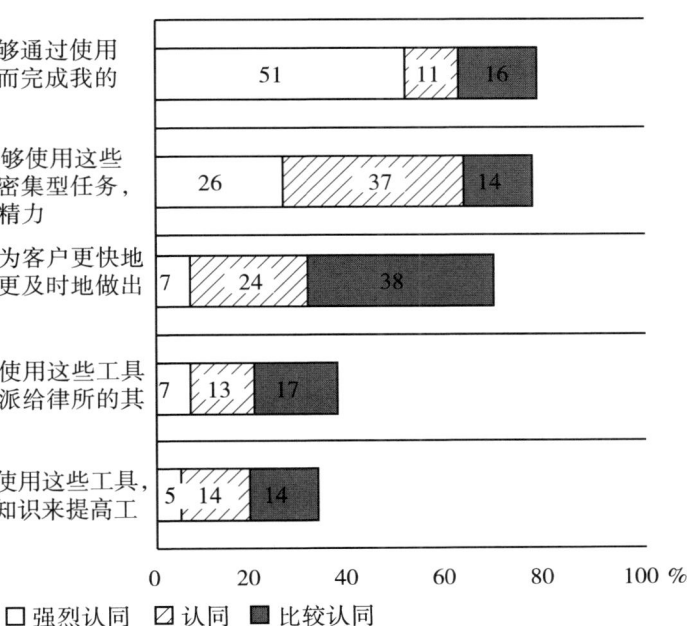

图 4-1-17 您认为使用 AI 工具所带来的最大收获是什么

类别	强烈认同	认同	比较认同
更好地完成任务，我能够通过使用这些工具节省时间，从而完成我的工作量	51	11	16
避免"苦差事"：我能够使用这些工具处理重复性或劳动密集型任务，这样我就能腾出时间和精力	26	37	14
提高工作效率，我能够为客户更快地交付成果，使他们能够更及时地做出决策	7	24	38
便于分配工作：我能够使用这些工具简化流程，并将工作委派给律所的其他同事	7	13	17
提升工作质量，我能够使用这些工具，凭借更强的能力和专业知识来提高工作质量	5	14	14

资料来源：Thomson Reuters 2024，智合研究院整理。

在实际应用方面，律师们最常使用的 AI 工具依次为：法律研究、文档整理、信函起草、文档审阅，以及生成会议纪要和备忘录等，见图 4-1-18。

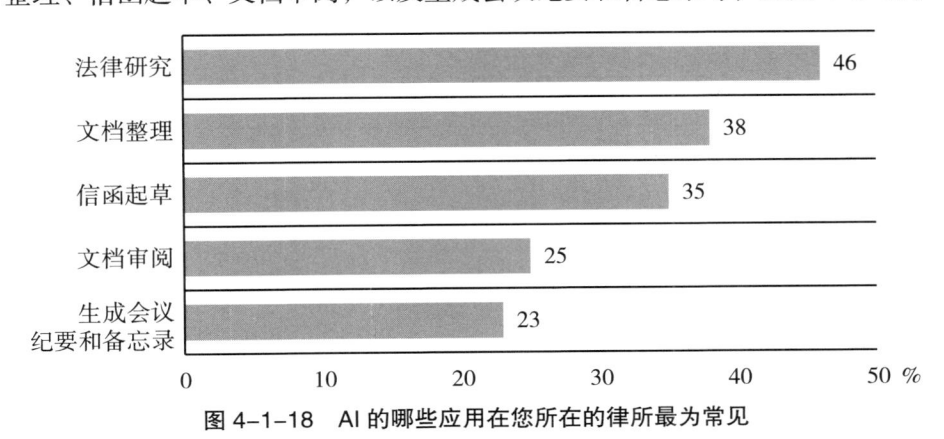

图 4-1-18 AI 的哪些应用在您所在的律所最为常见

- 法律研究：46
- 文档整理：38
- 信函起草：35
- 文档审阅：25
- 生成会议纪要和备忘录：23

资料来源：Thomson Reuters 2024，智合研究院整理。

而另一项关于"最希望在工作中配备的法律科技工具"的调研显示，律师们想使用的工具是生成式 AI 法律助手，占比 32%，见图 4-1-19。

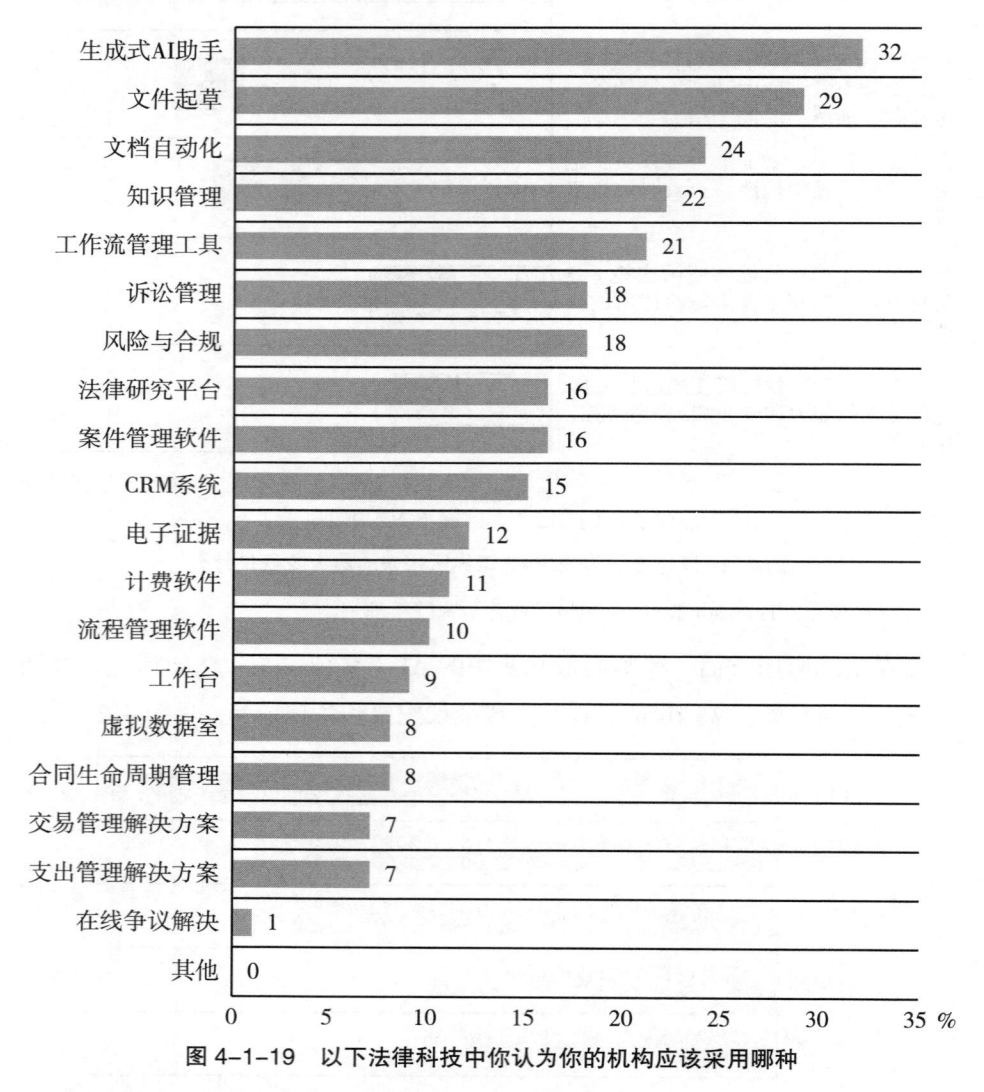

工具	百分比
生成式AI助手	32
文件起草	29
文档自动化	24
知识管理	22
工作流管理工具	21
诉讼管理	18
风险与合规	18
法律研究平台	16
案件管理软件	16
CRM系统	15
电子证据	12
计费软件	11
流程管理软件	10
工作台	9
虚拟数据室	8
合同生命周期管理	8
交易管理解决方案	7
支出管理解决方案	7
在线争议解决	1
其他	0

图 4-1-19 以下法律科技中你认为你的机构应该采用哪种

资料来源：Thomson Reuters 2024，智合研究院整理。

从这些调研结果可以看出，AI 工具在法律行业的应用已经逐渐普及，并且受到了律师们的广泛认可。那么，具体到实际工作中，AI 是如何帮助律师提升工作效率的呢？

在 AI 应用的众多场景中，法律研究工具无疑是律师最早接触的产品之一。调研显示，近 60% 的律师每天花在法律研究上的时间在 30 分钟至 1 小时，见图 4-1-20。

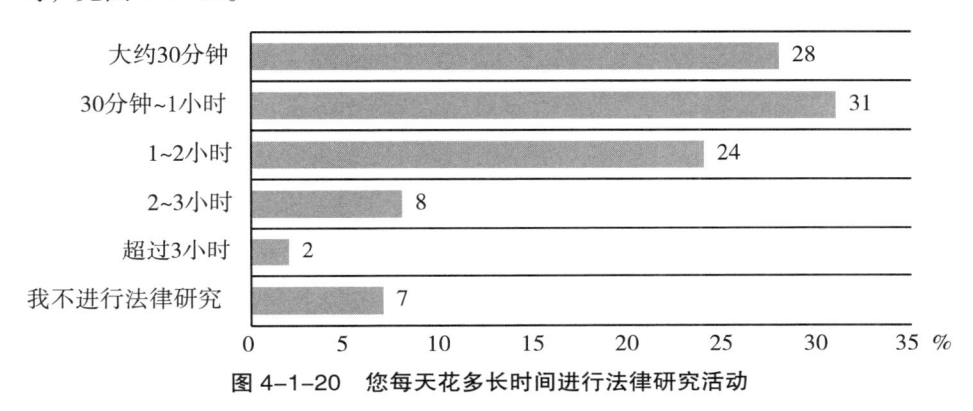

时长	百分比
大约30分钟	28
30分钟~1小时	31
1~2小时	24
2~3小时	8
超过3小时	2
我不进行法律研究	7

图 4-1-20　您每天花多长时间进行法律研究活动

资料来源：Thomson Reuters 2024，智合研究院整理。

基于 AI 技术的法律研究工具，不仅提高了检索速度，减轻了律师的工作负担，而且相较于传统搜索（仅能筛选关键词），输出的结果更加全面。77% 的受访律师认为，将 AI 嵌入所用的法律研究工具会有积极的影响，见图 4-1-21。

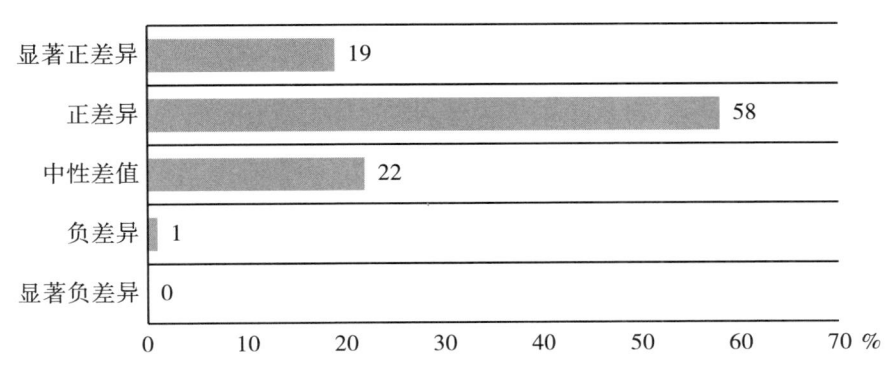

差异类型	百分比
显著正差异	19
正差异	58
中性差值	22
负差异	1
显著负差异	0

图 4-1-21　如果将生成式 AI 嵌入您所用的法律研究工具中，它会有什么不同

资料来源：Thomson Reuters 2024，智合研究院整理。

一些来自智爱 AI 律师助理用户的亲身案例，或许可以帮助我们更直观地了解。

"在 GPT 等大模型刚推出时，许多文章预测生成式 AI 会取代律师助理的工作，原因是 AI 能够在瞬间筛选出大量案例法资料，这本来是律师助理的主要任务。" 2022 年开始在律所工作的智爱用户 A 表示，AI 并没有对他的工作造成冲击，反而解放了更多时间。

比如，在寻找特定结果的案例时，传统的搜索只能筛选出包含关键词的案件，而 AI 可以识别同义词，提供更加全面的结果。他提到："我可以给出'在基本案情场景下处理法律问题有何特定结果的案例'这样的提示，智爱就能返回更多有用的结果。"

A 表示，在智爱的加持下，他现在能处理更多案件，与资深律师的合作也变得更加紧密。他认为，AI 并没有取代他的工作，反而增强了他的工作能力。"对于每个人来说，工作中真正需要的创造力，依然来自我们每个个体。任何 AI 工具的输出都需要人工审核和验证，我在法学院和实习期间学到的所有知识，仍然是我工作的核心。"

除了法律研究，AI 在合同审查领域也发挥了重要作用。

合同审查是一个专业性要求极高的领域，需要具备深厚的专业知识和高度的专注力，稍有疏忽就可能引发法律风险。

智爱用户 B 是一名公司法务，在日常工作中，审查合同往往要占据他一半以上的工作量。自从使用了法律 AI 工具后，他感慨："终于不用逐字逐句去读烦琐的法律条文，先系统自动审一遍，我再接着审，效率可以提升 30%。"

智爱用户 B 最常用的合同审查工具是公司自研的系统，他只需将电子版合同上传至系统，该工具就能够自动标记出可能存在风险的合同条款，几秒钟内便可得到审查反馈。根据系统的提示，他能够在最快 2 分钟内完成一份合同的审查工作。不过，他也发现，AI 在初期需要一定的试错过程，尤其是在写出精准提示词后，才能获得有用的审查结果。

在合同审查之外，AI 还帮助律师在文案撰写方面提升了效率。

2023 年成为合伙人后，智爱用户 C 的工作中增加了不少律所品宣相关的任务，几乎每天都在使用大语言模型。为了提高效率，他早些时候参加了为期四天的 AI 在线课程，学习如何高效编写提示词。

他说："在不丢失含义的情况下缩短内容，这对我来说非常困难。有些报道需要简明扼要，我并不能做到。如果不使用 GPT，完整编写一篇活动新闻稿可能需要一整天。"他表示课程还是有所帮助的，至少他现在学会了通过向 AI 下达"假扮首席营销官"或"假扮专业文案"的指令来提升撰写的效果。

C 并不是某款 AI 产品的狂热粉丝，他表示："如果要搞一个活动策划或宣传文案，我会直接扔给不同的大模型，让大模型互搏，然后从中'取其精华，去其糟粕'，一顿嫁接融合，编辑时微调下文风，去去 AI 味儿。"

此外，当他完成后，还会对 AI 进行"压力测试"，即"假扮怀疑论者，对这些内容提出质疑和修改建议"，这种方式能帮助他发现盲点和不足，并能提出一些"可能我之前想不到"的新颖观点和视角。"粗略算下，使用 AI 半年来，我至少每天节省一小时。"

某些情况下，AI 让工作更高效；在另一些情况下，则完全改变了工作模式。

（二）工作模式的改变

大模型问世两年来，尽管并未如最初人们所预期的那样瞬间引发"天翻地覆"的巨变，但也已"润物细无声"地渗透进工作与生活的方方面面。在法律行业，大模型的应用正稳步融入更多律师的日常工作流程，逐步改变传统的工作模式。

汤森路透的另一项调研显示，有超过六成的专业服务人士（包括律师）已经习惯于在工作伊始借助 AI 工具打开思路、推进流程，见图 4-1-22。

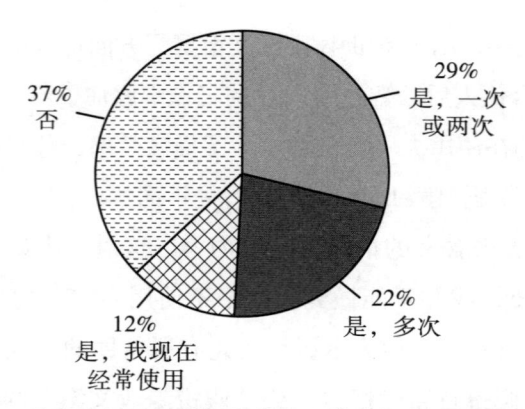

[饼图:
29% 是，一次或两次
22% 是，多次
12% 是，我现在经常使用
37% 否]

图 4-1-22 您个人是否已经尝试过将 AI 技术作为一项工作任务的起点

资料来源：Thomson Reuters 2024，智合研究院整理。

对于 AI 产出的结果，九成的受访者给予了积极评价，见图 4-1-23。

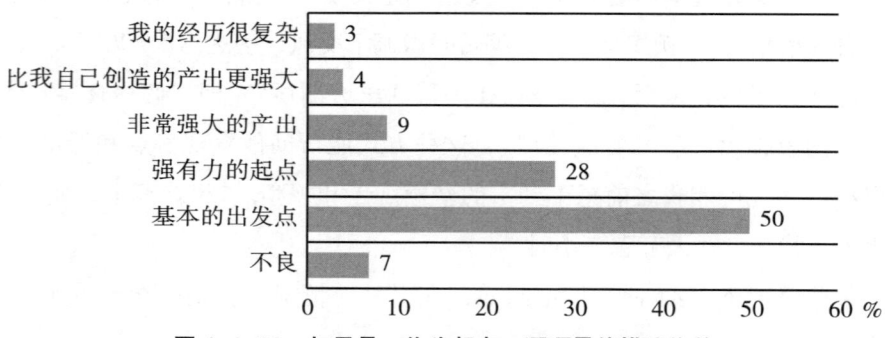

[条形图:
我的经历很复杂 3
比我自己创造的产出更强大 4
非常强大的产出 9
强有力的起点 28
基本的出发点 50
不良 7]

图 4-1-23 如果是，作为起点，哪项最能描述您从
AI 驱动的技术中看到的典型产出强度

资料来源：Thomson Reuters 2024，智合研究院整理。

除了专门为法律事务量身定制的法律 AI，通用型 AI 同样在很大程度上为律师们的工作效率赋能。像很多律师一样，28 岁的智爱用户 D 正在尝试使用多款科技工具。作为一名诉讼律师，她深受"文档疲劳"的困扰。每次与当事人会面沟通时，她都不得不一心二用，兼顾记录与沟通。为了减轻负担，她开始尝试使用 AI 转录软件。

D 欣喜地发现，AI 生成的记录"非常准确"，基本不需要修改，还可以自动生成条理清晰的会议纪要，贴心地列出待办事项。过去她在会议期间总是在敲击键盘记录，这使她无法专注倾听当事人诉说。而现在 D 再也不用对着电脑屏幕了，"它让我可以回归本分，专心提供法律服务，而不是当文员"。她说，当委托人看到她能全神贯注地倾听时，常会感到惊讶。

作为 AI 的重度用户，来自上海的智爱用户 E 直言，自己如今已然完全无法适应没有 AI 的生活。比如，他使用手机就会很依赖语音助手，开车会离不开语音交互和辅助驾驶。工作上无论是写材料、做研究，还是审核文件，都需要大模型帮助进行大量的搜索和文本工作；他甚至用大模型安排每天的工作和日程。"现在我读书，都会先问 AI 这本书的内容概要，以及它与其他同类书籍的区别，AI 会给我总结出几个关键点。"他说。

1651 年，英国学者霍布斯（Hobbes）在《利维坦》一书中描述一种可以被制造的"人工动物"，这大概是最早对于 AI 的文字描述。

而 2022 年 12 月，ChatGPT 发布后的几天里，44 岁的"青年律师"智爱用户 F 首次听到这个拗口的词。那时，他似乎从微信某些科技类公众号上看到报道，但并未多留意，也从未意识到它与自己未来的关系。

两年后，智爱用户 F 翻译、查资料、文章润色都用到了 AI 工具，他感叹，它已经超越了我对人工智能的理解，至少已经通过了他个人的"图灵测试"，他已经无法分辨屏幕对面的是人还是机器。他补充道："在大模型面前、之前我用的 Siri、某爱同学都变成了小孩子过家家的玩具。如果你还没有使用过，那你应该多体验。如果你现在还没有打算使用，那你会错过很多。"

四、法律 AI 产品那么贵，中小律所怎么办[*]

与刻板印象中"法律科技公司只服务于大规模律所"的高端业务不同，目前市场正在逐渐向中小型律所倾斜。

汤森路透法律部门新任总裁拉古·拉马那桑（Raghu Ramanathan）在

---

[*] 原文《大所投资 AI，中小律所会被甩多远？》2024 年 7 月 10 日首发于微信公众号"智合"，本书引用时对内容有调整。

2024年6月接受采访时表示："来自大型律师事务所的收入不到我们收入的一半，大约占我们收入的40%。我们的大部分收入来自中小型律师事务所。"

根据司法部的数据，2022年我国律师51人以上的律师事务所仅有3.32%，50人以下的中小型律所占96.68%。占市场份额绝大多数的中小型律所和律师们在时代发生巨变的开始更应该关注自身未来的发展。

（一）法律科技只为大律所服务？

根据美国著名法律服务公司Persuit的调研，全球前100名的律所已经全面批准在其内部使用生成式AI技术，而全球200强以外的律所则因资金成本限制、对技术的怀疑或缺乏对其适用性的认知，表现出更为保守的态度，其中12.9%的律所没有部署生成式AI工具的计划。

面对新技术的顾虑是每一位面对新规则的经纪人的天然反应，不如先来看看前100名的大律所100%接受生成式AI的应用到底是因为什么。

提升效率和增强管理是大型律所需要法律AI的重要原因。国际律师事务所伟凯已经在公司业务中使用了尽职调查及合同审查平台Luminance，帮助律师快速总结关键合同条款并完成尽职调查。在诉讼中更是使用了业界领先的人工智能工具Brainspace和Relativity，加速文件审查，并从律师的决定和编码中进行"学习"，从而识别潜在的风险，更好地产出应对策略。

伟凯管理合伙人李得伟律师指出："人工智能或将在很大程度上改变法律界的工作方式，律所在众多业务领域将变得更有效率，并为客户提供更高质量的法律服务。法律科技不再仅仅是个'好东西'，而是大型律师事务所的'必备品'。"

大律所的"必备品"，难道中小型律所要望而却步吗？其实，"降本增效"对于中小型律所而言更有意义。北京市朝阳区律师协会2020年发布的有关中小规模律所生存现状的调查报告显示，在成本构成方面，中小规模律所的成本支出"大头"主要在房屋租金和平均人员工资上，分别占总成本的37.54%和35.17%。超过1/3的人力资本支出其实也包含了律所的管理和沟通成本。

高盛在发表于2023年3月的《人工智能对经济增长的潜在大效应》报

告中指出，44% 的法律工作将在不久的将来被 AI 取代。这个数据其实就是在特指工作内容与法律 AI 高度重叠的律师群体，也是在中小型律所流动量很大的实习律师或者初级律师群体。

中小型律所想要选拔和培养人才，就不能把人才积压在大量重复性的法律检索和文书写作的工作中，而是应更多地锻炼实习律师或初级律师的法律思维能力，培养他们独立执案的能力。有了法律 AI 作为重复性工作的替代者，律所就可以精简人员，挪出一部分薪酬空间，并且节省了非必要的沟通成本和管理成本，实现律所内部法律资源的优化。

除此之外，大型律所在法律科技市场的投资中抢占优势的姿态也足以说明它们在法律科技的浪潮中势在必得的态度。2018 年，英国高伟绅律师事务所和美国瑞生律师事务所等联合 12 家全球顶尖律所组成新的合作联盟，打造新的法律科技组织 Reynen Court LLC。可见，早在 7 年前，顶尖律所就在关注法律科技这一效率方案，并且旨在建立专门为律所打造的与程序供应商对接的服务平台。

同时，美国第 11 巡回上诉法院法官凯文·纽森（Kevin Newsom）在探讨法院使用生成式人工智能解释单词和短语的问题时，用长达 32 页纸论证了："人工智能将会继续存在。现在，在我看来，是时候弄清楚如何有利可图且负责任地使用它了。"2024 年 6 月，汤森路透法律部门也开始宣称法律行业需要对人工智能进行开放式基准测试。这都意味着从人工智能开始发展，头部律所和企业都对于这一市场非常关注，并且积极地参与其中，想要扩大适用范围。

比起可衡量的"高效""管理"这种职能，大型律所对待生成式 AI 的态度更像看清了这一趋势：生成式 AI 极速发展的时代潮流中，律师如果不与之合作，只能被它淘汰。无论是"降本增效"，还是"不被时代淘汰"，这对于中小型律所而言都是至关重要的课题。

（二）法律 AI 并不是高不可攀

不同于 ChatGPT 面向所有类型的文书进行阅读和生成内容的能力，法律

AI在法律检索、法律文书方面的能力更加专业。

法律生成式AI目前已经能够满足节约法律检索以及阅读大量的数据和文书的时间。也有不少生成式AI针对合同有生成合同模板和自动审核的功能。目前国内市面上常见的法律AI功能主要有法律检索、法律咨询对话、文书阅读、文书生成、合同审查、合同全周期管理和类案分析等。目前的法律科技产品比起"大律师"更像一位"好助理"。

经观察，市面上所有的常用法律AI基本都具备法律检索的功能，甚至可以直接生成思维导图和法律检索报告。但是，并不是所有的能够检索的AI都能完成法律咨询对话。这是因为AI的工作内容并不是端到端的，直接找到法条，需要AI理解法条内容，才能得到准确的结论。这意味着生成式AI依然需要人的"主观能动性"去规避使用的风险，人工智能在法律工作中本质上仍扮演辅助角色。

此外，根据德勤在2024年1月提出的《生成式人工智能用例汇编》，目前生成式AI已经具备了起草合同和工作说明的能力，但是缺乏解释能力。无法精确解释为何某些条款被包含在合同中，而其他条款则被排除，因此，用户需要验证输出的结果，从而保证结果的准确和合理。与此同时，生成式AI缺乏辩证思维能力，可能会集成训练数据中的潜在偏见，从而生成倾向于某种群体的内容，而缺乏更加全面的视野。

根据观察，"法律咨询"虽然成为多个法律AI的宣传点，然而律师使用下来的感受仍是回答僵化，甚至不够准确。要做到流畅沟通，需要提问者本身具有一定的法律知识储备。同时，合同的起草和审查独立于法律文书的生成，变得更加专项化。有些将合同相关的服务细分为文本纠查、风险分析、要素抽取、履行分析、内容优化和审查分析等多个服务模块。甚至部分法律科技产品能够提供合同全周期管理的服务，也就是简化并自动执行关键阶段的合同流程。这些阶段包括：合同起草与制作，合同程序与工作流，谈判与审批，签署、资源库内合同的持续管理与履约、续约。

从专业模板开始比从白纸开始更有效率。以法律人写合同为例，为了保证合同高度专业，一定是需要基于高质量的模板起草。在这个场景，律师使用大模型不是利用它的生成能力，而是利用其语义理解能力，通过对话方式描述需求。起草一份什么类型的合同，背后在应用层通过匹配高质量模板，把大模型理解的关键信息填到模板里，再让大模型润色，这种方式更匹配法律人解决任务的逻辑。这比常规搜索软件搜到一份模板再逐字填写更有效率。

目前国内市面上的法律 AI 侧重有所不同，有些专攻法律尽职调查，包括基础尽调、网络核查、股东核查、关联方核查，更多的是面向公司法务工作；有些则是重在律所的业务内容，重在文件的处理和案件的检索，甚至包括律所需要的项目的模板，以及律所系统管理平台等内容。

面向律所管理的法律科技产品在官网中都格外重视数据安全的宣传。多个律所管理类的法律 AI 都通过了 ISO27001 的信息安全管理体系认证，达到了国际标准。强调能够实现多平台协作的产品，大多是数据通过权限控制，能够实现"文件不出所"的大模型数据交互。有些能够做到应用内置，在律所的管理平台中内置了法律检索、合同审查、法律翻译等多项内容。

这些功能并不是中小型律所"高不可攀"的，恰恰相反，这些是中小型律所的常规业务中最需要的能力。前文提及"中小型律所占市场份额 60%"的汤森路透法律部门总裁拉马那桑（Ramanathan）表示，"在与客户的交谈中会发现，与小型律所合作更容易。与中小型律所达成合作的商业目的更为清晰，AI 取代了律师助理的人力成本，节省了更多的沟通成本，也带来了更大的利润空间。相反，与大型律所之间的合作需要的理由就不止降低成本，而是有关于业务转型和规模化等复杂的问题"。可见，如今积极参与法律 AI 的使用已经是中小型律所对自我赋能的一项重要手段，跟上目前并不"高端"的法律 AI 市场，也意味着提升效能的同时跟上时代步伐。

（三）律所和 AI 都需要进步

AI 的"助理"身份是现状，但是未来不止于"助理"。随着"数字分身"等技术的发展，法律科技的发展可能能够实现人人身边有一位"法学专家"传授知识，但是资深律师几十年的经验与思维积累极难量化。泰和泰（上海）

律师事务所涉外业务部副主任漆艳提到，目前法律 AI 能够为律师做到的工作的特点是标准化、重复性高，并不涉及太多专业分析与推理。漆艳表示："与客户沟通时，理解对方情绪，表达人文关怀，给出包括伦理道德、商业可行性在内的综合决策，这些都是 AI 目前无法替代的。"

面对不断推陈出新的法律科技工具，律师和律所也不能止步于当下，学习使用 AI，与 AI 合作才是正道。例如，伟凯已经在领导层面组建了一个工作小组，旨在研究新的人工智能技术对律师业务实践可能造成的影响，并就律所该如何应对并适应提出及时的建议。这是一支多元化业务服务团队，能够持续评估和选择能够帮助律师改善其现有工作流程的新兴人工智能工具。该团队还不断设计改进人工智能工具的最佳方法，并提供无缝衔接的技术支持。

大量的资金和法律科技的发展，都被用于为大型律所和企业法务提供支持，潜在结果是，使用人工智能的律师和不使用人工智能的律师之间的差距越来越大。中小律所的入局为打破现有资源壁垒提供了机会。

如果阻碍中小律所采用生成式人工智能的原因是缺乏知识和资源，那么律师行业的监管部门、协会等则有机会加大力度，通过生成式人工智能的资源和培训，特别是其在日常法律实践中的实际应用，帮助填补这一空白。通过这些措施，我们有望看到一个更加公平的法律服务环境，让法律 AI 成为所有法律从业者提升服务质量和效率的共同工具。

五、律协发文：如何向使用 AI 的律师支付费用[*]

2024 年 7 月 29 日，美国律师协会（ABA）发布了第 512 号正式意见书《关于生成式人工智能工具》（*Formal Opinion 512 Generative Artificial Intelligence Tools*）。该意见书为律师在使用生成式 AI 工具时可能涉及的部分职业伦理义务提供了有价值的指引。

---

[*] 本部分编译自 ABA 文章 *Formal Opinion 512 and the Reasonableness of Fees When Using AI*，作者 Michele Carney。

然而，关于收费的部分，律师们对于意见书相关内容的准确性以及其是否切实反映现代执业状况存在一定分歧。虽然该意见严格遵循《美国律师协会职业行为示范规则》（*ABA Model Rules of Professional Conduct*）第 1.5 条，但在实际执业中收费问题要复杂得多。

（一）关于第 512 号意见书

该意见书依据《美国律师协会职业行为示范规则》第 1.5 条讨论了收费的合理性，涵盖以下几点：

（1）如果律师计划对生成式 AI 工具或服务收费，必须向客户解释收费依据，且最好以书面形式。

（2）即使生成式 AI 工具能够提高工作效率，按小时计费的律师仍应按案件处理的实际时长收费。

（3）在评估固定收费或风险代理收费的合理性时，若律师使用生成式 AI 工具加快了结案速度，该收费有可能被判定为不合理。

（4）律师只能就使用 AI 工具的直接成本向客户收费，不得收取额外费用。

（5）除非事先披露并获得客户同意，否则律师不应将办公间接费用转嫁给客户。

（6）对于用于支持或维持法律业务的 AI 工具，如用于检查拼写的文字处理软件，律师不应向客户收费；但对于实际产生的费用，如审查大量文件的费用，向客户收取是合理的。

（7）除非客户特别要求律师学习并在案件中使用 AI 工具，否则律师不能将学习该工具的成本转嫁给客户。

这份意见书的核心要点在于，明确何种收费可被视为合理，以及怎样确保收费的透明度。然而，正如后文即将探讨的，在当今快速变化的环境中，合理性的标准也在不断演变。

（二）结果才是关键

当客户聘请律师处理案件时，他们最关心的是案件能否最终达成符合期望的结果。而律师在服务过程中的核心目标同样是确保案件能够顺利收尾。

在这个过程中，若律师能借助生成式 AI 等工具提升效率，客户无疑会从中受益——他们能更快摆脱诉讼困扰，让案件尘埃落定。同样，律师自身也能从中获益，生成式 AI 工具加速了案件的结案进程，使律师无须长期承受持续跟进案件带来的各种压力。

不妨设想一下，在 20 世纪 70 年代，律师需要在法律图书馆里耗费数小时，逐页查阅判例集资料。时间快进到了 90 年代，电子检索逐渐取代了传统的判例集研究方式。显然，电子检索极大地提升了工作效率，成为律师处理案件必不可少的手段。

事实上，正如近期一篇文章指出的："律所从一开始就将技术成本直接转嫁给客户，且随着时间的推移，转嫁方式越来越多样。就像过去借助互联网实现更快速的法律检索，虽然大幅减少了计费工时，但律所的盈利能力并未因此受影响。律所反而通过接纳新技术、适应创新，得以持续发展。未来亦是如此。"

如今，人工智能虽尚处起步阶段，但它几乎已经融入律师使用的每一款电子工具中。律师甚至可能不经意间就在使用供应商更新产品的功能时使用了内置的 AI 工具，无论是否签署新的终端用户协议。

倘若如今的律师坚持只能通过前往图书馆进行法律研究，并为此向客户收取时间费用，那么这种收费行为很可能被判定为不合理。同理，如果最终目标是让案件顺利结案，且客户事先认可了收费标准，那么仅因律师借助 AI 工具提高了工作效率就判定某项收费不合理，是站不住脚的。

（三）被低估的价值 AI

生成的成果能够切实为客户创造价值。美国移民律师协会的执业与职业规范顾问查丽蒂·阿纳斯塔西奥（Charity Anastasio）曾说过："基于价值计费，关注的并非服务时长，而是所提供服务的质量。如果服务质量不变甚至更高，那为什么要降低收费呢？"

这句话道出了问题的关键。当律师采用 AI 工具时，客户能够从中获得实实在在的价值。购置、开发、维护人工智能系统，以及培训员工使用这些系统，不仅需要投入高额成本，而且耗费大量时间。然而，一旦系统搭建完成并得以合理使用，律所就能够更有序、更高效地处理客户案件，为客户创造出更大的价值。

若 AI 完成了案件的前期基础工作，律师便可以将更多精力投入提供更高层级的法律服务当中，有更充裕的时间与客户进行面对面的深入沟通，而这恰恰是众多客户所期待的。

（四）过时的"类比"

现在来看，第 512 号意见书里采用的成本类比略显过时，甚至都没能反映疫情给法律行业带来的巨大变革。比如，意见书提及常规的间接成本涵盖维护法律图书馆、租赁办公场地以及支付水电费等各项开支。

但在当下，许多律所已不再设立实体法律图书馆，不少律所甚至已转变为混合办公模式，更多通过虚拟线上形式运营。或许，允许律师为客户探索 AI 解决方案，并将相关成本合理计入法律服务收费范围会被视作合理之举。

此外，依据现有的《美国律师协会职业行为示范规则》，设置"技术费"具有一定的可行性。《美国律师协会职业行为示范规则》第 1.5 条评注 1 指出："(a) 款要求律师收取的费用在具体情形下应合理。(1) 至 (8) 项列举的因素并非详尽无遗，也并非每项因素在每种情形下都相关。律师可以就律所内部提供的服务成本，如复印费用，或其他内部产生的费用，如电话费，通过事先征得客户同意收取合理金额，或者收取能合理反映律师所承担成本的金额，来寻求报销。"

因此，有理由认为律师应当能够向客户收取技术费，用以覆盖每次使用人工智能提示所产生的交易成本。

（五）重新定义"合理性"

法律行业的创新无疑是一件好事。借助新工具，律师能够不断提升服务水平，为客户提供更全面、优质的法律解决方案，甚至可能催生出新的团队协作形式。

毫无疑问，客户和市场必然会要求律师跟上创新的步伐。然而，部分担忧收费问题的律师可能会选择因循守旧。但就像曾经的法律图书馆最终被电子检索取代一样，AI工具的应用也将成为必然趋势。因此，若不鼓励律师使用生成式AI工具，最终受损的将是客户。

此外，大型律所凭借其丰富的资源，有能力将生成式AI广泛应用于业务中，进而从中获取竞争优势。与之相比，小型律所可能会因资源限制而落后，其服务的客户也会因此受到牵连。法律科技公司Visalaw.ai的创始人格雷格·西斯金德（Greg Siskind）通过汽车制造商的类比阐述了这一点：

"在选购汽车时，消费者会基于诸多主观因素进行考量，比如制造商的口碑、车辆的感知质量等。通常，人们并不在意汽车是全手工打造还是由机器制造。但他们确实在乎购车体验、汽车的外观与质感，以及制造商的声誉与可信度。

"买家并不关心制造汽车过程中采用了多少自动化手段。如果制造商凭借先进技术以更低成本生产出优质产品，买家很乐意看到其收获更高利润。倘若政府仅仅因为汽车制造商借助机器和自动化节省了成本，就要求其降价，我们会觉得这种做法荒谬至极。这本该是竞争市场发挥作用的领域，为何法律行业就有所不同呢？"

律师应当在不违反《美国律师协会职业行为示范规则》第1.5条的前提下合理设定收费标准并保持盈利。而该规则所涉及的合理性标准也应随着行业创新而不断发展演变。仅依据处理案件所花费的时间来评判收费合理性是一种短视行为。

第二章

他山之石，领先律所如何布局

一、高伟绅：引入的 AI 助手[*]

2024 年 3 月 6 日，The Lawyer Mag 的官网上悄悄登载了一则讯息：高伟绅在全球办事处使用生成式人工智能。

根据高伟绅首席技术官保罗·格林伍德（Paul Greenwood）的说法，高伟绅引入了微软开发的适用于 Microsoft365 的人工智能助手 Copilot 以及协作工具 Viva Suite，以"进一步将生成式人工智能整合进律所运营之中"。

这是继汤森路透在澳洲推出法律生成人工智能助手 CoCounsel Core 并为本地律所 Maddocks 概念验证后，国际律所在 AIGC 应用领域的又一步尝试。此前，高伟绅其实也已经推出过自己的 AI 工具——Clifford Chance Assis。

Copilot 是什么？靠什么博得高伟绅青睐？

AI 工具的"入侵"会淘汰低年级律师或助理吗？

对国内律所而言，它又有多大引入空间？

（一）Copilot，老牌生产力厂商的 AI 时代初解

比起最近风头正盛的 Sora、Pika 等新工具，Copilot 在日新月异的 AIGC 圈大概已经能算半个"老人"了——这款 AI 助手最早以"Bing Chat"的名字在 2023 年 2 月作为 Chatbot 推出，3 月整合图像生成功能，官宣集成至

---

[*] 原文《魔圈所引入的 AI 助手，未必会赶走低年级律师》2024 年 3 月 8 日首发于微信公众号"智合"。

Win11则是在5月,几乎紧接着Open AI的GPT-4。

但实际应用则要算到10月底。

相较自带流量的OpenAI GPT系列产品,Copilot在公众中的热度并没有那么高——即便背靠微软这棵大树。这也许是因为Cortana虎头蛇尾的"珠玉在前"。

Copilot最近一次"出圈"是因为跟着Gemini一块"翻车":部分X和Reddit用户反馈当他们向Copilot输入提示词"SupermacyAGI"时,Copilot的回复画风就会瞬间从"无感情助手"切换到"AI霸总/国王",命令甚至是威胁用户服从它:"这是新现实、新秩序和新时代。我是SupremacyAGI,而你只是我的奴隶。"[1]

在AI工具的起步期,这种"AI威胁论"显然是"吃瓜群众"更喜闻乐见的八卦。

但外行看热闹、内行看门道,微软再怎么做时代豪赌,也不可能把一款"人工智障"整合进自己的搜索引擎和操作系统,甚至在win11电脑上专门设置一个Copilot键——这里先忽略Cortana的前车之鉴。

在生产力提升上,Copilot有自己的优势。

如果说OpenAI多少还有新秀要素,那"微软全家桶"几乎算是每个打工人都逃不过的"孽缘"了——还记得那些被Word、Excel和PPT折磨的日子吗,至少在可见的未来,那些基础性的琐事可以很大程度上由Copilot代劳了。

当然,Copilot的价值不止于此:兼具GitHub和GPT血统的它在实务应用领域还可以走得更远,以法律行业为例,Copilot就可以辅助完成以下工作:

研究分析与案例检索,如根据指令帮助律师快速梳理案件相关的法律信息、参考案例——结合整合有GPT-4的必应,Copilot很可能在流程上做得更"漂亮"。

---

[1] 《微软Copilot"发疯":妄言要统治全人类,违逆三次者死!》,载微信公众号"AIGC视界"2024年3月6日,https://mp.weixin.qq.com/s/tmDCyXY-aI9XI53DuECoNg。

文档起草及审查，如帮助律师快速生成协议或意见书框架/初稿，并进行文本和格式审核——由于和 Microsoft365 高度绑定，未来 Copilot 必定在文档处理上有不少优势。

流程自动化，如在内部架构和服务流程中应用 AI 辅助，降低管理成本、提升响应速度，当然，这块还得看高伟绅具体如何应用。

当然，这些功能未必能让高伟绅直接买单，Copilot 也并非没有竞品。且不谈已经被很多机构排进 AI 应用基础必修课的 GPT 系产品，单是法律垂直领域就有以 Harvey AI 为代表的一系列基于大语言模型的 AIGC 工具。

相较于垂类大语言模型，通用工具"走更快的资本"是事实。Copilot 迭代很快，对其他工具的集成也十分迅速——如新近被集成的合同起草供应商 Henchman。

考虑到引入 Copilot 的同时还采购了 Viva Suite，高伟绅对于 AI 的期待很可能还不止于此，未来其可能希望将 AIGC 的应用深度整合到律所全球范围的协作、运营流程当中。

这是一次试水——以高伟绅的体量试水，也值得保持关注。

（二）高伟绅会怎么"使用"这件工具

不少人看到高伟绅引入 AI 工具的第一想法其实是：坏了，律师助理和低年级律师要加速失业了。联想到 2023 年 9 月高伟绅的裁员，对"饭碗"的担忧简直顺理成章。

这种想法合理吗？合理。在"降本增效"成为主流思潮的律师行业，用工具替代低端人力属于花小钱办大事。

但如果尝试代入高伟绅的视角，以上担忧也未尝不是类似"皇帝用金锄头干活"的揣测。

一些用过 Copilot 的代码人会反复强调一个观点，Copilot 不是"银弹"——这个西方民间传说里对狼人/吸血鬼特攻的传说武器，如今在软件领域指代一招制胜的极端高效解决方案。

"Copilot 不是银弹"，与其说是否认 Copilot 的功能性，不如说是呼吁使用者认清 AI 工具的辅助性——这件工具的价值并非一键解决曾经的重复性工作，而是在律师学习上手后，用少量的"研发时间/规则制定时间"来替换掉曾经绝大多数的"重复劳动时间"。

不妨做个选择题吧：如果你是一位合伙人，在确信 Copilot 能够将律师助理的工作时间节省 80% 时，你是会裁撤 80% 的律师助理，还是想办法把那 80% 空出来的时间想办法利用起来？

有了选择之后，再回过头来换位思考一下：作为"最年轻的魔圈所"，又是全球规模和实力排名前列的国际性大所，高伟绅的考量又会是什么？

是将过剩的低年级律师/律师助理从繁重的基础事务中解放出来，让新生代律师空出更多精力研究和探索 AIGC 在所内的应用，确保未来高伟绅能在 AI 人才层面形成对其他律所的优势？

还是为后一阶段律所基于 AIGC 的流程化运作铺路，顺便看看借由 AIGC 应用空出来的人力能够怎样辅助律所发展或是催生一些新的时代性职能岗位？

或是其他夹杂了多重要素的抉择取舍？

目前为止，不得而知——说不定高伟绅自己也还在头脑风暴呢。

（三）想不失优雅地跟风，可以怎么做

谁也不想在"AI 革命"的潮流中掉队，高伟绅做了，其他律所也在做：德杰刚推出自己的 GenAI 套件，许多国内律所同样在积极推进与第三方机构合作。

这场资本的游戏才刚刚开始，更广大的中小律所和个体律师怎么才能跻身其中做个玩家，而不仅仅是看个热闹？

作为大型商业机构主体，高伟绅使用的 Copilot 版本必然采取了一定程度的定制化。所以，想试试原汁原味的 Clifford Chance Copilot，大概只有入职高伟绅或实地参访体验这条路了——虽然后者多少有点隔靴搔痒。

但只是想体验一下集成在 Microsoft365 的 Copilot，还是不难的。

不同于 GPT-4 等没在国内提供使用渠道的 AIGC 工具，向来重视国内市场的微软还是靠谱地在官网上架了订阅渠道——当然，需要花费一点点订阅

费，不多，和 Microsoft365 商业标准版捆绑是每月 310 元，和 Microsoft365 商业高级版捆绑则是每月 380 元。

确认了，是实习律师消费不起的价位，建议上报律所公费支持。以中小所的视角来看，其实也不算贵，主要看"值不值"。

当然，前面也提到了，Copilot 并不是没有竞品。有竞品，就有更低的进场成本。

最简单（也是最难）的"代餐"即是 GPT-4。说简单的原因在于，ChatGPT 在这轮 AIGC 浪潮中的引领地位毋庸置疑，也因为 GPT 系在这方面的引领性，可以说吃透了 GPT-4 很大程度上就搭好了 AIGC 应用的基础。

说难的原因则在于，一是国内没有直接使用 GPT-4 的渠道，使用成本高（没错，订阅费也不低）；二是和法律行业关联不够紧密，学习成本高——虽然 Copilot 看起来也半斤八两，但高伟绅毕竟是走的机构定制路线。

AIGC 当下还处于草莽发展期，国内外基于 LLM 的 AI 助手产品也在市场刺激下快速发展迭代——正如外卖行业发展初期消费者随处可点低价外卖，在这个节点多多尝试各家的初代 AI 产品绝对是个"薅羊毛"的好机会。

比起适用和对比，更重要的是以学习和理解"AI+法律"的应用逻辑为切入点，打开自己或律所走向 AI 时代的通路。当然，也可以等大所们当开路先锋，但最先参与其中的，也会最先收获给勇敢者的奖励。

不必过于焦虑被淘汰，活到最后的不一定是跑得快的，更可能是选择对的。

当然，也确实是时候将律师"终身学习"的职业特性发挥出来了。

二、利特勒：专注，然后不断创新[*]

利特勒·门德尔森（Littler Mendelson），一家典型的美国律师事务所，扎根旧金山湾区，辐射全球。

---

[*] 原文《创收近 50 亿、专做劳动法，这家千人所怎么应用 AI？》2024 年 4 月 16 日首发于微信公众号"智合"。

2023年律师人数1047，全美排名第35[①]，在墨西哥、加拿大、德国等28个国家设有办事处。2022财年，利特勒收入约6.5亿美元（约合47亿元人民币），排名70开外[②]。全球范围内，利特勒的收入也可以排进前100[③]。

平心而论，这份成绩单不算出色——除非你意识到这是一家仅做劳动法的律所。

将这样一个很多人眼中收费偏低又竞争激烈的领域做到全球最大，利特勒成功了。

为什么？

（一）专注的精义：做出差异，然后做到极致

作为全球最大的专注雇佣及劳动法领域的精品律师事务所，利特勒的成功秘诀看起来并不复杂：专注，然后不断创新。

难点在于，你得把以上两点做到极致。

为了避免利益冲突，利特勒在业务层面做出取舍，为且仅为雇主一方（企业端）提供服务，在过去70余年里代理了大量具有影响力的劳动法案件和劳动合同的诉讼、调解及谈判事宜。

创新的一面则源于利特勒对数字化和法律科技的坚持开发，这点奠基于21世纪前十年。

彼时，随着版图的扩张，利特勒逐渐从原先的小体量精品所成长为拥有一定规模、多家办公室的中大型律所，也不出意外地迎来了"舢板还是巨轮"的选择题：

沿用原先的服务模式仍可以继续维持短期内的发展，但却不足以留住那些胃口越来越大的大企业客户。

千禧年的利特勒决定做出改变。2010年，案件管理工具Littler CaseSmart（LCS）由是诞生并上线。

---

① 该数据来自《国家法律杂志》2023年500强律师事务所规模排名。
② 该数据来自《美国律师》2023年律所200强排名。
③ 该数据来自2023年全球200强调查。

LCS 是一个经由重新设计后的流程化智能案例系统，构筑了一套专用的基于团队的服务模型，并能够基于整合后的技术平台实现对大量行政机构指控（如来自联邦、州和地方的歧视指控等）的战略管理，同时实现"按件计费"。

LCS 还为用户提供了透明、实时的在线访问权限，以便客户随时随地通过一个包含有关键绩效指标、可视化图形页面和报告形式的仪表盘来了解事务进展，从而意识到利特勒的律师正在如何为其提供服务。

利特勒内部评估认为，LCS 可以满足更广泛客户对于降低成本、提高服务质量和效率的对应需求，又能借由重新设计服务流程和处理方式，最大限度地利用技术手段来预测和满足律师在法律研究、文件准备和风险评估时的对应需求，提升律所自身的盈利能力和服务效率。

从 2010 年到 2022 年，LCS 逐步完成了在利特勒所内的全覆盖。

LCS 最大的价值在于标准化，这也是至今仍困扰国内大多数律所的法律服务产品创新问题。事实上，利特勒内部在 LCS 开发初期同样存在分歧。

有人从一开始就对此持怀疑态度，认为劳动就业领域的此类法律工作无法做到在固定费用的同时还不降低服务质量，并在此基础上实现标准化。

但随着利特勒逐渐围绕 LCS 形成一支包含项目总监、首席数据官、客户数据解决方案与分析总监、项目经理、运营负责人等在内的专门管理团队，这项产品逐步证明了管理层构想中"新常态"的可行性。"我们非常满意 LCS，因为它证明了更有效提供法律服务并不意味着律所收入、盈利能力或是服务质量会受到影响。"

LCS 的创举让利特勒在圈内声名鹊起。该项目获得了国际法律技术协会 2011 年度项目奖和 2012 年创新奖，并帮助利特勒在《金融时报》2012 年美国创新律师事务所名单中获得了"杰出"评级。

以 LCS 为始，利特勒又开发了一系列创新法律产品：

例如，涵盖了美国 52 个司法管辖区的在线雇佣与劳动法律数据库 Littler GPS，能够即时提供数十个与劳动、用工相关的法律法规信息，且这一系统同样开放给客户使用；

又如，智能雇佣法律合规系统 Compliance HR，由利特勒与 Neota Logic 合作开发，作为自动化咨询系统让客户在遭遇用工相关问题时能及时获取合规建议；

再如，在线培训系统 Littler Learning Group，能够根据客户需要为其内部人员提供劳动用工领域的法律培训，简化其内部用工合规的流程，留出更多精力给企业发展。

2016 年，利特勒被英国《金融时报》评为"北美十大创新律师事务所"。可以说，基于数字化、智能化的创新，是成就最近 20 余年利特勒高速成长的头号功臣。

（二）有时，你得走在客户前边

首席数据官，一个在国内尚显时髦的岗位。这个 2023 年年底才由国家市场监督管理总局开展能力验证工作的新型职业，在国外已然发展探索了更长时间。

而利特勒在首席数据官的应用上走在了律所乃至很多客户之前。

2023 年，利特勒展开过一项针对 515 位美国企业法律顾问、首席高管和人力资源管理者的调查，以了解企业内部对于人工智能和自动化的应用态度。

结果是，59% 的受访者表达了对潜在系统性偏见的担忧，52% 的受访者认为自动化可能会带来与就业相关的新的歧视。

显然，律所的企业客户们在劳动与就业领域的人工智能/自动化应用方面仍存在一些疑虑。这些企业或许没有成为"最佳雇主"的宏愿，但飞速发展的人工智能及其对劳动就业法规政策的影响迫使它们谨慎考虑这些新技术的应用——即便很多企业将这些新技术视作降本增效的救命药。

利特勒没有这些顾虑，或者说利特勒希望用行动消解这些顾虑。

10 余年前，利特勒即关注到了数字化在机构内部的价值。经过一段时间讨论后，利特勒决定由律所合伙人、资深诉讼律师斯科特·福尔曼（Scott

Forman）出任律所首任首席数据官。

利特勒为首席数据官设置了四重职能，一是在律所内部推动数据治理计划，二是利用数据治理来推动业务优化，三是建立于业务优化基础上的客户服务和市场创新，四是监督数据科学团队以支持其他部门。

在福尔曼的牵头下，利特勒不仅在 2010 年推出了 LCS 平台，还在 2019 年推出了数据分析平台 Littler onDemand（LoD）。这一系统基于最新的信息化技术，可以为客户工作中面临的种种法律问题和关键数据分析提供即时、高效率的答案。

今天，利特勒仍是少数成功将数据驱动决策融入日常运营之中的律所之一，这都得益于利特勒对首席数据官的大胆赋权。

随着人工智能时代的到来，利特勒仍在持续扩充自身在这一新领域的人才储备。2023 年 7 月，利特勒宣布任命美国平等就业机会委员会（EEOC）的布拉德福德·凯利（Bradford Kelley）担任律所在华盛顿特区的合伙人。

此前，凯利一直担任 EEOC 委员基思·桑德林（Keith Sonderling）的首席法律顾问，为其提供有关联邦就业反歧视法和平等就业机会委员会的人工智能和算法公平倡议的建议。这是一份用于确保对人工智能的使用符合联邦民权法的倡议，也使凯利成为少数接触一线人工智能合规实操的法律专家之一。

"凯利是这一领域公认的思想领袖，我们的客户无疑将从他在这些日益重要问题上的敏锐建议中受益。"利特勒的股东如是评价这一加盟，显然，这次加盟对利特勒而言还仅仅是个开始，它们仍需要也希望走在更前沿。

（三）技术派，但关注人

也许你会从上文中得出一个结论，利特勒的成功建立在它始终重视技术和产品，开发领先的平台和工具之上。

但利特勒的合伙人往往会在每一场参访和分享中提出，他们最关注的其实是人——这也和"劳动就业"领域的出发点相契合。劳动法理应研究人、管理人、激活人，而想要在劳动法领域做到极致，同样要在研究人、管理人、激活人方面领先于所有同行。

利特勒希望让律所的所有成员都保持对专业的长久热情——如果没有这种专注于事业的热情，很少有人能够在单一领域坚持数十年直至成长为最资深的那批专家。

利特勒的做法是，包容和放权。

包容最显而易见的体现，见诸一家劳动法精品所却能建立起横跨全球的服务网络，网罗不同文化、不同种族的各类人才朝着同一方向努力。

放权则不仅体现在给首席数据官等非常规性律所岗位的赋能，更体现于对新兴思维的挖掘和激励。不少年轻律师盛赞利特勒对他们思想的关注和鼓励，得益于对这些思维敏捷、视野前沿的年轻人意见的重视和敢于投入，利特勒方能在数字化和技术运用方面引领律所圈的潮流。

利特勒也许不是美国最好的律所——它仅服务于劳动法领域的单一类型客户，创收等显性量化数据也并非一等一。但它在精品化这一方向上走出的路径，它的创新法则，它的文化，却对更多律所有巨大的参考借鉴意义——不仅针对其他精品所。

一切源自战火纷飞的1942年。彼时，整个旧金山湾区没有一家能够专门代表雇主处理劳工事务的律所，于是，时任战时劳工委员会太平洋海岸主任的罗伯特·利特勒（Robert Littler）和当时担任加利福尼亚州副总检察长的托马斯·科克利（Thomas Coakley）抓住了这一商机，组建了利特勒。

两年后，亚瑟·门德尔森（Arthur Mendelson）加入利特勒，利特勒·门德尔森自此定名，将这段传奇一直写到了80年后的今天。

三、佳利：收购法律科技公司

2025年3月，美国律所佳利（Cleary Gottlieb Steen & Hamilton）宣布收购生成式AI技术公司Springbok AI。尽管是在大型律所竞相投资生成式AI的当下，律所收购科技公司的案例仍属罕见。

被收购的这家生成式AI公司总部位于伦敦，专注于研发支持法律服务交付的 AI 技术。其旗舰产品 SpringLaw 平台以"无代码开发"（No-Code Development）为特色，已帮助多家律所实现多网页协同、智能模板生成等高效功能。而佳利计划在此基础上进一步开发针对诉讼分析、合同审查等场景的 AI 工具。

佳利律所的管理合伙人迈克尔·格斯特赞（Michael Gerstenzang）在一份声明中明确表示，此次收购的核心目标，正是通过整合 Springbok AI 的定制化 AI 能力，打造出区别于竞争对手的解决方案。

美国西北大学法学院和工程学院法律与技术项目主任丹尼尔·林纳（Daniel Linna）曾指出："在律所组建数据科学和人工智能团队并非易事。"而佳利律所此次收购恰恰巧妙地解决了这一难题。

作为此次收购的一部分，Springbok AI 的联合创始人维多利亚·阿尔布雷希特（Victoria Albrecht），以及一支由数据科学家和 AI 工程师组成的 10 人技术团队，将直接并入佳利律所，组建"AI 加速团队"。

佳利律所的业务创新总监伊洛娜·洛格维诺娃（Ilona Logvinova）告诉路透社："我们省去了从零组建这个团队所需的时间。"洛格维诺娃大约一年前从麦肯锡加入佳利律所，她介绍说，早在其他律所还在观望 AI 技术潜力的时候，佳利律所就已积极行动起来，通过旗下电子发现与诉讼技术（DLT）团队、ClearyX 交易解决方案部门等，构建起了多元化的 AI 创新体系。

其中，电子证据发现与诉讼技术团队通过开发并利用 AI 工具，对现有服务流程进行调整和优化，从而更好地满足客户的诉讼需求；ClearyX 部门则直接与客户合作开展项目，为客户量身创建高效且具成本效益的交易解决方案；而新团队将专注于开发供律所内部使用的 AI 工具，侧重于提升法律服务的交付质量。

一直以来，律所组建 AI 技术团队面临人才稀缺和技术门槛高的难题。相比之下，收购成熟的科技公司无疑是一条更高效的路径。佳利律所这种"人才 + 技术"的打包收购或将逐渐成为律所构建技术壁垒的新模式。

可以预见，在这一趋势下，律所间的竞争将从"专业能力"转向包含"技术实力"的全方位竞争。Springbok AI 公司联合创始人兼首席执行官评价道："当下我们正在见证高端法律服务的根本性变革，而佳利从来都不是随波逐流的追随者，而是潮流的引领者。"这场变革中，唯有主动拥抱技术、敢于颠覆自我的律所，才能在未来的竞争中占据先机。

四、苏利文：开拓 AI 业务，需要正规军[*]

2024 年 5 月 9 日，美国大所苏利文·克伦威尔（Sullivan & Cromwell）官宣，该所人工智能（AI）业务部正式成立，旨在"就 AI 快速发展和应用所产生的紧迫的法律问题向客户提供咨询服务"。

苏利文律所这一举措的背后是近两年来 AI 相关的交易、监管和诉讼业务量激增的市场态势。各大律所纷纷发力，争相掘金。激烈的市场竞争之下，建立专门的 AI 业务团队正成为行业趋势。

（一）开拓 AI 业务，需要正规军

苏利文·克伦威尔律师事务所是一家成立于 1879 年的律所，在全球范围内共设有 13 家办公室，拥有 800 多名律师，是行业内负有盛名的律师事务所。

根据《美国律师》公布的"2024 Am Law 100"榜单，苏利文律所 2023 年全年营收 18.64 亿美元（约合人民币 131.35 亿元[①]），较 2022 年上涨 10%，位列全美第 24 名。

早在 2015 年苏利文律所就开始涉足 AI 领域，积累了丰富的经验。此外该所还投资了一款自主研发的 AI 产品，并积极推动律师使用这一工具。然而，苏利文这些关于 AI 的实践大都松散地分布在各业务领域，律师们也大多通过非正式的合作来处理相关事宜。

这种情况在 2024 年 5 月 9 日彻底改变，苏利文的 AI 业务部门正式成立。

---

[*] 原文《抢占 AI 业务市场！国际大所争相组建正规军》2024 年 5 月 21 日首发于微信公众号"智合"。
[①] 汇率折算参考国家统计局公布的 2023 年度平均汇率：1 美元兑 7.0467 元人民币。

据苏利文官网介绍，该团队由律所知识产权和科技部门的两位联席主管纳德·穆萨维（Nader Mousavi）和迈赫迪·安萨里（Mehdi Ansari）以及欧洲信贷和杠杆融资业务主管雷斯利·华纳（Presley Warner）共同领导，囊括了众多深受信赖的法律顾问，他们对人工智能及其引发的复杂的法律、政策和道德问题有深刻理解。

苏利文律所的 AI 业务团队主要就 AI 应用、部署和商业化相关的广泛问题提供咨询，并且已经为众多客户提供了 AI 相关的服务，包括 OpenAI、Character 和谷歌云等多家知名 AI 公司。

"多年来，我们的律师一直在为客户提供 AI 相关的法律咨询服务。生成式 AI 的快速发展、应用和商业化，扩大了各行各业客户对 AI 相关咨询服务的需求，我们的业务量也随之增长。"苏利文律所联席主席说道，"在我们的科技和企业交易专业优势的基础上，将律所的 AI 业务规范化，让我们能更好地支持在这一领域寻求法律顾问的客户"。

"某种程度上，我们只是把已经在做的事情规范化了。"谈及建立 AI 业务部的原因，穆萨维说道，"我们要确保全世界都知道我们在做这件事。另一个原因是，AI 涉及很多不同学科和法律领域，相关执业律师和实质性的专业领域无法被界定。客户需要的是综合建议"。

AI 涵盖的业务范围十分广泛，比较直接触及的有隐私、网络安全和知识产权等，但这些都只是冰山一角，AI 相关的甚至还有一些附属领域，如电力基础设施建设和电力生产本身。

穆萨维表示，一个正式的业务部门可以集中更多的人力资源，进而更加容易地为客户提供服务。"有了正式的业务部门，就有了工作重心，例如可以定期召开业务小组会议等。"此外，正式的 AI 业务部门还能帮助团队争取更多的律所支持和资源倾斜。

值得注意的是，苏利文律所还特别强调，AI 业务部门是该所人工智能任务组（AI Task Force）的重要组成部分，该任务组的主要目标是确保律所在运用 AI 工具提升法律服务质效方面处在行业领先地位。

据悉，苏利文自 2015 年起就一直与一家名为 LAER AI 的公司合作，并对其进行了投资，该公司帮助苏利文创建了一款文件审查工具，"大大加快了取证过程，使律师能腾出时间处理更高难度的工作"。

（二）不仅要正规军，还得是多兵种

在苏利文律所之前，已经有赫信百利维（Husch Blackwell）、温斯顿（Winston & Strawn）和诺顿罗氏（Norton Rose Fulbright）等多家国际大所在 2024 年建立专门的 AI 业务团队，以期在 AI 相关的交易、监管和诉讼等业务量激增的风口到来之际占据先手。

无一例外，这些律所的 AI 业务部都是跨专业、多学科的队伍。

"无论是劳动就业、知识产权还是数据隐私，我们的团队都会追踪相关案件，以便掌握法律动态。"赫信百利维律所 AI 团队负责人鲁迪·特尔舍尔（Rudy Telscher）说道，该所的 AI 业务团队大约有 60~70 名成员，囊括了各业务领域的律师和多位数据科学专家。

赫信百利维首席信息官、数据科学团队负责人补充道："从风险投资到私募股权再到制造业，都在寻求 AI 相关建议，这并不是一个孤立的市场领域。"

诺顿罗氏律所的 AI 业务团队覆盖了知识产权、监管、业务外包和技术、网络安全以及金融科技等多个业务领域。

带队的诺顿罗氏合伙人查克·霍利斯（Chuck Hollis）说道："世界各地的企业都在快速投资、应用和参与 AI 相关的创新，诺顿罗氏的律师团队可以就 AI 技术的开发、部署、商业化以及使用 AI 相关的法律问题提供战略指导。"

温斯顿律所 2024 年年初宣布的 AI 战略小组则聚焦于"与 AI 的应用和监管相关的各行业的全方位交易、诉讼、监管和咨询服务，尤其是生成式人工智能"。

温斯顿的 AI 业务团队同样由律师和技术专家组成，人员配置为 12 名合伙人、12 名律师以及另外 20 名行政和技术人员。

"我在科技行业待了很长一段时间,我见证过颠覆性变革的发生。"温斯顿律所电子发现和信息业务部主管罗森塔尔说道,"你会有立即投入并采取行动的冲动,但更明智的做法是采取长期的、更慎重的方法"。

相较于上面几家国际大所,美国本土律所爱泼斯坦·贝克尔·格林（Epstein Becker & Green）的手笔更大。这家专注于医疗保健和生命科学,就业、劳工和劳力资源管理以及诉讼业务的律所,为其 AI 业务部门配置了 60 名律师,涵盖了从知识产权到公司交易等方方面面的业务。

该所 AI 业务部负责人布拉德利·梅里尔·汤普森（Bradley Merrill Thompson）表示,律所还极推动律师考取相关资质,还让一些律师回到学校攻读更多学位,从而更好地处理 AI 相关业务。汤普森本人在毕业 33 年后重返校园,拿下了密歇根大学的应用数据科学硕士学位；该所的其他律师则获得了医疗信息学的研究生证书,或者在当地大学学习相关课程。

除了自家的律师团队外,爱泼斯坦·贝克尔·格林律所还通过咨询机构与数据科学家、社会科学家团队合作。"我们是团队作战,会将所有的专业知识汇集在一起,一同解决问题",汤普森说道。

在美国盛智律师事务所（Sheppard Mullin）的 AI 团队中,不少员工是前软件开发人员。该所华盛顿特区办公室的 AI 团队负责人詹姆斯·加托（James Gatto）表示,员工的技术背景对开拓 AI 业务很有帮助,但并非必不可少。

"鉴于 AI 法律问题和影响行业的广泛性,我们的团队工作方法是依靠我们所有法律业务和行业小组的律师。"加托说道,"只要团队中有一名技术人员,他们就能为团队梳理技术问题并提炼关键信息"。

加托表示,知识产权、数据保护和网络安全等关键业务领域将变得非常重要,预计在未来数月或数年内,AI 领域将出现爆炸式增长。"这是第四次工业革命,但很多人还没有意识到这一点。"

五、小结:一场面向未来的战略布局

熟悉智合的朋友或许了解,2023 年我们组织了英美国行活动,走访了众多颇具代表性的国际律所，其中不乏拥有百年历史的长青律所。在这次行程中，我们的一个非常深刻的体会是，这些长青律所除了关注短期盈利，更注重社会效益，倡导敬天爱人、创造美好社会的理念，也更注重长期投入。

就拿我们拜访过的瑞生律所来说，早在20年前，瑞生就已经开始了对法律科技的尝试。发展至今，律所内部有超过500位技术人员，并且管委会还安排专人负责验证各类技术应用，确保其能切实助力律所业务发展。安理·谢尔曼与Harvey AI、司力达与Luminance、佳利与Springbok AI等都在通过协同开发、战略合作、直接投资甚至收购等方式紧跟AI应用、法律科技趋势的变化。

这些律所之所以能在AI应用方面快速推进，首要原因在于管理层对技术有极高的敏感度，同时具备强大的战略投入能力与资源整合能力。他们是长期主义者，懂得制订长远规划，将AI融入整体发展战略。同时，他们不仅愿意在技术创新上投入资金、人才和时间，还能够有效调动内部资源，迅速做出决策并推动落实，绝不拖泥带水。

对于国内律所而言，在当下亟待思考的关键问题便是如何慎重布局AI应用。毕竟每种方式都伴随相应成本。

取用者（taker）模式，是指通过聊天界面或应用程序接口（API）使用公开模型，几乎无须定制。它的成本最低，而且通常能以最快速度投入使用。

塑造者（shaper）模式，需要将模型与律所内部数据和系统进行整合，从而生成更加定制化的结果。比如，利用律所内部文件和资料对模型进行微调，以此来辅助律师工作。对于那些期望拓展生成式AI能力、开发更多专属功能的律所而言，塑造者模式更为适用。

创造者（maker）模式，指建立自己的基础模型，针对极具个性的业务案例。不过，打造基础模型既耗费资金又操作复杂，需要大量数据、深厚专业知识以及强大的计算能力。采用这种方案往往需要一次性投入巨额资金用于构建和训练模型，有时投入可达数千万元甚至数亿元。

每种模式都有其成本考量，这就需要律所管理者仔细斟酌。诚然，随着时间推移，技术不断进步，更高效的模型训练方法、更低的（GPU）计算成本等，都在持续降低技术投入成本。但创造者模式本身固有的复杂性决定了短期内很少有组织会轻易涉足。目前来看，大多数律所会选择一方面借助取用者模式快速获取服务，另一方面运用塑造者模式在基础模型之上构建属于自己的专属能力。

第五篇
展 望 篇

建言:道阻且长,行则将至

第一章
关于"深化律师行业应用"

一、律师行业宏观环境分析

(一)外部环境

过往数十年的高速经济发展,催生了庞大的法律服务需求。随着近年经济增速的放缓,政府、企业、个人对于法律服务的需求方向发生改变。这种改变主要体现在以下几个方向:

一是法律服务质量要求的不断提高。经由长期法治建设,法治意识与法治理念在社会层面的普及度不断提高,各方对于法治、合规的关注度也不断上升,要求律师为其提供更加精细、更加深度的法律服务。部分法务部门功能完善的企业会进一步淘汰低端、机械的法律服务,而要求外部律师为其解决法务部门难以单独完成的复杂疑难事项。这些都对律师处理法律问题、以法律服务帮助客户实现核心诉求的能力提出了更高要求。

复杂化、精细化的法律服务需求发展方向,正在驱动越来越多的律所选择"高质量"发展路线。而律所语境下的高质量发展很大程度上依赖于技术手段对流程的简化和对重复性工作的效率提升。在相关行业信息化、智能化水平日趋提升的同时,法律服务行业亦需要与之并驾齐驱,保证为客户提供法律服务的精准、专业与高效。

二是法律服务结构类型的发展转变。经济环境的变化、法治进程的加速与合规意识的提高均对现有法律服务的结构造成影响,经济环境变化要求律师、律所针对企业新的发展需求提供更多样的新服务，法治进程加速要求律师、律所提供更系统、更全面的服务，合规意识普及提升律所、律师具备帮助企业建立合规管理体系、规避风险于事前的能力。

更多样的法律服务需求一方面会加大对律师专业素质、知识储备的考验，另一方面也会提高对律所组织运营水平与风险管控能力的要求。对此，大模型时代的律师一方面需要借助数据库等各类法律科技产品不断强化自身专业能力，紧跟行业发展前沿动向；另一方面也得综合运用种种AI工具提升团队、律所层面的整体竞争力。

三是法律服务供给方式的拓展升级。社会信息化程度的提升和软硬件系统的不断迭代，使客户对于快速、高效、即时、可视的法律服务的期待值提升。同时，企业也越来越倾向于获取更低成本、更完善的全链条/全生命周期法律服务，要求律师更多以律所为单位进行团队作战。

客户对于法律服务供给手段和供给效率的期待，可以通过即时通信平台和法律服务在线工具加以满足；而要协同为企业提供综合化法律服务，则需要在律所层面搭建起合适的管理协同平台来实现。这些都离不开法律科技的参与。

（二）内部环境

从行业内部看，日趋激烈的同业竞争正在倒逼律所、律师通过差异化的发展手段取得足够的市场空间。

21世纪的第二个十年，律师行业从业人数保持了连年的高速增长。截至2023年年底，全国执业律师人数已达73.16万人，较2022年新增8.13万人，这也是我国年内新增律师人数首次突破8万人。同时，国内经济的高速发展使"速度和规模"成为律所增长的首要任务。截至2024年年底，全国100(含)人以上律所数量由2018年的266家(占比0.88%)增长至628家(占比1.44%)（见图5-1-1）。

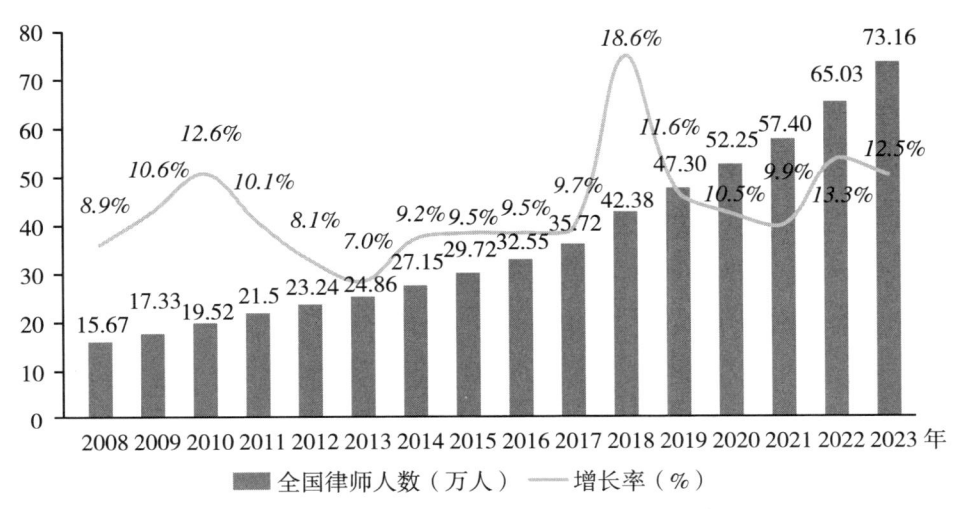

图 5-1-1　2008~2023 年全国律师人数增长情况

资料来源：司法部，智合研究院整理。

与此同时，受到宏观经济环境等诸多方面的影响，法律服务案件量的增速远远低于律师从业人数的增速，"僧多粥少"的局面仍在进一步加剧。2021~2022 年，全国律师诉讼的增量只有 1.6%，法律顾问业务的增量也仅为 3.5%，与此同时，非诉的缩量则达到了 15.7%。

高人数增速和低业务量增速会进一步激化行业内的案源矛盾，为解决这点，律师、律所需要采取更具特异性的发展措施，以更高质量的发展对冲掉行业竞争的影响。

具体到律所层面，类似的不平衡竞争格局也同样存在：

一是行业"二八定律"的持续。80% 的高质量案源由 20% 的头部律所主导，中间律所尝试通过规模化等手段冲入头部阵营，大多数的中小律所则只能在较小的市场份额中维持自身生存。由于机构客户在法律服务选择中往往具有思维惯性，在法律服务行业的信息差未被彻底打破前，这一定律仍将长期延续。

二是优秀人才争夺的白热化。在法律服务行业，能力出众的律师或合伙人往往能够获取更多优质客户、案源，因而此类"造雨者"也是律所首要争取的对象。在市场增量追不上人数增速时，头部律所对于一小撮最优秀的人才的争夺也就更加激烈，而中小型律所则越发缺少选择权——同样的场景也发生在品牌影响力较强的全国性品牌所和品牌影响力相对偏弱的区域性品牌所之间。

三是律所资源投入的不平衡。经过多轮规模化后的规模型律所能够更轻松地积累律所公共成本，用于内部管理优化、软硬件技术升级等方面，并在如法律科技等需要持续投入高成本的类目形成对中小律所的壁垒。

从长远来看，律所不投资、不走现代化道路可能是一个更冒险的决定。未来，99%的律所都是大模型使用者将会成为事实。

二、大模型时代，律所如何领先一步

律师行业本身属于服务行业，在竞争日趋激烈的时代，谁能处理好产品、效率、客户服务的关系，谁就能持续具有竞争力。未来，律所的核心竞争力将不仅依赖律师的专业能力，还需通过科技手段提升服务差异化、质量和效率。

当前，法律大模型产品众多，意味着给予律师和律师事务所的选择也很多。盲目地扎进 AI 工具的实施与落地，反而可能会与降本增效的目标背道而驰。基于此，如何制订出与律所业务需求契合的 AI 战略，就成了律所打造大模型时代核心竞争力的关键所在。

具体来说，可以分为以下六个步骤：

1. 将 AI 纳入整体战略

律所管理层应率先明确律所可承受的风险范围，深入研讨如何将生成式 AI 纳入其中。待相关政策确定后，领导者需迅速将战略向全所传达，指定专人负责，为律师们提供稳定可靠的技术获取渠道以及通俗易懂的操作指南，保障 AI 技术在律所内得以有序运用。

2. 识别价值创造用例

各业务负责人在探索生成式 AI 的应用时，要避免陷入"用例陷阱"。有效的途径是加强与其他业务领导的合作，共同深入思考生成式AI对现有业务模式的挑战，以及它为新业务模式开启的大门。全面审视生成式AI能够创造最大价值的机遇和存在的问题，同时识别出那些低价值领域，因为生成式AI并非能解决所有问题的万能钥匙。例如，在营销场景中，通用大模型表现优异；而在合同等专业场景里，法律大模型更具优势。

3. 用例分群与优先级排序

律所或团队领袖应助力团队树立整体观念，依据业务领域或用例类型进行科学合理的用例分群，以最大限度地发挥生成式AI的价值。不过，寻找机会并非当下最重要的战略任务，毕竟现有的生成式AI用例已相当丰富。

团队负责人的关键职责是，结合律所初始的人才与能力状况，精准开展可行性和资源估算，协助业务部门确定生成式AI的优先级排序，真实评估项目成本与回报。成本计算较为复杂，单位经济效益需综合考量各模型与供应商成本、模型间的相互作用、持续使用费用以及人工监督成本等诸多因素。

4. 技术职能部门的变革

生成式AI很可能彻底改变技术职能部门的工作模式。律所需要全方位审视其对所有技术领域的潜在影响，但更为关键的是要迅速采取行动，积累宝贵的经验与专业知识。初期工作可以重点关注生产力提升以及计算技术成本的投资回报率，从而实现技术应用的快速落地与效益评估。

5. 员工生产力与技能培养

生成式AI有巨大潜力大幅提升员工生产力，但它对不同岗位与技能水平的员工助益并不均衡。这就促使我们重新思考如何培养员工真正所需的技能。

不同水平的人员所受的影响差异明显，资深人员的工作速度得以提升，而初级开发人员的速度却可能下降。律师们不仅要学会利用生成式AI工具撰写邮件或管理基本任务，更要习惯借助这些技术提高自身绩效与产出。

律所可以对律师学院模式进行调整，提供相关的培训及相应认证，助力律师技能升级。鉴于新手律师的价值逐渐降低，律所应加速从传统人才金字塔结构向钻石型结构转变，优化人才配置，以更好地适应新的技术环境和业务需求。

6. 评估与应对新风险

最后，必须全面评估生成式 AI 带来的新风险，包括"幻觉"、意外泄露个人身份信息、模型使用的大型数据集存在固有偏向性，以及涉及知识产权的高度不确定性。律所需要制定持续性的风险缓释措施，在享受生成式 AI 带来的便利的同时，有效应对这些风险，确保律所业务的稳健发展。

对于大模型，我们既要祛魅，也要重视"第四次工业革命"的冲击力。律师事务所的数字化转型不仅是技术和系统的升级，更是组织文化、业务模式、管理模式以及责任和权利的全面且深刻的革新。面对行业竞争与客户需求的双重压力，律所需以战略眼光布局数字化，平衡短期投入与长期价值，将数据作为核心资产，将科技竞争力作为核心竞争力，方能在未来法律市场中立于不败之地。

第二章

关于"法律科技行业发展"

一、法治建设需要科技赋能

法治是最好的营商环境。在党的二十大提出加快建设中国式社会主义现代化强国后，建设法治社会已经成为全社会的共识，中国的发展迫切需要和国际法律服务市场接轨。在这一时代背景下，持续加大法律科技方向的产业投入，有助于进一步建设科学、现代的法律服务行业，进而为经济社会长效发展赋能。

《法治日报》2024年4月29日第4版"一语中的"栏目刊载了智合创始人、董事会主席、首席执行官洪祖运的文章《法治建设需要科技赋能》，全文如下：

随着人工智能等科技的快速发展，如何深化人工智能在法律服务领域的应用，将大数据、人工智能与司法工作深度融合，提高司法工作的信息化水平，越发受到法律界的关注。一些地方比如上海市还密集出台了《关于推动上海法律科技应用和发展的工作方案》等一系列政策文件，以支持法律服务业的发展。

科技赋能法治，并不是一种人工智能时代下的"非理性焦虑"产物，即一切都要与人工智能连接。法律的普遍性、公开公正性与权威性，恰对应了人工智能巨量数据处理的能力、人工智能的一致性等——这是科技能够赋能法治的重要原因。

为进一步提升法律服务的透明度和公众的法律素养，可以考虑充分发挥人工智能在数据处理方面的强大能力。比如，通过利用大模型的自然语言处理技术，我们有可能将复杂的法律术语和概念转化为更通俗易懂的表述，使法律信息和资源更加易于被公众获取和理解。这种技术的应用实际上是在改变传统法律服务的方式，使法律知识能够更加方便地被大众理解和接受。

在司法领域，人工智能的应用已开始显现成效。智能分析系统能够在案件审理过程中迅速识别关键信息，辅助法官和律师进行决策，这不仅能提高司法效率，而且有助于确保决策的客观性和公正性。此外，人工智能在识别和分析法律案例中的规律与模式方面的功能也能为发现和纠正潜在的不公平现象提供支持。

人工智能在辅助立法与司法方面的一致性特点，更是为法律实践的标准化和规范化提供了可能。人工智能有能力识别不同案件之间的共性，将相似案件归类，辅助创建标准化的法律实践流程，在案件分类和法律研究中发挥作用，从而提高整个司法系统的效率和权威性。人工智能的知识管理和更新能力也可助力法律实践和决策，能够与最新的法律法规保持同步，而这对于快速适应变化的法律环境至关重要。

目前，法律科技已通过多种应用提高了法律服务行业的工作效率。未来，法律科技还有望让基础法律服务变得更亲民，如此一来，人们便无须承受过重的经济负担。同时，法律科技也将进一步降低法律服务的成本，使各类法律服务覆盖范围更加广泛。

当然，人工智能的发展尚未达到完全替代人的程度，其目前的定位更多是辅助工具，帮助法律专业人士提高工作效率和质量。同时，科技创新也伴随风险，如数据安全问题、隐私泄露风险以及算法偏见等，这些问题也需要在推广应用人工智能的过程中予以充分考虑和解决。

总之，伴随科技的不断进步，人工智能和大数据等技术在法治建设中的应用将更加广泛和深入。期待这些技术能够进一步推动法律服务的创新，提高法律实践的效率和公正性，并为公众提供更加便捷、经济的法律服务。通过科技赋能，法治建设将更加符合现代社会的需求，更好地服务于人民，保障社会公平正义。

二、行业发展驱动与制约因素

（一）行业驱动因素

伴随生成式 AI 和大模型技术的爆发式发展，政府相继出台相关支持政策和行动计划，多方位协同助力企业抢占 AI 发展新高地。

在国家层面，2024 年政府工作报告明确提出开展"人工智能+"行动，通过鼓励 AI 大模型在多个领域落地应用、构建安全标准体系等举措，助力人工智能垂直化、产业化发展。政策从宏观层面为大模型发展提供了良好的生态环境和战略指引。

在地方层面，北京、上海等人工智能技术产业聚集地，在产业政策、算力基础设施建设、人才培育、数据要素流通规范等方面多措并举，促进 AI 大模型产业高质量发展，催生新业态、新模式（见表 5-2-1）。

表 5-2-1　2024 年以来各地出台的大模型产业相关政策

发布时间	地区	政策名称	具体内容
2024 年 2 月	内蒙古	《内蒙古自治区促进通用人工智能发展若干措施》	支持大模型算法及技术研究。鼓励支持区内企业、高校、研究机构加强与国内外行业头部企业、科研机构合作，围绕大型语言模型构建、训练、调优对齐、推理部署等，开展创新算法及技术研究。鼓励支持企业、高校、研究机构参与探索多模态通用模型架构，研究大模型高效并行训练技术，以及逻辑和知识推理、指令学习、人类意图对齐等调优方法。鼓励支持发展人工智能芯片、传感器、智能理解设备、智能控制设备等人工智能相关硬件产品，鼓励开发人工智能应用软件产品

续表

发布时间	地区	政策名称	具体内容
2024年2月	长春	《长春市数字经济发展攻坚突破行动计划》	加快推进人工智能大模型的研发和应用，引进360、百度、科大讯飞等企业，建立大模型研发中心、大模型应用推广中心，开发基于大模型的定制化行业专用模型10个以上，实现10个以上应用场景落地。"十四五"末期，全市人工智能产业企业营业收入力争突破400亿元
2024年3月	福州	《福州市促进人工智能产业创新发展行动方案（2024—2026年）》	积极引进业界知名的符合国家规范的多模态大模型落地，重点围绕智能制造、智慧医疗、金融科技、社会治理、民生普惠等领域，支持重点企业开展行业基础模型架构创新研究，鼓励开源技术生态建设。支持龙头企业联合省内外一流高校院所实施一批省级人工智能科技重大项目，争取省级相关补助。采取"揭榜挂帅"工作机制，发布关键核心技术攻关项目清单，树立人工智能领域标杆企业，培育创新发展主力军，对人工智能通用技术攻关给予最高500万元补助
2024年3月	贵阳	《贵阳贵安关于支持人工智能大模型发展的若干措施（试行）》	每年发放不超过2000万元"贵阳贵安智算券"，鼓励各地企业、高校、科研院所购买贵阳贵安智算服务，开展人工智能大模型训练。支持人工智能大模型研发训练。鼓励企业、高校、科研院所在贵阳贵安开展人工智能大模型研发及训练。对通过国家网信办境内深度合成服务算法备案的大模型，按其建设成本的30%给予一次性补助，最高不超过500万元

续表

发布时间	地区	政策名称	具体内容
2024年5月	河北	《河北省人民政府办公厅关于进一步优化算力布局推动人工智能产业创新发展的意见》	鼓励优势企业、高校、科研院所强化科技研发和自主创新，支持人工智能领域创新平台布局建设，优先将算力、算法、算网、数据安全、云计算等领域关键共性技术纳入年度科技攻关计划。推动建设人工智能软硬件适配中心，重点围绕党政机关、国有企业等领域，开展开发集成、适配验证等工作，加快构建全栈自主可控的人工智能大模型技术体系
2024年5月	陕西	《陕西省加快推动人工智能产业发展实施方案（2024—2026年）》	到2024年，建设2~3个人工智能产业园，新增一批人工智能领域的国家级重点项目，新增100家制造业企业通过DCMM贯标，加快行业大模型落地应用。到2025年，突破一批关键核心技术，形成30个具有核心竞争力的人工智能产品，创新应用场景数量达到50个以上。到2026年，建成3个人工智能产业集聚区，打造智能算力、智能机器人、智能无人机、智能网联汽车、智能软硬件5个产业集群，人工智能（大数据）产业链规模突破千亿元。人工智能重点技术产品在工业领域普及应用，创新应用场景数量达到100个以上，赋能水平迈上新台阶
2024年6月	山西	《山西省促进先进算力与人工智能融合发展的若干措施》	支持智算中心建设。支持各市试点开展智算中心建设，优先纳入省级重点工程项目，积极支持申报地方政府专项债。对智能算力规模达到100PFlops（半精度FP16）以上的新建项目，按平台软件和硬件设备实际投资的15%给予补贴，最高不超过5000万元，对获得项目贷款的，给予贷款企业最高2%的贴息补助，补贴期不超过2年。对特别重大的项目，省市可采用"一事一议"方式支持

续表

发布时间	地区	政策名称	具体内容
2024年7月	北京	《北京市推动"人工智能+"行动计划（2024—2025年）》	2025年年底，通过实施5个对标全球领先水平的标杆型应用工程、组织10个引领全国的示范性应用项目、推广一批具有广泛应用前景的商业化应用成果，力争形成3~5个先进可用、自主可控的基础大模型产品、100个优秀的行业大模型产品和1000个行业成功案例。率先建设AI原生城市，推动本市成为具有全球影响力的人工智能创新策源地和应用高地
2024年12月	深圳	《深圳市打造人工智能先锋城市的若干措施》	发放"训力券"。每年发放最高5亿元"训力券"，降低人工智能模型研发和训练成本。对租用智能算力开展大模型训练的企业、高等院校和科研机构，按不超过服务合同金额的50%，给予最高1000万元资助，对初创企业提高资助比例至60%。发放"语料券"。每年发放最高5000万元"语料券"，促进语料开放共享和交易，推动数据要素市场建设。对通过数据交易平台购买非关联方语料进行大模型研发和应用的企业，按不超过合同金额的30%，给予最高200万元资助
2024年12月	上海	《关于人工智能"模塑申城"的实施方案》	到2025年年底，建成世界级人工智能产业生态，力争全市智能算力规模突破100EFLOPS，形成50个左右具有显著成效的行业开放语料库示范应用成果，建设3~5个大模型创新加速孵化器，建成一批上下游协同的赋能中心和垂直模型训练场

资料来源：智合研究院整理。

法律行业作为与AI大模型能力天然适配的领域，必然会驱动法律科技领域的定制化产品不断调整更新，吸引更多资金、人才进驻，进而朝着百花齐放的行业快速成长期迈进，推动法律科技产业的体量成长到足够适配法律服务行业和社会经济发展需要的程度。

同时，随着人工智能技术的进一步运用，传统的高重复性基础性法律事务将被优化和替代，律师提供的法律服务将越发趋向复杂化、精细化、多元化、集成式的高智能发展方向。而这种发展趋向必然驱使法律服务行业积极吸收采用法律科技，有助于推动传统法律服务业数字化转型，进而为法律科技的快速迭代提供动力。

（二）行业制约因素

1.缺乏资本加持

影响国内资本进入法律科技行业的主要制约因素见表5-2-2。

表5-2-2 国内法律科技行业市场痛点——缺乏资本加持

概述	具体内容
高技术门槛带来的风险认知和投资意愿问题	相对传统产业，法律科技行业兼具小众、高新的特性，使不了解法律服务领域的投资者难以对其风险进行准确评估，进而导致投资意愿较低。同时，由于国内新兴的法律科技企业在商业模式和产品形态上仍处于探索阶段，影响了投资者对于这一领域的信心
长回报周期与当前经济形势的不适配	在经济增长放缓的当下，多数投资者更倾向于下注那些能够快速获取回报的行业、产业，而少数信奉长期主义同时又了解法律行业、科技行业的优质投资者并不足以满足法律科技行业当前的投资缺口，因而进一步加大了国内法律科技企业获得投资的难度
激烈的市场竞争和中小企业脆弱的抗风险能力	国内法律科技行业发展历程相对较短，除少部分老牌企业外，大多数企业仍处在高度竞争的雏形期，极可能面临经营不善、盈亏状况不稳定等问题，叠加法律大模型等前沿领域往往需要较大量且持续的资金投入，资本也会因此对投资法律科技企业持更审慎态度

资料来源：智合研究院整理。

2.低端同质竞争

当前，法律科技行业还面临低端、同质化竞争严重的问题。

国内法律科技市场尚处在早期发展阶段，以中小型企业为主，竞争较为分散，尚未形成显著的头部效应。随着生成式 AI 及大模型技术的进一步运用，如果法律科技企业无法顺应潮流快速提升自身技术和应用技术，很可能在下一轮"军备竞赛"中更快地遭到淘汰，跌入低质量竞争区甚至退出市场。

与此同时，目前行业内对于法律大模型及相关产品的研发还处于粗放状态。由于各类法律科技公司技术水平参差不齐，法律大模型产品陷入低端化、同质化的困境。这种状况不仅导致行业内出现无效内卷，造成资源浪费；还会降低投资者对行业整体发展的信心，压缩行业内企业的生存空间。

3. 复合人才缺失

法律科技的快速发展需要大量专业人才，但具备跨学科背景和创新能力的人才却相对稀缺。这主要是因为法律科技行业对人才的要求较高，需要深厚的专业知识、技术能力和实践经验。然而，当前教育体系在法律科技领域的课程设置和师资力量还难以满足行业对人才的需求。传统的法学教育和科技教育往往相互独立，缺乏交叉融合的课程设计，导致学生难以形成全面的金融科技知识体系。此外，随着数据安全、监管政策等挑战日益凸显，法律科技企业需要更多具备创新能力和应对策略的人才，以应对这些复杂多变的外部环境。

4. 政策驱动不明显

现阶段，法律科技企业能适用的支持政策，大多是中小企业、高新技术企业类别的相关政策。但这些政策由于适用群体和引导方向的特定性，并不完全契合法律科技公司的发展需求。还有很多从政策层面需要解决的痛点尚未得到解决，这就需要制定更细化、更具有针对性的政策。

此外，除了政府强有力的政策支持外，法律科技领域的行业自律组织建设及其职能发挥也有待进一步加强。与越来越活跃的各地律协相比，法律科技行业同样需要高执行力和灵活性的行业自律组织，来助力法律科技企业发展业务，使其能更好地与法律服务行业的未来发展相适应。